ANATOMÍA DEL DESENCANTO

Purdue Studies in Romance Literatures

 volume 69

ANATOMÍA DEL DESENCANTO

Humor, ficción y melancolía en España

1976–1998

Santiago Morales Rivera

Purdue University Press
West Lafayette, Indiana

∞ The paper used in this book meets the minimum requirements of American National Standard for Information Sciences—Permanence of Paper for Printed Library Materials, ANSI Z39.48-1992.

Printed in the United States of America
Interior template design by Anita Noble;
Cover template design by Heidi Branham.
Cover image: "El perro de Goya," by Antonio Saura, 1991, litografía y cincografía, 64,9 x 50 cm, WCC 554.
©Succession Antonio Saura / www.antoniosaura.org / VEGAP 2015

Library of Congress Cataloging-in-Publication Data

Names: Morales Rivera, Santiago, 1973–
Title: Anatomía del desencanto : humor, ficción y melancolía en España, 1976–1998 / Santiago Morales Rivera.
Description: West Lafayette, Indiana : Purdue University Press, 2017. | Series: Purdue studies in Romance literatures ; 69 | Includes bibliographical references and index.
Identifiers: LCCN 2016013430| ISBN 9781557537683 (pbk. : alk. paper) | ISBN 9781612494845 (epdf) | ISBN 9781612494852 (epub)
Subjects: LCSH: Spanish fiction--20th century--History and criticism.
Classification: LCC PQ6144 .M665 2017 | DDC 863/.609--dc23
LC record available at http://lccn.loc.gov/2016013430

Cuando pienso en lo que creo, cosa que sólo puedo hacer si parto de aquello en lo que no creo, me veo totalmente solo, y sin embargo sé que hay miles como yo: liberales que no creen en el progreso, demócratas que desprecian a sus semejantes, paganos que aún siguen la moral cristiana, intelectuales a quienes no les basta con el intelecto; materialistas insatisfechos, somos tan comunes como el barro.

—Cyril Connolly, *La tumba inquieta*

¿Brillará en el papel que siembro
la negra flor de la tinta?
Ay de mi vida.

—Agustín García Calvo, *Canciones y soliloquios*

En un viejo chiste de la difunta República Democrática Alemana, un obrero alemán consigue un trabajo en Siberia; sabiendo que todo su correo será leído por los censores, les dice a sus amigos: "Acordemos un código en clave: si os llega una carta mía escrita en tinta azul normal, lo que cuenta es cierto; si está escrita en rojo, es falso." Al cabo de un mes, a sus amigos les llega la primera carta, escrita con tinta azul: "Aquí todo es maravilloso: las tiendas están llenas, la comida es abundante, los apartamentos son grandes y con buena calefacción, en los cines pasan películas de Occcidente y hay muchas chicas guapas dispuestas a tener un romance. Lo único que no se puede conseguir es tinta roja."

¿Y no es esta nuestra situación hasta ahora? Contamos con todas las libertades que queremos; lo único que nos falta es la "tinta roja": nos "sentimos libres" porque carecemos del lenguaje para expresar nuestra falta de libertad. Lo que esta carencia de tinta roja significa es que, hoy en día, todas las principales expresiones que utilizamos para designar el presente conflicto —"guerra contra el terror," "democracia y libertad," "derechos humanos"— son falsas, enturbian nuestra percepción de las cosas en lugar de permitirnos pensar en ellas. La tarea que se nos plantea hoy en día es darles a los manifestantes tinta roja.

—Slavoj Žižek, *Mis chistes, mi filosofía*

Índice

Prólogo

Qué si al final prevaleciera la risa, en lugar del agravio y la indeleble queja, cada vez que pensamos en el pasado y en todo lo que en él se ha perdido. Este libro responde en últimas a semejante suposición. Lo escribí en pos de ese anhelo imposible; por ello quiero dedicarlo a los muchos agraviados que en el mundo han sido: porque ellos saben mejor que nadie lo difícil que es tomarse el humor y la ficción realmente en serio. Espero, con todo, que algún lector comparta conmigo la sana convicción de que es preciso devolverle el sentido del humor al estudio de la literatura en español, especialmente en lo que concierne al modo en que los hispanistas de ambos lados del Atlántico están tratando un mal tan fuertemente arraigado en la Península Ibérica como es el mal de Saturno, o la melancolía.

Dentro del paradigma crítico —y hegemónico hoy— a la hora de explicar la historia cultural y literaria del siglo XX en España, el *desencanto* figura no solo como el sentimiento que informó la transición política del régimen franquista a la monarquía parlamentaria, sino también como la expresión del apego o la identificación que ese país siente todavía en pleno siglo XXI con respecto a su pasado traumático de guerra y dictadura militar. Sin menoscabar los numerosos estudios que existen sobre este asunto, el objetivo primordial de *Anatomía del desencanto: Humor, ficción y melancolía en España (1976–1998)* es resituar esos apasionados debates en torno al trauma, la memoria, el desencanto y la narrativa en un marco mucho más amplio: uno que fuerce al hispanismo contemporáneo a ir más allá de su habitual foco en la archicitada "condición melancólica" del posfranquismo o más allá también de lo que podría diagnosticarse (a riesgo de ser prematuramente imprudente y a tenor de lo estresante que fue la gestación de la democracia en España) como una *depresión posparto* de manual.

Además de ser una enfermedad mental y una expresión metafórica para explicar conflictos ideológicos, la melancolía —y sus diferentes acepciones históricas: *tristitia*, acedia, tedio, ataraxia, depresión— se entenderá en este libro como un antiquísimo arquetipo que, irónicamente, en el ámbito del arte y el pensamiento modernos ha resultado siempre productivo en grado sumo. Desde el desengaño proto-existencialista de Baltasar

Gracián en el Barroco y las pinturas negras de Francisco de Goya en los albores del Romanticismo a la decadencia que practicaron ciertos *dandies* del Modernismo, el arquetipo de la melancolía informa casi toda la producción cultural española al término de los siglos XVII, XVIII y XIX. ¿No será entonces el fin del siglo XX también otro lapso de tiempo propenso históricamente a reconocer el peso insondable del pasado? Crítica de la melancolía al mismo tiempo que de la querencia narcisista que suele custodiarla, *Anatomía del desencanto* le hace frente al aquiescente sentimentalismo que parecen afectar algunos críticos al analizar la narrativa española del último fin de siglo. Tal criticismo concibe las creaciones literarias como meros documentos históricos, de la misma manera que una novela de Dostoievski, por poner por caso, puede leerse como un documento de la vida social durante la Rusia zarista.

Leer las ficciones españolas de las últimas dos o tres décadas del siglo XX como alegorías del posfranquismo no solo encorseta tristemente la imaginación novelesca sino que, además, contribuye significativamente a la perpetuación de dicha tradición abúlica. De hecho, teniendo presente que la generación de hispanistas en un principio relacionada con el desencanto es el mismo grupo que vivió durante la transición (bien como participantes directos o no), uno se pregunta hasta qué punto sus prejuicios emocionales permean los análisis. En sus estudios de la transición, renombrados críticos leen los textos literarios españoles contemporáneos mayormente a través del prisma de sus propias heridas, transformando entonces esos textos en espejos de sí mismos. Con todo, ¿cuáles son los sentidos e implicaciones del desencanto para generaciones más jóvenes, que ni fueron testigos de la transición ni mucho menos de la dictadura?

Tras la derrota de los *soixante-huitards*, el colapso del comunismo europeo y la caída también en torno a 1989 de varias dictaduras y revoluciones en América Latina, el acercamiento sentimental a la historia ha vuelto a cosechar éxitos entre las humanidades y las ciencias sociales y políticas. En el campo del hispanismo, este "giro afectivo" lleva camino de reproducir otro *fin de siècle* como el que ya protagonizaron los intelectuales de 1898. Un siglo después, tanto en las universidades españolas como en las anglosajonas, nociones como trauma, agravio, aflicción y empatía informan prácticamente todos los análisis de la cultura española moderna, desde la sanguinaria guerra civil y los casi cuarenta años de fascismo hasta la decepcionante transición a la democracia. *Anatomía del desencanto* interviene en este acercamiento patético a la historia y a la novelística de la transición, recuperando los vínculos y tensiones que mantiene la noción de melancolía con la estética del humor negro en un *corpus* de obras de ficción escritas entre 1976 y 1998. Mediante una metodología que alterna entre el análisis cuidadoso de narraciones de Javier Marías, Gonzalo Torrente Ballester, Cristina Fernández Cubas y Juan José Millás, y el *distant reading* o el encuadre que coloca estos textos en una historia más amplia, este libro hace una crítica del lugar sumamente equívoco que ocupan en nuestra modernidad sentimientos en otro tiempo tan nobles y obstinados como el *duelo*, el *miedo*, la *culpa* y la *compasión*.

En últimas, el lector puede anticipar la siguiente conclusión: además de desencanto y melancolía, lo que sobre todo caracteriza a la novelística española hacia finales del siglo XX es el *humor negro*. Ciertamente, tal humor negro está relacionado estrechamente con la melancolía, pues, en efecto, si algo se ha perdido en la actualidad es probablemente el sentido del humor. Donde uno no puede reírse, un oscuro, cuando no perverso sentido del humor ocupa ese vacío. Al final, la antigua *melancholia* —que etimológicamente significa bilis o humor negros— adquirirá aquí ambos sentidos de la expresión: el de depresión y el de comedia de la desesperanza. Y mientras otros libros sobre las emociones en España siguen abundando en denunciar la persistencia ominosa del franquismo y la posguerra, los cuatro chistes que componen esta *Anatomía del desencanto* invitarán a descubrir en el humor negro de la melancolía una fórmula profundamente irónica: un catalizador en el crecimiento creativo y moral de la narrativa y una herramienta crítica fundamental para cambiar la educación sentimental contemporánea.

Desde que empezó a fraguarse en una disertación de doctorado defendida en el Departamento de Lenguas y Literaturas Románicas de la Universidad de Harvard, *Anatomía del desencanto* ha recorrido un camino largo y culebrero en el que las deudas han ido acumulándose de manera hoy ya prácticamente imposible de estimar, mucho menos aún de saldar. Con todo, vaya por delante mi más franco y afectuoso agradecimiento a las siguientes personas e instituciones que han hecho posible la publicación de este libro:

A Luis Fernández Cifuentes por el trabajo impagable que hizo corrigiendo mis primeros borradores y, por tantas otras cosas más, que podría pasar el resto de mis días desprendiéndome de cada una de sus enseñanzas —en rigor, en inteligencia, en modestia— y sin embargo, una vez libre y listo para disfrutar de mi emancipación, estoy seguro de que cuando, ufano, riera, todavía reiría como él.

A Luis Beltrán Almería por enseñarme, en mi más tierna juventud, que nadie piensa nunca nada, necio o listo, sin que lo haya pensado antes el mundo y, más aún, por atreverse a iniciarme en el culto al humorismo, recordándome que el propósito somarda de la risa será siempre desmoronar todo lo que se crea sagrado, intocable y digno de veneración.

A Mary M. Gaylord y a Bruno Bosteels por darme alas cada vez que el frío de Boston o de Ithaca me las cortaba; y a Brad Epps por afilármelas.

A mis colegas del Departamento de Español y Portugués de la Universidad de California en Irvine por su apoyo, guía y paciencia durante mis primeros años en la profesión.

A Luis Avilés, Ivette Hernández-Torres, Horacio Legrás, Viviane Mahieux y Ana María Amar Sánchez por leerme y tener a bien compartirme sus impresiones siempre honestas e incisivas.

A los estudiantes sobresalientes que han pasado por mis seminarios, como Paul M. Johnson, que contribuyeron a que mis investigaciones crecieran dentro de las aulas mucho más allá de lo que pueden atestiguar estas páginas.

A Daniel Aguirre-Oteiza por transformar en sabia dialéctica toda la guasa que ha corrido en nuestras charlas, y por otras cosas no menos importantes para este libro, como sugerirme reemplazar un dibujo de El Roto por la pintura de mi paisano Antonio Saura que el lector encontrará en la portada.

A Juan F. Egea por prestarme sus ojos para que no perdiera los míos siempre que he querido ver la cinta *El desencanto*, y por no darse nunca importancia por nada pese a ser el artífice de unas gafas de sol tan negras que permiten mirarle a los ojos al padre de uno sin sentir complejos de ningún tipo.

A Juan Pablo Lupi por hacer las veces del rey Midas y leer y retocar este manuscrito de cabo a rabo y con tanto tino y esmero que ni este servidor, que lo escribió, puede todavía reconocerse en algunas páginas.

A tantos compañeros de viaje, como Susan Antebi, Lia Brozgal, Greg Cohen, Jacques Hymans, Luis Arturo Pérez, Simone Pinet y Wanda Rivera, que hicieron menos solitario este viaje; así como a Antonio Córdoba y Alberto Ribas, que con sus avispadas apostillas hicieron que se sintiera más corto.

A Brigitte Adriaensen, Palmar Álvarez-Blanco, Roberta Johnson, Carmen Moreno-Nuño y Maite Zubiaurre por intervenir sin prejuicios o en la idea de este libro o en la revisión de su propuesta editorial.

A los equipos editoriales de *Revista Iberoamericana, Revista Hispánica Moderna* y *La tabla redonda* por permitirme reproducir partes de artículos míos publicados originalmente en esos extraordinarios medios académicos. Los articulos son "Desencantos ejemplares: Estética y afectividad en la España de los años noventa," *Revista Iberoamericana* 80.247 (abril–junio 2014): 535–52; "La imaginación desmadrada de Juan José Millás: Humor y melancolía en *La soledad era esto,*" *Revista Hispánica Moderna* 64.1 (2011): 129–48; y "El arte de advinar de Gonzalo Torrente Ballester: Anatomía de la culpa en *La muerte del decano,*" *La tabla redonda. Anuario de Estudios Torrentinos* Special Issue (2010): 143–62.

Al artista Eugenio Merino, al fotógrafo Óscar Rodríguez, a John Morton y a los herederos del maestro Saura por su generosidad también al permitirme reproducir gratuitamente las cuatro imágenes que encontrarán en el libro.

Al programa Humanities Commons de la Universidad de California en Irvine por financiar la publicación.

A Susan Y. Clawson y Joyce L. Detzner por su exhaustivo trabajo de producción. Y a Philip B. Freyder por ser mi voz cuando he tenido que hacer las veces del fantasma de Connolly.

Y gracias también a los míos, a los familiares y amigos que recuerdo y a los que aquí haya olvidado, a los que buscaron a Dios y la Virgen entre la niebla y a los parientes pobres del diablo: gracias de veras a todos por hacer que no me faltara de nada ni echara en falta nada, durante estos años de escritura, que no fuera la terminación.

Gracias repetidas también a quienes me hicieron posible y hasta imposible, a mis padres José y Mary Carmen por querer transmitirme el valor inagotable del trabajo y el poder secreto de la humildad, y por saber resistir los embates de la vida con el temple de aquellos legendarios obreros, duros como la piedra, que el bueno de Albert Camus imaginó felices.

Y gracias por último a quien estuvo conmigo en las duras y en las maduras, a quien apuntaló mis bajones con dos columnas de porvenir, a quien lloró de risa con mis demonios y me enseñó en verdad a hablar la lengua del corazón: a Claudia Giovanna Pineda, tan aguda como risueña, por hacer con pasión por este libro lo que nadie podría escribir con tinta alguna ni en estas ni en ningunas otras páginas.

Vale.

Irvine, otoño de 2016

Tránsitos de Saturno

"Ya estamos hartos de estar en contra…
A partir de ahora estaremos a favor,
a favor, hasta de ir en contra."
—Albert Pla, *Veintegenarios en Alburquerque*

Qué raro que Roger Bartra, ese gurú de la melancolía en la España de los Siglos de Oro y en el México moderno, escriba al final del siglo XX: "Cuando dirigimos nuestra mirada a la cultura española contemporánea, no es fácil hallar signos de la antigua melancolía. Tal parece que el arquetipo se ha esfumado" (*Cultura* 14). Si hay un tópico repetido *ad nauseam* dentro del hispanismo desde que terminó el siglo, incluso desde antes, desde mediados de 1970 hasta la más rotunda actualidad, es precisamente este de que la cultura española contemporánea está impregnada por la bilis negra; y de manera profusa además, hasta el extremo de haber cuajado, dentro del viejo y nuevo historicismo, la noción del *desencanto* como "el calificativo que caracteriza a todo un momento histórico" (Vilarós, *El mono* 47). Por desencanto entienden la frustración de las expectativas de regeneración moral que trajo consigo una transición pactada a la democracia y que cristalizó en el adagio "contra Franco, vivíamos mejor."[1] Como advirtió el hispanista José Carlos Mainer, esa frase transparenta "la interiorización de los fantasmas del franquismo por sus víctimas" en una suerte de "síndrome cultural de Estocolmo" (*De postguerra* 124). Muerto Franco, el franquismo parece entonces representársele a prácticamente toda una generación de estudiosos, no solo como el régimen traumático que se perpetuó en España durante casi cuarenta años (1939–75), sino también —y sobre todo— como el germen de "un nuevo paradigma melancólico" (Medina, *Exorcismos* 54). En consonancia con este cambio de paradigma, el pasado de España está revisitándose con tanta persuasión que todo ese revisionismo histórico —legítimo, sin duda, y como veremos, benjaminianamente revolucionario, en tanto denuncia la barbarie sobre la que se asienta lo que hoy llamamos progreso y democracia— ha derivado, a su vez, en un tratamiento de la historia abrumadoramente melancólico. A tal conclusión al menos parece llegar otro reconocido hispanista: "De una historia mesiánica cargada de promesas de un futuro mejor hemos pasado a una visión de la historia como agravio" (Loureiro, "Argumentos" 22).[2]

Un primer vistazo a la producción académica aparecida desde que en 1976 Jaime Chávarri publicara *El desencanto*, la película citada por prácticamente todos los críticos que explican la nueva condición melancólica de la cultura española mediante la alegoría del duelo irresuelto por la muerte de Franco, cuestionará de entrada la idea de que "el mal de Saturno," —que es como desde la Antigüedad viene llamándose (Burton y Manguel 18, 397; Klibansky et al. 180; Radden, *Moody* 6) a la sensación de tristeza, negrura y decadencia pero también de euforia, clarividencia y genialidad— se ha esfumado en la España del siglo XXI. Entonces, la insistencia con que el antropólogo Bartra se pregunta "en qué lugar de esta España moderna se encuentra enterrada la España melancólica," a mi modo de leer la cuestión, indica menos una señal de desconocimiento de los derroteros contemporáneos de la melancolía que una incitación a la sospecha, una advertencia quizás, sobre lo equívoco o lo confuso o lo *extraño* que resulta hoy este sentimiento. ¿Qué tiene que ver el largo romance entre la cultura española y la melancolía, estudiado prolijamente desde disciplinas tan diversas como la medicina, las ciencias sociales y los estudios culturales (Cerezo; Moscoso; Núñez Florencio; Ruy Sánchez; Krauel), con el interés que desde los últimos cuarenta años ha suscitado el desencanto, la memoria y el concepto de la historia como agravio? ¿Por qué ocuparnos en este nuevo milenio de un arquetipo tan antiguo como la melancolía? ¿De qué es indicio este énfasis en estudiar la melancolía y en leer la contemporaneidad a la luz de los sentimientos? ¿Y de qué hablamos realmente cuando hablamos de melancolía y de sentimientos en el ámbito peninsular de la cultura y de la literatura en particular? ¿En verdad se han esfumado "los oscuros caminos de los místicos y los signos cabalísticos," tal y como se pregunta Bartra (*Cultura* 14), de la imaginación novelesca española contemporánea?

Más que agotar semejantes cuestiones, las siguientes investigaciones pretenden contribuir a las discusiones que viene suscitando este nuevo tránsito de Saturno por la Península, bosquejando lo que de manera algo pretenciosa llamaré una *cartografía de los sentimientos*, especialmente del equívoco lugar que ocupan en la conciencia, en las relaciones sociales y en la narrativa española de la democracia sentimientos en otro tiempo tan nobles y catárticos como el duelo, el miedo, la culpa y la compasión. Y es que, entre los asuntos pendientes que dejó la transición del régimen de la dictadura al régimen de la monarquía parlamentaria, el más resbaladizo es todavía el que afecta al cambio de "regímenes estéticos" (Rancière 7). El cambio en las reglas que rigen lo que está permitido o no sentir, pensar e imaginar dentro de una sociedad que se pretende democrática —con todos los riesgos que implica generalizar de tal manera—, y la redistribución a su vez de quién, cuándo y cómo participa o no de esa experiencia sensorial, en España puede estar relacionado con la transición, naturalmente, y, sin embargo, no se explica ni se agota en tal proceso político. Al contrario, en ese país, como en cualquier otro, el cambio de regímenes estéticos también concierne a procedimientos artísticos o imaginarios tan complejos, y con una historia en ocasiones tan remota, que desde la actualidad exclusivamente, por bien informada que esté, apenas podemos tener idea de cómo se producen esas transformaciones en la "estructura de los sentimientos" o en los "estilos de vida," que bajo ambas nociones reformula Raymond Williams (131) lo que, a su vez, Heidegger llamó "*stimmungen*" ["condiciones anímicas o humores"] (134), y la tradición filosófica orteguiana interpretó como "temples," "temperamentos" o "modos de instalarse en el mundo" (Julián Marías, *Antropología* 174–77).[3]

Con la ironía con que espero que se tome el título de este libro, por su deuda explícita con la monumental *Anatomía de la melancolía* (1621), de Robert Burton, *Anatomía del desencanto* explora el conflicto de regímenes estéticos que experimenta España durante las tres últimas décadas del siglo XX aproximadamente, entre un régimen estético tradicionalmente anclado en la vehemencia o el apasionamiento que Philip Fisher considera "humorless" (44) y otro donde la noción de sentimiento adquiere un sentido irónico, y el *sentido del humor*, un lugar crítico importantísimo como extraña forma de conocimiento. A recuperar este lugar primordial que debe tener el sentido del humor en toda educación sentimental moderna apunta por otra parte el subtítulo de este libro también. *Humor, ficción y melancolía* pretende así alterar esa costumbre de los grandes estudiosos de la melancolía, todos ellos profundamente influyentes en las siguientes páginas, por titular sus obras con binomios, como hicieron Raymond Klibansky et al. en *Saturno y la melancolía*, Sigmund Freud en *Duelo y melancolía*, Wolf Lepenies en *Melancolía y sociedad*, Stanley Jackson en *Melancolía y depresión* y Roger Bartra en *Cultura y melancolía*. En vez de *Humor y melancolía*, que es como en honor a Miguel Mihura había pensado titular este libro, opto aquí por incorporar también el término *ficción*, ya que, como veremos, la otra herramienta fundamental para intervenir críticamente en dicho conflicto de regímenes estéticos será, junto al humor, la ficción; en especial, la ficción o la invención o la imaginación que despliegan en sus obras literarias cuatro narradores con un profundo, cuando no perverso, sentido del humor.

El capítulo 1 se enfocará en el sentido del humor de Juan José Millás (Valencia 1946), concretamente del humor con que se toma este raro fabulador el sentimiento de duelo acaso más íntimo, agudo y deprimente: el duelo por la muerte de la propia madre. A través del análisis exhaustivo de su novela *La soledad era esto* (1990), descubriremos que escribir, hablar o incluso pensar sobre el duelo materno remite automáticamente al sujeto huérfano a sí mismo, y cuanto más se ensimisma, según los presupuestos psicoanalíticos, más se deprime, o sea, más profundamente se sume en la melancolía. *La soledad era esto* intervendrá en este círculo vicioso —paradigmático, como veremos, del proceder narcisista de la melancolía— transformando la literatura convencionalmente autobiográfica y memorialística, y, hasta cierto punto, también el historial clínico de la depresión del autor por la muerte de su madre, en lo que llamaré (haciéndome eco del vigor que las autoficciones han adquirido durante las tres últimas décadas) una autobiografía solapada o un simulacro de autobiografía. El capítulo 2 se ocupará por una parte del sentido del humor que despliega Cristina Fernández Cubas (Arenys de Mar 1945) cuando se asoma al abismo acaso más horrible, siniestro y traumático del pasado de España, el catolicismo, y, por la otra parte, aprovechará el tratamiento del miedo que ofrecen algunas novelas cortas de esta maestra del horror, como *Mi hermana Elba* (1980) y *La noche de Jezabel* (1983), para intervenir en los acalorados debates que vienen produciéndose durante la última década en torno a los horrores de la historia, especialmente del sentimiento de terror que suscita el desenterramiento de las fosas comunes y, en general, el despertar de los muertos de la guerra y la dictadura conforme la sociedad contemporánea trata de ajustar sus cuentas pendientes con ellos. El capítulo 3 recuperará el sentido del humor de Gonzalo Torrente Ballester (Ferrol 1910–Salamanca 1999), particularmente durante su etapa más tardía, la más próxima a su muerte pero también, si hemos de creer las tesis de Edward Said sobre el "estilo tardío," la más atemporal y escandalosa (Said 2). Con el objeto de intervenir en los debates sobre el pastiche y la posmodernidad, sobre la debilidad del pensamiento y la desideologización de la sociedad española contemporánea, este capítulo analizará su novela detectivesca *La muerte del decano* (1990), y sostendrá que bajo esa supuesta banalización de la cultura subyace toda una tradición estética que reivindica la pereza, la ligereza y la llamada sabiduría gaya como los tratamientos probablemente más críticos y controvertidos del sentimiento de la culpa y del ejercicio de la justicia. El capítulo 4, por último, se enfocará en el sentido del humor de Javier Marías (Madrid 1951), concretamente del humor que despliega en su novela *Mañana en la batalla piensa en mí* (1994) frente al último sentimiento que parece quedar cuando se han agotado los del duelo, el miedo y la culpa, a saber: el sentimiento de la piedad o de la compasión y el perdón; y aunque también este sentimiento corra en el presente la misma suerte que los demás, y se nos revele agotado u obsoleto, cosa del pasado, este último capítulo sostendrá que el sentimiento de la piedad todavía puede dar mucho que pensar, sobre todo si lo examinamos a la luz del arte y la gracia que tiene Javier Marías para representarnos en esa novela a la *Pietà*, la alegoría por antonomasia de la compasión, excitada.

   ¿Qué gobierna las experiencias del duelo, el miedo, la culpa y la piedad al cabo de la transición española y del siglo y milenio pasados? ¿Qué regímenes imperan sobre los humores o estilos de vida contemporáneos? ¿Cuándo lamentar, por ejemplo, una muerte o una partida o una ruptura sentimental, y cuándo celebrarlas? ¿Qué gobierna concretamente el dolor, la pena, el sentimiento del duelo? ¿Y qué regula, por otra parte, el miedo? ¿Bajo qué circunstancias debemos temer a los demonios y fantasmas, y entonces exorcizarlos, rehuirlos u hospedarlos, y bajo cuáles debemos reírnos de ellos? ¿Y qué hay de la culpa? ¿Qué normas rigen

5

realmente el sentimiento de la culpa? ¿Cuándo debemos sentirnos culpables y cuándo no? ¿Es posible acaso reírse en verdad del sentimiento de la justicia, como hizo el rey Salomón, o debemos pretender más bien tomarnos en serio el dolor, el miedo y la culpa, y ejercitar en consecuencia la justicia con suma cautela? Finalmente, ¿qué hay del sentimiento de la compasión? ¿Podemos entender en el siglo XXI qué significa *miserere* o que alguien pueda otorgarnos su gracia? ¿Y cómo responden los cuatro escritores mencionados ante todas estas preguntas? ¿Qué nos enseña, en particular, la autobiografía solapada de Millás sobre el duelo; los relatos de horror de Fernández Cubas sobre el miedo; la novela detectivesca de Torrente Ballester sobre la culpa y el ejercicio de la justicia; y la gracia al escribir de Marías sobre el sentimiento de la piedad?

Tales son, en definitiva, las inquietudes que regirán de ahora en adelante el análisis de las obras literarias de estos cuatro narradores humoristas con el objetivo último, tal vez el más ambicioso de todos los hasta aquí expuestos, de contribuir en la escritura de una nueva educación sentimental que nos enseñe realmente qué puede o no puede hacer un cuerpo humano en España al término del siglo XX, que es lo mismo que desde mediados del XVII se preguntó Spinoza —¡de qué es capaz un cuerpo!—, sentando con este grito las bases para comprender las emociones, eventualmente, como las "huellas" o "impresiones" que deja el poder sobre los cuerpos (Deleuze, *Spinoza* 48; Ahmed 6). Las obras de ficción aquí estudiadas, no obstante, funcionarán en mis análisis como algo más que meras reproducciones o representaciones de las huellas o impresiones que ha podido dejar el poder en el cuerpo de la sociedad española durante las últimas tres décadas del siglo XX. *Anatomía del desencanto* concebirá las obras de Millás, Fernández Cubas, Torrente Ballester y Marías, no solamente como *síntomas* de la crisis sociopolítica circunstancial al periodo histórico en que escriben estos autores, sino también como "actos responsables, sin coartada" (Bajtín, *Hacia una filosofía* 46).

El principal fundamento metodológico, como veremos con mayor detalle en el primer capítulo (el más teórico de todos), residirá entonces en comprender las nociones de alegoría y de ironía, o sea, en entender que las ficciones aquí analizadas no son naturalmente reflejo de una realidad, sino que siempre remiten, irónicamente, "a otra cosa" —*alegoría*, del griego *allôs* y *agoreuein* "signifying 'other speaking,' other than what is said, or, what is not said" (Copeland y Struck 266)—. Frente a la querencia peninsular contemporánea por interpretar las obras de arte en función de la actualidad periodística y —en la narrativa de la transición en particular— de la experiencia nacional de la guerra y del franquismo, *Anatomía del desencanto* concebirá las ficciones de Millás, Fernández Cubas, Torrente Ballester y Marías como acontecimientos estéticos u *ocurrencias* que intervienen en la realidad más que como representaciones; o sea, como objetos irónicos, no fiables, críticos para que exista el porvenir, además, claro está, de trasuntos del tiempo histórico transitado. Es cierto que *La soledad era esto, La noche de Jezabel* y *Mi hermana Elba, La muerte del decano* o *Mañana en la batalla piensa en mí* pueden expresar los traumas, las ofensas y las culpas sufridas —y silenciadas— por la sociedad española durante buena parte del siglo XX. Pero, a la vez, esas mismas obras se resisten a reproducir en este cambio al siglo XXI otro abúlico *fin de siècle* como el de 1898 y, a efectos de ser interpretadas, no requerirán necesariamente proyectar el lastre afectivo que todavía representa en España el pasado bélico y dictatorial del país. Consecuentemente, me acercaré a esas obras literarias mediante una metodología que alterna el *close reading*, o el análisis detallado de cada uno de los textos, y el llamado ahora *distant reading*, o la lectura que considera los periodos de larga duración, con el esperable resultado, según sospecha Franco Moretti de este último acercamiento a la literatura, de ir "a contrapelo de la historiografía nacional" (4); en esta ocasión, a contrapelo de lo que provisionalmente podríamos llamar la historia cultural del posfranquismo. La metodología de *Anatomía del desencanto* se sostiene, en resumidas cuentas, sobre "la singularidad de la literatura" (Attridge 29) a la hora de poder expresar los sentimientos y de intervenir en dicho tránsito de regímenes estéticos, alineándose así, en cierta forma, con el reciente "return to aesthetics" de los estudios humanistas y de la crítica literaria en particular (Loesberg; Bérubé; Beltrán Almería).[4]

Saturno en España

Con el último cambio de siglo, la fenomenología de los sentimientos ha vuelto a suscitar un enorme interés en las humanidades y las ciencias sociales y políticas. Desde que en 1991 Fredric Jameson identificó la posmodernidad con el *desafecto* o "la merma de los afectos" —"the waning of affect" (16)—, numerosas investigaciones han interpretado las obras de arte en relación con los sentimientos.[5] En el marco de este "giro afectivo" (Clough y Halley 2), las artes y culturas contemporáneas vienen vinculándose sobre todo a los sentimientos llamados "feos/grotescos" o "no-catárticos," como la ansiedad, la paranoia, el asco (William Ian Miller 5; Ngai 13). Por el contrario, sentimientos "bellos" o "catárticos," como lo son el duelo, el miedo, la culpa o la compasión, en un contexto de globalización y capitalismo tardío como el que describe Jameson, han perdido la nobleza que tuvieron en épocas pasadas y se han confundido, paulatinamente, con el sentimiento de la melancolía.

Frente a la importancia que adquirió el sentimiento de la melancolía en la modernización de las culturas occidentales durante el Renacimiento (Gowland 15), el Barroco (Benjamin, *The Origin* 182), el Romanticismo (Pfau 22) y el Modernismo (Flatley 4), en los siglos XX y XXI este sentimiento se ha confinado, bien en categorías subjetivas propias de la psiquiatría (Morris 96; Radden 7; Arikha xvii), o bien en una noción de "desencanto posmoderno" (Rancière 10) que parece agotarse conforme se desvanece el auge de los estudios posmodernos (Lyotard; Harvey).

Sin embargo, en el mundo hispánico, y especialmente en la Península Ibérica, el sentimiento de la melancolía sí que ha seguido dejando una fortísima impronta sobre la vida contemporánea.[6] Que el misterio de la melancolía haya suscitado nuevamente en España tanto interés es indicio, antes que nada, de envejecimiento de la cultura de ese país y, junto a ello, de derrumbamiento de cierto orden de cosas. Ya la antigua medicina hipocrática identificó la melancolía con aquel temperamento propio de la edad madura, incluso de la vejez, asociado siempre con el pasado, el otoño, la caída, el desplome y la terminación de algo (Klibansky 34; Radden 27).

La condición melancólica peninsular, que desde hace casi cuarenta años viene diagnosticando un grupo de hispanistas con tanta persistencia, será entonces una cuestión que atañe al pasado también, por la sencilla razón de que, para que la sociedad española haya podido *des-encantarse*, habrá tenido que albergar *antes* un tipo u otro de esperanza. En la no coincidencia entre lo que soñó o ideó esa sociedad en el pasado y lo que resultó —o no— después, germina el desencanto y, con él, la conciencia del paso del tiempo y el conocimiento tradicionalmente asociado a la vejez.

Al objeto de comprender en profundidad esta dialéctica entre la expectativa y la decepción, la juventud y el envejecimiento, la utopía y el desencanto, en esta introducción quiero examinar en detalle cómo ha pasado a la historia la última generación española que, desde la más profunda depresión de posguerra, invocó con convencimiento cierta idea de felicidad. O, dicho en términos acaso más felices todavía, quiero responder a la pregunta de cómo han llegado a sexagenarios los en otro tiempo llamados *soixante-huitards*. Esto permitirá dos cosas fundamentalmente: primero, contextualizar la "experiencia sensorial" (R. Williams 131), y paradigmáticamente finisecular, en la que se ancla toda mi investigación, y, segundo, justificar mi interés en interrogar dentro de la contemporaneidad española el sentimiento de la melancolía, así como los otros sentimientos con los que tiende a confundirse, como el duelo, el miedo, la culpa y la compasión, que examinaré respectivamente en los cuatro capítulos que conforman este libro.

Arqueología de un desahucio

Si durante el siglo XX los hispanistas explicaron la historia de la literatura y la cultura españolas por generaciones (la generación del 98, la del 14, la del 27, la del 36, la del 50...), los del siglo XXI, claramente influidos por los colegas anglo-americanos, tienden a hacerlo más bien por décadas. Este método ha contribuido a paliar alguna deficiencia del procedimiento de las generaciones, como la tendencia criticada por José Carlos Mainer de buscar "homogeneidades intra-generacionales" ("El problema" 214). Sin embargo, como apunta en otro lugar el mismo Mainer, también las décadas "acabaron convertidas como por arte de magia en eras" (*De postguerra* 109). Y esto es lo que sucedió tanto en las culturas anglo-americanas como en las hispánicas con la década de los sesenta, que fue la expresión titular de toda una era caracterizada por "la apología de la subversión, el empeño innegociable de transformar el mundo y el rechazo de cualquier complicidad con los que mandan" (Albiac 26).

La década de los noventa, por otra parte, lleva camino de ser objeto de la misma denominación y de convertirse en otra era. Los acontecimientos de 1989, el colapso de la Unión Soviética y del comunismo europeo, junto con la caída, en torno a ese mismo año, de varias dictaduras y revoluciones en América Latina, inauguran en Occidente "a profound political disorientation" (Brown 3), "a post-revolutionary situation of near-anomy in which disenchantment is almost unavoidable" (Dahrendorf 12). Ambas eras de utopía y de desencanto, de arrebato y de decepción, así como sus correspondientes décadas y fechas emblemáticas —el 68 y el 89— mantienen algo más que "una inquietante relación especular de necesidad" (Magris y González Sainz 39). Además, dan lugar a una encrucijada que, al decir de Raymond Carr, ha devenido en otro "caso clásico de *fin-de-siglo*" (*Visiones* 11): un punto privilegiado de observación del pasado en el que vuelve a adquirir un profundo interés crítico la idea de generación.[7]

Pocas décadas del siglo XX han estado tan estrechamente afiliadas a la idea de generación como la de los sesenta. A juzgar por los testimonios de Gabriel Albiac, "del 68 es imposible hablar en primera persona" (13), y de Fernando Savater —"anhelo del Cuerpo Místico, en el que todos seremos uno," ironiza este último al recordar también sus experiencias parisinas (*La voluntad* 302)—, aquella década prodigiosa fue efectivamente informada por la noción de generación, cuando menos si nos atenemos a la definición que dio José Ortega y Gasset: "Cada generación representa una cierta *altitud vital*, desde la cual se siente la existencia de una manera determinada" (*El tema* 79; cursiva suya). Es más, dada la heterogeneidad entre lo que proponían los jóvenes de los sesenta y lo recibido de las generaciones precedentes, esa época acuñó con especial interés político la idea de generación. Los sesenta fueron, ante todo, una cuestión generacional y constituyeron, además, todo un modelo de lo que Ortega y Gasset llamó "épocas eliminatorias" (80). Por oposición a las "épocas cumulativas," en las que se da una homogeneidad entre lo recibido y lo propio, la de los sesenta sería, en palabras del mismo pensador, una "generación de combate [...] que no trata de conservar y acumular, sino de arrumbar y sustituir, los viejos quedan barridos por los mozos" (81). Como sucede además con toda generación, la de los sesenta instituyó su correspondiente fecha titular también —el archicitado 1968—, puesto que en aquel año coincidieron las experiencias traumáticas y aglutinantes más determinantes de sus líneas de actividad: París, Tlatelolco, Praga, además de la dilatada guerra en Vietnam.

En el ámbito de la historia cultural española, no obstante, el movimiento internacionalista de los sesenta no se correspondió exactamente con tales años. Alemania, Estados Unidos, Francia o Gran Bretaña podían estar entonces en plena transición hacia una nueva era "posindustrial," "posestructuralista" y hasta "posmoderna," cuando allende los Pirineos, como señala Ramón Buckley, "todavía no habíamos hecho *nuestra* transición, es decir, una transición hacia la democracia" (xi; cursiva suya). La sociedad española de los años sesenta, según el análisis de Raymond Carr, exhibía síntomas de una "modernización superficial" (*Modern Spain* 168). Hubo un espectacular desarrollo económico, especialmente en los sectores del turismo y de la industria, con el consecuente movimiento migratorio del campo a las ciudades. Atrás quedaba, pues, la autarquía, sustituida por una incipiente sociedad de consumo (Carr y Fusi 257). Como resultado de esta liberación económica, hubo considerables "reformas culturales y políticas" (Payne 414). Basadas sin embargo en "una producción populista de entretenimiento," estas reformas no representaron tanto una revuelta cultural como un "espectacular proceso de desideologización estatal," según Teresa Vilarós ("Cine y literatura" 195). Y vinieron también con los sesenta, por supuesto, grandes cambios en la literatura. "Sometime during the 1960s —escribe Brad Epps— the mirror breaks for Spanish narrative" ("Questioning" 193). Obras de Luis Martín Santos, Juan Goytisolo, Miguel Delibes, Camilo José Cela y Juan Benet "wreak havoc on the reality, idea, and ideal of realism —sostiene Epps— [and] language turned into its own object becomes opaque, polyvalent, and at time even purposeless" ("Questioning" 194). Con todo, esos escritores (excepto quizás Benet) adolecieron de un profundo españolismo, es decir, de una exclusiva preocupación por los problemas de España; y a juzgar por Helen Graham y Jo Labanyi, tal "españolismo" los convierte hasta cierto punto en cómplices del franquismo, en tanto este régimen "tried to unify the nation by projecting difference outside its borders in the form of otherness: *la anti-España*, necessarily equated with foreign influence" (Graham y Labanyi 397).

Lejos de inscribir, pues, un *cambio radical* con respecto al pasado, en España los años sesenta introdujeron más bien una serie de cambios que encerró múltiples "ambigüedades" (Subirats, *Después* 27). Entre la represión y la resistencia, la liberación y la circunspección, la inspiración extranjerizante y el lastre españolista, la sociedad y la cultura españolas comenzaron a experimentar en los sesenta una metamorfosis que no termina de cuajar sin embargo hasta bien entrados los años setenta, con la transición de la dictadura a la democracia; es decir, con el periodo en que cristaliza nuevamente en el ámbito hispánico la vieja querella de los antiguos contra los modernos y resurge la idea de generación, así como nociones afines del tipo degeneración, regeneración y relevo generacional.

La transición parece erigirse así, demoradamente con respecto a otros países occidentales, como el episodio aglutinante del fenómeno generacional que había comenzado en el extranjero más de una década antes. De ahí que en la historia literaria española la célebre generación del 68 coincida con la de autores que empiezan a publicar en los años setenta, como por ejemplo Manuel Vázquez Montalbán, Ana María Moix, Félix de Azúa, Eduardo Mendoza, Juan José Millás, Soledad Puértolas o Vicente Molina Foix, y que, dependiendo del contexto y los antólogos, toma apelativos tan diversos como generación de la transición o del 75, "generación perdida" (Albiac), "generación del fracaso" (Subirats, *Después*) o, en poesía, "generación de los novísimos" (Castellet).

De manera ejemplar, la generación de la transición subvirtió la historia española de la segunda mitad del siglo XX. Ahora bien, esa subversión no se relacionó tanto con la consumación de la utopía, sino con el fracaso de esta. O, dicho en otras palabras, lo que resultó de las utopías setenteras fue el descubrimiento de la *u-topía* misma, la inexistencia de esa soñada felicidad y, con ello, el desconcierto, la decepción, la desesperanza. De ahí que los mejores estudiosos modernos de la melancolía, desde Walter Benjamin y Wolf Lepenies hasta Lázslo Földényi y Giorgio Agamben, hayan relacionado la melancolía con la utopía *dialécticamente*; es decir, con vislumbrar los sueños o los ideales más extremos, pero también con reconocer su inviabilidad. Lo pone más claro Agamben cuando nos recuerda la "fantástica etimología" que dio Paschasius Radbertus de la voz *desesperación*: "'Desperatio dicta est, eo quod desit illi *pes* in via, quae Christus est, gradiendi' ("Desesperation is so named because it lacks the foot (*pes*) to walk in the way that is Christ")" (cit. en Agamben 6).

De esta compleja idea del fracaso de las utopías han dado sobrada cuenta sus más acérrimos defensores. En París, el movimiento rebelde de mayo del 68 fue traicionado, de nuevo según Albiac, por los propios partidos de la izquierda. Para Savater, "[l]os arrebatos de mayo guardaban secretas complicidades con los tanques de agosto [es decir, con la invasión soviética de la antigua Checoslovaquia]" (*La voluntad* 300). Y en España, el cambio utópico fue también, como poco, problemático. A esto contribuyó, naturalmente, el modo en que se realizó la transición a la democracia —santa o inmaculada transición para unos, pactada traición para otros— y el "trágico atraso" con que llegaba a España la utopía: "Precisamente cuando la Historia prometía alcanzar su plenitud —en la democracia, quizás el socialismo—, resultaba ser que la Historia 'no existía,' que era una realidad 'ilusoria' y que por tanto, tan ilusorio era el fascismo que habíamos padecido como la democracia o el socialismo que habían de llegar," escribe Buckley (78).

Esgrimir argumentos en contra de cómo se hizo en España la transición política a la democracia se ha convertido hoy en un discurso tan común como en el pasado fue esgrimirlos a favor. En un ensayo irónicamente titulado "De la emancipación al simulacro: La ejemplaridad de la transición," Alberto Medina insiste en denunciar cómo se realizó la transición porque, en lugar de "emancipar" a la sociedad española —presuntamente "infantilizada" por la dictadura— la condujo más bien a una inadmisible "farsa" (34). Ni democracia auténtica, por lo tanto, ni reproducción del régimen transitado: lo que resultó de aquella transición, sostiene con razón Medina, fue un *simulacro*. Tal denuncia está inspirada en las lecciones benjaminianas y derridianas que desde comienzos de 1990 adaptaron renombrados hispanistas como Jo Labanyi, Joan Ramon Resina y Teresa Vilarós al caso específico de la historia española contemporánea. A la zaga de ellos, Medina da a entender que la verdadera democracia debería haberse anclado en una sociedad participativa, más que en una sociedad del espectáculo; en la transparencia informativa, más que en el cinismo; y en tomar comprometidamente manos en el asunto (que es lo que significa *emancipar*), más que en simular consenso, simular progreso, simular madurez ("De la emancipación" 30).

A esta crítica retrospectiva de la transición han respondido por otra parte —creo que con razón también— los que la tramitaron (desde Adolfo Suárez y Santiago Carrillo hasta el rey Juan Carlos I) sosteniendo que, en los años setenta, la hicieron como la hicieron porque una transición auténtica o real probablemente no habría podido realizarse.[8] Y de manera igualmente retrospectiva esgrimen el precedente de que cuando se trató de pasar de otra dictadura (la de Primo de Rivera) a la democracia, lo que resultó entonces no fue tampoco una democracia auténtica ni una dictadura militar, sino, eventualmente, una guerra civil sanguinaria.

A juzgar por los unos y los otros, la transición española plantea, pues, una suerte de aporía, o de *intransición*, que es precisamente el título del volumen donde aparece publicado el ensayo de Medina junto a otros de Cristina Moreiras, Eduardo Subirats y otros reconocidos hispanistas.[9] A final de cuentas, de las utopías de los setenta va quedando en los noventa, por un lado, una clara sensación de *extravío*: "Si alguna herencia nos dejó el 68 —escribe Albiac en 1993— es la pérdida de los márgenes y de las referencias" (15); y, por el otro, de *desconfianza*: "La desconfianza hacia los órdenes creados, los ideales teológicos," escribe Savater (*La voluntad* 304). Y es precisamente este extravío, esta desconfianza o esta negatividad lo que constituye la "altitud vital" (que invocaba Ortega y Gasset) de aquella generación de combate, su verdadera subversión: la confesión y denuncia —resume Albiac en clara referencia al análisis foucaultiano del conocimiento— de "un nuevo modelo de poder y de dominio, la difusión generalizada de la sumisión, a través de una red capilar que atraviesa cuerpos y conciencias" (178).

Ahora bien, si además de "altitud vital" toda generación tiene también, siempre según Ortega y Gasset, una "misión histórica" (*El tema* 82), entonces la misión de aquella generación perdida —del 75 o del fracaso— fue dejar a las generaciones posteriores, a las del cambio al siglo XXI, *desheredadas*. Tal es el legado de las utopías setenteras y en ello reside su grandeza y su miseria, su mérito y su vergüenza, frente a las generaciones que les han sobrevenido. Las dejaron, según Albiac, "sin futuro. Sin sentido también. Y sin sujeto" (13). El espectacular estallido, desde la década de 1970 en adelante, de las críticas posmodernas de Jean-François Lyotard, Jean Baudrillard y Fredric Jameson da cuenta de este supuesto agotamiento de la historia, del sujeto y del sentido. Como Lars Svendsen ha notado, la "pérdida del sentido" (17) es lo que informa en las sociedades tardocapitalistas el *aburrimiento*, la forma que en opinión de este filósofo adquiere la melancolía en la era posmoderna. En el contexto de la filosofía española contemporánea, toda una ola de ensayos sobre ética y política, producidos desde los ochenta y sobre todo los noventa, ha tratado de intervenir en esta pérdida del sentido: *Ética para Amador* (1991), de

Fernando Savater; *Aproximación a la ética* (1992), de Norbert Bilbeny; *Ética para náufragos* (1993), de José Antonio Marina; *La melancolía del ciborg* (2008), de Fernando Broncano; *Ser quien eres. Ensayos para una educación democrática* (2009), de Emilio Lledó; o *El gobierno de las emociones* (2011), de Victoria Camps. Como si la melancolía y el aburrimiento fueran entonces yerros nuevamente, tal y como durante el medioevo fueron pecados bajo la forma de la *acedia*, esos y otros muchos ensayos reivindican un retorno a la ética que incite, avive o corrija el pasotismo, la desgana, la apatía o, en términos de Ann Cvetkovitch (21), la "depresión política" que, como otras sociedades occidentales, viene experimentando también la sociedad española contemporánea.

¿Qué más dejaron los años transicionales, que, según cómo y quién lea estos años, pueden extenderse hasta bien entrados los noventa? En *Demasiadas preguntas* (1994), una novela sobre el relevo de poderes durante la transición, Dámaso Medina —un profesor antifranquista que recuerda al escritor Rafael Sánchez Ferlosio— confiesa mucho más: "Por mantener bonita mi conciencia les he dejado [a mis hijos] sin nada: sin Dios, sin patria, sin amo, sin familia, sin esperanzas, y, sobre todo, sin un duro" (187). Inestimable legado que al final de esta novela de Félix de Azúa (Barcelona 1944), miembro también de aquella generación perdida y novísima del 75, recibe Dalila, la hija de Dámaso. Según la describe el narrador, Dalila es una "viuda arcaica" (206) que en el transcurso de su juventud ha perdido a su novio (muerto por abandono de unos y otros, franquistas y antifranquistas, en los calabozos de las comisarías madrileñas), a su madre (fallecida en los *sixties* por sobredosis tras haberse fugado en una DKV con una pandilla de *hippies*) y la única herencia crematística que podía haberle dejado su padre. Y es que al final de este esperpento de la transición que es *Demasiadas preguntas*, el padre antifranquista de Dalila acaba desestimando también una bien remunerada oferta del Ministerio de Educación para escribir una gramática del español, por la misma razón de "mantener bonita [su] conciencia" o, como escribía Albiac, desestima esta oferta ministerial por su "empeño innegociable de transformar el mundo y el rechazo de cualquier complicidad con los que mandan" (26).

Pero aún dejaron más tras su paso aquellos años utópicos. Si Albiac advierte que "del 68 es imposible hablar en primera persona" (13), la forma impersonal y esa primera persona parecen ser las únicas maneras de hablar que quedan conforme se acerca el fin del siglo XX, pues, por no dejar, no dejó aquella generación ni la idea de generación. De hecho, la única generación claramente proclamada desde entonces dentro de la historia literaria española se ha denominado, significativamente, *generación X*. Sobre los narradores de esta generación, jóvenes que comienzan a escribir en los años noventa, la hispanista Carmen de Urioste hace un balance que parece corroborar, punto por punto, cada una de las aseveraciones hasta aquí expuestas acerca del legado de las utopías. Y lo mismo puede decirse de las conclusiones que extraen otros estudiosos (Encinar y Glenn 12; Odartey-Wellington 23; Cristina Moreiras, *Cultura* 185; Álvarez-Blanco 10) sobre la novelística española del cambio al siglo XXI. José Ángel Mañas, Ray Loriga, Lucía Etxebarría, Belén Gopegui o Juan Manuel de Prada, todos ellos escritores relacionados por los críticos con la generación X, y en más de un caso autores que se reconocerían a sí mismos en los personajes desheredados de Azúa, "parten en sus novelas de tramas argumentales casi inexistentes," escribe Carmen de Urioste (458), sustituyen "la focalización de los héroes problematizados por la de la sociedad sin rostro, impersonal" (461) y, por último y no menos importante, ofrecen una realidad social cercana a la *anomia*.[10]

Esta sensación de pérdida, de extravío y anomia, este estado de negatividad, de desconfianza y desubjetivización; en suma, este *desahucio* que experimenta la cultura española a finales del siglo XX, más que un inequívoco sentimiento de desencanto o de melancolía, produce —antes que nada— *perplejidad*. Tal parece ser la condición afectiva a la que apuntan expresiones como "afecto en crisis" (Moreiras, *Cultura* 16) o, matiza Vilarós, "estado de pasaje entre el duelo y la celebración" (*El mono* 21). En España, como en otros países occidentales, no solo se acaban (en el sentido jurídico del término "desahuciar") los contratos de trabajo y vivienda, sino que también se acaba la certidumbre (*desahuciar* significa literalmente "perder la confianza"), la creencia en la política y en las ideologías y, más aún, la esperanza y la fe en redención alguna. Como nota el germanista Alois Haas, siguiendo en parte los postulados posmodernos, el siglo XX ha desembocado en una absoluta "suspensión del juicio," en un "no sé qué" o en una *epojé*, que remite a una tradición mística sumamente productiva en otros periodos de la historia (32).[11]

Convencido, efectivamente, de que todo desahucio ofrece una inestimable oportunidad de regeneración, y de que el misticismo —o, como veremos, el *hermetismo*— es la corriente estética que más productivamente trata la desesperanza, el objetivo en adelante de este libro será llevar hasta sus últimas consecuencias ese "estado de pasaje" o de "afecto en crisis," esa *epojé* o "suspensión del juicio" o, en definitiva, ese "no sé qué," paradigmáticamente finisecular, que nos deja a su término el siglo XX. Con esto quiero decir que mi empeño en estudiar las ambigüedades, equívocos o contradicciones de la melancolía —lo que Remo Bodei ha llamado, siguiendo a Burton, "el doble rostro de la melancolía" a caballo entre las lágrimas de Heráclito y la risa de Demócrito (117)— pretende, en última instancia, continuar aquel otro empeño de los *soixante-huitards* por intervenir en la historia regenerándola radicalmente. El problema o, mejor dicho, mi reserva o precaución contra los estertores de aquella generación combativa surge, sin embargo, cuando ese estado de pasaje entre el duelo y la celebración se transforma, exclusivamente, en lamentación.

Con el cambio de milenio, la suspensión del juicio que nos legó el fin del siglo XX se ha ido transformando paulatinamente en *pesar*. Es más, aquella condición mística del *no sé qué* se ha confundido sobre todo con la queja y la decepción, con la "identificación con la pérdida," que diría el padre del psicoanálisis (Freud, "Mourning," *Standard* 14: 238); en definitiva, con la aflicción, en el sentido psicopatológico que prescribe la psiquiatría.[12] Es en esta tergiversación de la suspensión del juicio por la condición patológica de la aflicción donde aquella generación de combate puede degenerar y convertirse en una "generación cumulativa," puesto que, en lugar de barrer el pasado, se identifica con él *melancólicamente* en un gesto tradicional español: "La transformación icónica de las imágenes de España —lamenta por ejemplo Subirats— no se ha detenido ante *lo que en otro tiempo y en otro lugar pudiera haber sido* el centro sagrado de una auténtica renovación de la realidad España: su memoria histórica" (*Después* 40–41; cursiva mía). A esta identificación melancólica con el pasado apunta también Rafael González Férriz cuando escribe acerca de la guerra civil y la dictadura: "Esa historia se acabó, se ha producido un cambio generacional y hay que seguir estudiando esos tiempos para comprenderlos mejor y sacar lecciones, pero no hay que seguir

17

viviendo en ellos [...] es indicativo de algo que sigamos peleando por esas cosas en un lenguaje que tiene medio siglo de antigüedad" (17). Y lo mismo señalan Luis Beltrán Almería, cuando acusa a la generación del 68 de haber terminado engrosando las filas de las generaciones conciliatorias ("Los sueños" 35), y Jordi Gracia, cuando escribe que "el melancólico de hoy fue el progresista ilustrado y burgués de la Europa del sesentayocho [...] y hoy es un adulto resentido por el fracaso de su utopía" (*El intelectual* 35).[13]

Dentro de este orden de cosas, la lección tal vez más importante que extraemos, al revisar la dialéctica entre la utopía y el desencanto, es que la generación que más férreamente se opuso en los años setenta a perpetuar las tradiciones puede ser, paradójicamente, la que luego más se empeñe en criticar el presente mediante un vocabulario obsoleto y un razonamiento anclado en el pasado. ¿Cómo y cuándo se ha producido esta supuesta identificación melancólica con el pasado? ¿Por qué aquella generación combativa se convirtió en generación cumulativa? ¿Y en qué sentido el lenguaje de la guerra, la dictadura, la transición, el desencanto y el posfranquismo está hoy anticuado?

La depresión post-Franco

Hasta que no concluye la transición política y se establece realmente en España la monarquía parlamentaria, bien entrados los noventa, no aparecen los primeros estudios abiertamente críticos con la memoria y —sobre todo— con el olvido de la represión franquista. Las críticas más radicales a cómo la sociedad española había echado en el olvido su pasado traumático de guerra y dictadura en aras de modernizarse se inspiraban, fundamentalmente, en dos obras paradigmáticas del pensamiento revolucionario del siglo XX: *Tesis de la filosofía de la historia*, de Walter Benjamin, escritas al término de la guerra civil y de la vida del propio pensador alemán, muerto en 1940 en circunstancias oscuras en la frontera francesa con España en su huida del nazismo; y *Espectros de Marx* (1993), el insólito ensayo —por su orientación mesiánica— de Jacques Derrida sobre el resurgimiento que, tras la caída del muro de Berlín, experimentó irónicamente la teoría crítica marxista.

Si *Espectros de Marx* proporcionó a hispanistas como Jo Labanyi o Joan Ramon Resina modos de análisis con los que desmontar los pactos de la transición, desactivar la memoria implantada por el franquismo y comenzar así a hospedar a los fantasmas del pasado, la adaptación *ad hoc* de las tesis benjaminianas por el filósofo Manuel Reyes Mate reavivó una noción de compromiso extremadamente inquietante dentro de ese contexto de modernización, en tanto subrayaba "la deuda que el presente tiene con las *víctimas*, y no los *vencedores*, de la historia" (Ofelia Ferrán 16; cursivas suyas). De estas lecturas *a contrapelo* de la historia bélica y posbélica de España, toda una generación de hispanistas aprendimos a no tenerle temor a hablar con los fantasmas, a reconocer la razón de los vencidos y, en última instancia, a ampliar el horizonte ético con el que evaluar la experiencia histórica. Lecciones sumamente importantes que, a juzgar por Santos Juliá y por Mainer (Juliá y Aguilar Fernández, *Memoria* 135), habrían sido olvidadas también, o ignoradas, ya que de alguna manera esas mismas lecciones pueden encontrarse en buena parte de la literatura del país desde antes incluso de la transición.[14] Como han estudiado varios hispanistas (Colmeiro, *Crónica*; Resina, *Cadáver*; Cristina Moreiras, *Cultura*), las obras de escritores como Juan Goytisolo, Juan Marsé, Manuel Vázquez Montalbán y Antonio Muñoz Molina son, en muchos sentidos, alegorías benjaminianas de la historia. Estos narradores han participado críticamente del desencanto, o (en su acepción coloquial) del *des-engaño*, porque han desmitificado de múltiples maneras la historia española, es decir, que a través de sus novelas han revelado el engaño y las injusticias que hubo en España durante buena parte del siglo pasado.

A casi cuarenta años hoy de la muerte de Franco, no obstante, la publicación de monografías, ensayos, memorias, novelas, películas, documentales y programas mediáticos sobre los agravios de la guerra y del franquismo ha incrementado espectacularmente. Desde que entramos en el nuevo milenio, tal conminación a rehabilitar las víctimas del pasado y a recuperar la llamada memoria histórica (que reclamaba Subirats) ha adquirido especial notoriedad, previsiblemente, en la más espectacular quizás de todas las artes: el cine, concretamente en documentales y películas históricas.[15] En el contexto de la narrativa española contemporánea, las víctimas de la guerra y la dictadura han alcanzado asimismo un extraordinario protagonismo, especialmente en novelas escritas durante el cambio de siglo, algunas de las cuales, como *El lápiz del carpintero* (2000), de Manuel Rivas; *Soldados*

de Salamina (2001), de Javier Cercas; *La voz dormida* (2002), de
Dulce Chacón; o *Inés y la alegría* (2010), de Almudena Grandes,
han tenido una gran acogida entre el público y la crítica. Del
mismo modo, también en la producción académica ha dejado
una fortísima impronta la recuperación de la memoria histórica,
así como la reivindicación de las víctimas del franquismo, como
deja patente el volumen *Unearthing Franco's Legacy* (Jerez-Farrán
y Amago 2010), el libro de Paul Preston *The Spanish Holocaust*
(2012), la reciente obra de Jeremy Treglown *Franco's Crypt* (2013)
y, en general, la sustanciosa bibliografía sobre las huellas de la
guerra civil y la dictadura aparecida durante la última década
(Aguado; Faber; Martín-Cabrera; Moreno-Nuño; Waisman, Rein
y Gurrutxaga Abad).

A la luz de este espectacular protagonismo que han adquirido
las víctimas de la guerra y de la dictadura, así como toda aquella
amargura y resentimiento de posguerra, mientras terminaba
por fin de aprobarse la controvertida Ley de Memoria Histórica
(2007), dicho acercamiento alegórico y desencantado a la historia,
no solo ha perdido su lugar en teoría alternativo o benjaminianamente revolucionario, sino que, además, lleva camino de
convertirse en lo que el mismo Benjamin llamó (despectivamente
y sin apenas explicación) una *melancolía de izquierdas*. Esto es,
según elabora tal noción Wendy Brown: "To love more our left
passions and reasons, our left analysis and convictions, than the
existing world that we presumably seek to alter with these terms"
(170). A tal melancolía de izquierdas apunta, entre otros, Antonio
Gómez López-Quiñones en su crítica a numerosas producciones
culturales sobre la guerra civil, que desde los años noventa han
ofrecido una "revisión acomodaticia y balsámica del pasado" y
han derivado, además, en un "canto nostálgico por un momento
[la Segunda República] altamente idealizado" (*La guerra* 281–82);
lo mismo Josetxo Cerdán cuando señala el escaso debate que por lo
general plantean los documentales españoles contemporáneos y su
tendencia a representar la historia del siglo XX como un "pasado
sellado" (33); y más aún Ángel Loureiro cuando compara las
películas *Tierra y libertad* (Ken Loach 1995) y *Libertarias* (Vicente
Aranda 1996) con documentales más recientes, como *Les fosses del
silenci* (Armengou y Belis 2003) o *Para que no me olvides* (Patricia
Ferreira 2005), y argumenta que las representaciones contemporáneas de los perdedores de la guerra han pasado a transformar

la dolorosa derrota política de la izquierda —o las huellas de esa derrota— en un peligroso triunfo de los afectos: "El objetivo de estas películas —escribe Loureiro— reside en ganarse al público por medio de una retórica del patetismo basada sobre todo en el dolor de los parientes vivos de los fusilados y en una visión simplificada de la historia" ("Argumentos" 24).

Lejos de un tratamiento de la historia crítico, no digamos revolucionario, esta producción cultural aquí denominada melancólica-de-izquierdas plantea dos importantes contraindicaciones a tener en cuenta a la hora de reivindicar a los "antecesores esclavizados," a las "generaciones vencidas" —que es de lo que originariamente escribía el melancólico Benjamin, de *vencidos*, más que de víctimas (Tesis n.º 12)—. Primero, puede caerse en un "realismo de sesgo testimonial," incluso en una "tiranía de la actualidad" y del "documental," en palabras de Vicente Sánchez-Biosca (313), imponiéndose el sobreentendido de que la imaginación, los mitos y la ficción son "insuficientes" para dar cuenta de la historia, y de que "haber vivido, es decir, haber sufrido" (331) es el único requisito para contarla y garantizar su veracidad. Segundo, tal trabucación de la verdad histórica por el testimonio puede conducir, además, a lo que el mismo Sánchez-Biosca denomina la "banalidad del bien"; esto es, que reivindicar a los vencidos carezca de "reto moral alguno," porque esa reivindicación se ancla exclusiva o idealmente en una memoria de "origen noble, acaso ético de hombres que fueron sacrificados por la despiadada memoria de los vencedores" (315). Ambas apostillas —realismo y patetismo en exceso— a películas como *La guerrilla de la memoria*, de Javier Corcuera, o *Silencio roto*, de Montxo Armendáriz, o a novelas como *La voz dormida*, de Dulce Chacón; *El lector de Julio Verne*, de Almudena Grandes; *Si a los tres años no he vuelto*, de Ana Cañil; o *Las trece rosas*, de Jesús Ferrero, entre otras muchas, son contraindicaciones gravísimas de las *Tesis* de Benjamin, porque acaban transformando su concepto mesiánico de la historia, "que lleva hasta el final la obra de liberación en nombre de generaciones vencidas" (Tesis n.º 12), en otro "nuevo concepto de la historia como injuria," que es justamente como resume Loureiro toda esta tendencia a remembrar afectuosa, sentimental o patéticamente el pasado ("Los afectos" 129).

Aquel equívoco sentimiento "entre el duelo y la celebración" (Vilarós, *El mono* 21) se ha convertido, durante el cambio al siglo

XXI, en un inequívoco sentimiento de aflicción o de exceso de bilis negra. Y el lenguaje alegórico y, hasta cierto punto, también irónico que encontrábamos en las expresiones del "cuelgue," el "no sé qué," el "afecto en crisis," la "suspensión del juicio" o la *epojé* ha dado paso más bien a un lenguaje esencialmente realista y patético. En lugar de remitir a la fragmentación, a la irresolución o a "otras palabras" (que es lo que significa literalmente *alegoría*), el lenguaje más utilizado para expresar el "intrigante misterio" (Bartra, *Cultura* 14) de la melancolía se ha reducido a lo que Slavoj Žižek denomina un "simbolismo sobredeterminado" (traducción mía), concretamente aquí el simbolismo del padre muerto (*The Sublime* 70). O, dicho en otras palabras, el duelo irresuelto por la muerte de Franco se ha erigido en la alegoría más repetida en España para explicar la perplejidad que experimenta ese país conforme termina el siglo XX. Que tal "heurística edípica," como atina a llamar Juan F. Egea a los modos de interpretar la cultura española contemporánea en relación con la muerte de Franco ("El desencanto" 82), se ha convertido en explicación holística y casi totalitaria se refleja en el simple hecho de que, sin reparar apenas en lo que implica, identificamos el periodo democrático con el vocablo *posfranquismo*, pues "after all, defines it as a period haunted by a spectral Francoist past" (Labanyi, "History" 69).

Conforme se extingue en los noventa la onda expansiva de los sesenta, un inequívoco sentimiento de duelo, al que llamaré aquí *depresión post-Franco* a juzgar por la significancia que sus críticos atribuyen a la muerte del dictador, ha intercedido por el insondable desahucio que dejaron a su paso las utopías y lleva camino de reducir la perplejidad —el no sé qué, el estado de pasaje, el afecto en crisis, la suspensión del juicio más todos los posibles e imposibles modos de alegorizar el misterio de la melancolía— al simbolismo sobredeterminado del dictador muerto. Como resultado, además, de esta intercesión, el carismático altruismo que empezaron a desplegar en España los *soixante-huitards*, en más de una ocasión, se ve sustituido después de 1989 por el narcisismo. ¿Cómo es posible, si no, que la generación que más se empeñó en erradicar el régimen franquista sea luego la generación que más lo invoca para criticar el presente? ¿Cómo es posible, si no, que la época más reacia a perpetuar la tradición, la de los sesentas, sea la que más retrospectivas suscita hoy, a la que más se vuelve, incluso la que más nos ata al pasado? ¿Cómo es posible, si no, que el periodo histórico que más se empeñó en superar esa traicionera identidad cultural enquistada en el "Spain is different" haya conducido hoy a tanta preocupación por el pasado de España y por la identidad o identidades nacionales? ¿Cómo es posible, en resumidas cuentas, que aquel utopismo internacionalista del siglo XX haya terminado reproduciendo en el siglo XXI la misma tradición abúlica y carismáticamente española que en teoría trató de erradicar?

Ruina y restitución de la utopía

Las ironías a que dio lugar el duelo irresuelto por la muerte de Franco fueron objeto de reflexión artística desde antes incluso de que falleciera. *La verdadera historia de la muerte de Francisco Franco* representó ya en 1960 (como luego lo hizo en 1994 *La autobiografía del general Franco*) la *aflicción* o, en su defecto también patológico, la *manía* que produce el duelo irresuelto por la desaparición del dictador. Pero, en escritores con un sentido perverso del humor, como Max Aub y Manuel Vázquez Montalbán, tal representación de la aflicción y la manía, del duelo y el resentimiento, es profundamente irónica. En la historia del escritor español exiliado a México, por ejemplo, matar a Franco no le soluciona en nada su problema al protagonista. Todo el esfuerzo del camarero mexicano por viajar a España con el firme propósito de eliminar al dictador para que los tertulianos españoles exiliados en su país bajen el tono de voz cada vez que hablan de la guerra y la dictadura resulta vano. Aunque el protagonista de Aub en *La verdadera historia de la muerte de Francisco Franco* perpetra con éxito el magnicidio, *después* los españoles continúan increpando a Franco y hablando inagotablemente de la guerra civil, y en voz más alta si cabe.

En un contexto rotundamente actual, y de manera igualmente oportuna, en esta ocasión porque coincide con la popularidad que adquirió la Ley de la Memoria Histórica en los medios de comunicación, la instalación del joven artista Eugenio Merino titulada *Always Franco* (2012) parodia ejemplarmente dicha depresión post-Franco transformando la cripta del dictador en un frigorífico dispensador de Coca-Cola (véase Fig. 1). Como la obra de Aub, esta otra creación artística de Merino constituye una intervención en las discusiones sobre Franco, el Valle de los Caídos y la reivindicación de las víctimas del franquismo, porque aquí, en *Always Franco* como en *La verdadera historia de la muerte de Francisco Franco*, aquellos inequívocos sentimientos del duelo y el resentimiento, la aflicción y la manía, se confunden y adquieren un sentido irónico, incluso perverso.

Fig. 1. Instalación *Always Franco*, por Eugenio Merino. ARCO Art Fair, Madrid. 2012. Fotografía por cortesía del autor, Merino. Reproducido con permiso.

Tanto en la actualidad como sobre todo en los tiempos de la guerra y el totalitarismo, la sociedad española puede padecer las pasiones vehementes o atrabiliarias de antaño, las emociones viscerales o los "instintos reguladores e inconscientemente infalibles que guiaron a los semianimales adaptados a la selva, a la guerra, al vagabundaje y a la aventura," que es como Friedrich Nietzsche definió en *La genealogía de la moral* las "emociones nobles" (98).[16] Pero en las obras de Aub y Merino, aquellas emociones catárticas o purificadoras se representan de manera irónica, perversa. Y el duelo, la ira, el miedo, la culpa, la piedad y, en definitiva, el antiguo *humorismo* (según la convención de los doctores hipocráticos reducible supuestamente a cuatro tipos —sanguíneo, colérico, melancólico y flemático—) en las obras de Merino y Aub se fragmentan en múltiples sentidos alegóricos.

En el caso concreto del sentimiento a que da lugar el exceso de bilis negra, el sentimiento de la melancolía, en *La verdadera historia de la muerte de Francisco Franco* y en *Always Franco* resulta especialmente extraño, equívoco, confuso en grado sumo. En esas obras, el sentimiento melancólico parece degenerar y confundirse con un sentido retorcido o *perverso* del humor, que es como, por otra parte, califica Juan F. Egea —"dark and perverse sense of humor" (*Dark* 84)— al humor que despliega Luis Buñuel en *Viridiana*, la comedia negra hispano-mexicana que vio la luz justamente un año después de la historia de Max Aub. Es más, si se permite el juego de palabras, la antigua *melancholia* o *atrabilis* (etimológicamente *bilis* y/o *humor negro*) se transforma en estas obras de literatura, de cine o de arte plástico, irónicamente, en *humor negro*, entendiendo por esta fórmula el sentido del humor que, al decir de André Breton, requiere la sensibilidad moderna (Breton xiv).

Las implicaciones éticas de esta ironía, según la cual el arquetipo de la melancolía acaba transformándose en las obras de arte en un sentido perverso del humor, creo que no han sido suficientemente estudiadas; o, como veremos, en el ámbito de la narrativa de la transición española a la democracia y al siglo XXI, están estudiadas con cierto prejuicio o desde una lectura sesgada. Sus ramificaciones son múltiples y contradictorias, y nos remiten, antes que nada, al precedente que sentó el fin del siglo anterior, el célebre *fin-de-siècle*. Recuérdese los ríos de tinta, asimismo profundamente atrabiliaria, que produjeron el desastre de 1898, la crisis de la razón y la fe, la confusión en España de los límites entre el campo y la ciudad o entre el europeísmo y el españolismo, el españolismo y los regionalismos, lo público o lo social o lo democrático, por un lado, y lo íntimo, lo individual e incluso lo anárquico, por el otro. Todo ello disyuntivas y circunstancias finiseculares decimonónicas distintas a las que informan la depresión post-Franco en este fin-de-siglo XX, pero inquietantemente afines también.

Tanto el fin del siglo XIX como el fin del siglo XX parecen atravesados, en primer lugar, por lo que Ricardo Gutiérrez-Mouat denomina "un regionalismo trasatlántico" (136). Bajo el rubro *posdictaduras*, cien años después del 1898 vuelven a conectarse la historia política de España y la de varios países iberoamericanos que han sufrido dictaduras militares también, como Argentina, Brasil, Chile, Guatemala, Paraguay, Portugal o Uruguay.[17] Como nota Gutiérrez-Mouat, dadas las particularidades, los matices, incluso las contradicciones entre las historias políticas de cada uno de estos países, el sesgo topográfico *este/oeste* no tendría por qué obedecer a ninguna necesidad general de fondo: interpretar la historia política española contemporánea *vis-à-vis* la de Portugal y los países mencionados es "una opción [metodológica] entre otras" (148). Y sin embargo, los vínculos entre la Península Ibérica y ultramar a finales del siglo XIX, también bajo el mismo "sol negro de la melancolía" (por tomar la célebre metáfora de Nerval), sientan un importante precedente de esta otra adopción, a finales del siglo XX nuevamente, del método trasatlántico. Este último regionalismo trasatlántico en clave posdictatorial puede venir en tal caso determinado, si no por una necesidad de fondo, al menos sí por una razón cultural histórica: el fuerte calado que la tradición abúlica tiene en España (Núñez Florencio, *El peso* 110).

Así como la generación del 98 llegó a ser, según Pedro Laín Entralgo, "un monumento nacional de la nueva era imperial, católica y masculina" (cit. en Gutiérrez Girardot 12), esa generación del 68, del 75, generación perdida o de los novísimos, parece asimismo haberse transformado en otro monumento nacional, el monumento nacional de la transición, del desencanto, de la memoria histórica, del posfranquismo. Además, bien sea de la mano de Max Nordau y Sigmund Freud, o bien de Jacques Lacan y Julia Kristeva, en ambos fines de siglo las dos crisis históricas, y los conflictos ideológicos que estas crisis conllevan, tienden a patologizarse. En el caso del fin del siglo XIX, el declive de una Europa racionalista que no pudo fundar las esperanzas que habían despertado las revoluciones liberales decimonónicas se transforma en "mal de siglo" (Cerezo 43); es decir, en "abulia, melancolía, acidia, ardor que no conduce a nada, sensualidad morbosa, indolencia que muerde la voluntad" (Villena 18). En el caso del fin del siglo XX y de España específicamente, la pérdida de "lo que pudiera haber sido el centro sagrado de una auténtica renovación" (Subirats, *Después* 40) se convierte asimismo en "tumor," "quiste canceroso" (Vilarós, *El mono*), "trauma" (Ferrán), "herida" (Cristina Moreiras, *Cultura*), "melancolía" (Medina, *Exorcismos*) y otras expresiones patológicas afines a lo que vengo llamando *depresión post-Franco*, siempre reductoras de la complejidad de los procesos históricos.

La depresión post-Franco entonces, no solamente es uno solo de los múltiples signos o expresiones que puede adquirir hoy el melancólico tránsito de Saturno por la Península Ibérica al cabo del siglo XX, sino que es, además, la expresión más particularmente española, es decir, la expresión deprimente de la melancolía que ha emergido, una y otra vez, en anteriores crisis nacionales. Como argumentaron Edmund L. King y Philip W. Silver, y acaba de estudiar Javier Krauel, también en el fin del siglo XIX cierta literatura emblemáticamente española, como la de la generación del 98, transformó el llamado problema de España en monumentales alegorías del pesimismo, la abulia y el desastre finiseculares. Los numerosos estudios que han aparecido, dentro y fuera de España, sobre el pasado traumático de este país no han evitado que aquella abulia noventayochista resurja nuevamente en el fin del siglo XX. Como anotaba Rafael Sánchez Ferlosio en 1998:

> La coincidencia más asombrosa entre el año en curso y el de 1898 es que ambos terminen en 98 y, por si fuera poco, el que haya pasado entre ellos exactamente un siglo. Resulta prácticamente inimaginable que semejante coincidencia, capaz de desafiar cualquier cálculo de probabilidades, pudiese deberse a un puro azar. Ha sido, por lo tanto, una laguna lamentable en la gran tradición de la racionalidad histórica el haber desatendido hasta hoy hechos así, sin tratar de encontrarles algún significado por muy oculto que a primera vista pudiera parecer. (133–34)

Después de 1898, críticos precursores de lo que hoy llamamos historia cultural, como Guillermo Díaz Plaja, diferenciaron en la cultura hispánica de fin del siglo XIX el espíritu "viril" o, en los términos marxistas de José María Castellet, "realista" de los escritores del 98, del espíritu "femenino," "desentendido" o, de nuevo según Castellet, "simbólico" de los modernistas (cit. en Gutiérrez Girardot 12). Frente al cosmopolitismo, la jovialidad y la estetización del modernismo, el 98 representó más bien la aflicción, la abulia, el pesimismo. No sin controversia, la crítica de Rafael Gutiérrez Girardot a todas estas tesis permitió revisar la dicotomía convencional del compromiso *versus* el escapismo (la política *versus* la estética, la conminación al recuerdo *versus* el olvido desentendido) y denunciar las "especulaciones autoctonistas, nacionalistas" del modernismo español (22). En torno a 1998, aquellas especulaciones autoctonistas parecen haber resurgido en el posmodernismo español bajo "un nuevo humanismo," según las cábalas de Sánchez Ferlosio (133), o también bajo lo que José Díaz-Fernández y

César de Vicente Hernando llamarían un *nuevo romanticismo español*, es decir: una corriente que pretende rehumanizar la cultura transformando en obras de arte las ruinas de la historia —en este caso, las ruinas de la guerra, de la dictadura y de la transición a la democracia—.

Como sucedió con los intelectuales y artistas del penúltimo cambio de siglo, como por ejemplo Unamuno, Azorín, Baroja, Ortega y Gasset, la crítica de las posdictaduras viene preguntándose insistentemente también por "nuevas formas de incidencia operativa en el presente" (Alberto Moreiras, cit. en Richard, "Las reconfiguraciones" 291). Lo que se necesita, insiste Richard, es responder a estas preguntas: "¿Cómo dar cuenta de lo que trastocó nuestras formas de vida y conocimiento [...] pero sin renunciar a la tarea de reformular conceptualmente los significados de la experiencia? ¿Cómo articular una distancia reflexiva que se aleje del simple realismo testimonial de lo vivenciado afectivamente?" (290). Preguntas similares a la que se hace Wendy Brown en un contexto no necesariamente restringido al mundo hispánico ("How do we conjure an emancipatory future within a liberalism out of history?" [14]) y que, como pasó en 1898, vuelven a poner sobre la mesa la discusión sobre el lugar que ocupa la redención en un mundo también profundamente secularizado como el presente.

En el siglo XIX, sobre todo durante su último tercio, el malestar social que en Europa dejaron a su término las revoluciones liberales fue intervenido críticamente por todo un movimiento artístico que invocó la singularidad o la especificidad de la imaginación, la ficción y la creación artística como el tratamiento más indicado para aquella melancolía finisecular. Intervenir en el malestar de la sociedad a través de la imaginación o, como decía Gutiérrez Girardot del movimiento modernista, a través de una "nueva espiritualidad" no es algo nuevo naturalmente. "[I]t is a therapeutic device used in all societies throughout the ages" (*Black Sun* 24), apunta Julia Kristeva refiriéndose a una noción de estética todavía muy amplia: "Aesthetic and particularly literary creation, and also religious discourse in its imaginary, fictional essence, set forth a device whose prosodic economy, interaction of characters, and implicit symbolism constitute a very faithful semiological representation of the subject's battle with symbolic collapse" (*Black Sun* 24). Kristeva coincide aquí con el modernismo en reivindicar cierta noción romántica y moderna de la imaginación, concretamente de la experiencia de la alteridad o de la responsabilidad para con el otro que constituye "la singularidad de la literatura" (Attridge 29).

En el caso concreto de la historia de las literaturas hispánicas, el cambio al siglo XX sentó un precedente claro a efectos de cómo puede intervenir la imaginación en el malestar melancólico de las sociedades. Como ha argumentado de manera convincente Philip W. Silver, la ruina que asoló España en 1898 vino acompañada, tal y como en efecto habían sospechado las controvertidas tesis de Edmund L. King, por un "Spanish *high* romanticism" (Silver 10), entendido en los términos de M. H. Abrams como "the secularization of inherited theological ideas and ways of thinking" (137). Irónicamente, aquel *mal du siècle* fue intervenido por un concepto de imaginación que "se siente fin y se deleita en esa mórbida sensación de acabamiento," nos recuerda Luis Antonio de Villena (52). El concepto de una imaginación que se identifica con el acabamiento, históricamente, está en ese momento finisecular muy próximo a la noción freudiana de lo *siniestro* (*Unheimlich*). De hecho, Enrique Gómez Carrillo utiliza ese mismo concepto de "imaginación siniestra" cuando, en *La Rusia actual* (1906) —una de las pocas incursiones en los estudios sociales que hizo este modernista para dejar lo que el doctor Geo D. Coen tachaba, en su imaginación afligida, de "frívolas fantasías"— se pregunta lo siguiente: "¿No os parecen estos datos dignos de la *imaginación siniestra* de un humorista discípulo de Swift?" La pregunta de Gómez Carrillo se refería a lo caro (ocho rublos y 95 kopeks) que resultaba morirse en plena Rusia revolucionaria (86; cursiva mía).

Sin objetar ninguna de las interpretaciones a que da lugar un arquetipo en verdad tan antiguo y abstruso como el de la melancolía —que si de izquierdas o realmente revolucionaria, que si retórica o crítica, que si patética o siniestra—, opto aquí por entender la "identificación con el acabamiento" de la que escribe Villena, o la "imaginación siniestra" de Gómez Carrillo, como un acercamiento a la melancolía profundamente *irónico*. Y más específicamente aún, como un ejercicio de *humor negro*, en los dos sentidos (afectivo y estético) de la expresión, que a comienzos del siglo XX distinguieron Pirandello y Benjamin y que, a comienzos del XXI, vuelven a distinguir Critchley y Pollock, según veremos en el capítulo 1: por un lado, como hipocrática *melan-cholia*, es decir, como depresión, identificación con la pérdida o, en suma, segregación en exceso de bilis negra y, por el otro, como comedia de la desesperanza ("comedy of entropy" [O'Neill 9]). Pues a juzgar por escritores como Gómez Carrillo, la literatura vanguardista pretendía que sus lectores se deleitaran con el delito o, mejor, que vieran en la abyección, el empoderamiento; en la oscuridad, la revelación; y en el acabamiento, el recomienzo. Desde Rubén Darío (*Los raros*) —y antes Théophile Gautier y Charles Baudelaire— hasta Alejandro Sawa y Ramón del Valle-Inclán, pasando por el colombiano José Asunción Silva, el cubano Julián del Casal o el mexicano Efrén Rebolledo, escritores de raigambre simbolista transformaron el entonces llamado "mal de siglo" en instancia crítica para la regeneración: en "apuesta," sigue Villena, "por una transformación, por un cambio en las costumbres y en la vida que nos llevaría —pocas veces ocurre— a un mundo nuevo, al que todo gran creador aspira" (54).

Frente a la tendencia en este otro fin de siglo XX a sublimar la aflicción (entiéndase aquí *sublimación* en el sentido de "elevación"), hasta el extremo de hacer del *desencanto* el calificativo de todo un periodo histórico, deberíamos recordar también aquella lección rotundamente moderna de que la melancolía encuentra en la ironía su razón de ser, y acaso también su cura. A partir de las reflexiones de Charles Baudelaire sobre la esencia de la risa, Paul de Man matiza ese "therapeutic device" que según Kristeva representan las artes: "Para Baudelaire la división del sujeto tiene lugar a partir de una caída. El elemento de la caída introduce el elemento cómico y en el fondo irónico. Cuando el artista se ríe de su propia caída, lo que hace es reírse del concepto que tenía de sí mismo" (236). Y este autodesdoblamiento, esta automultiplicación o, en suma, este *autodistanciamiento* con respecto al yo caído los artistas logran expresarlo, sostiene De Man, a través de la alegoría. La alegoría y la ironía, sigue De Man, no solamente coinciden en "indica[r] algo que difiere de su sentido literal" (232). Además, "la alegoría y la ironía [...] están vinculadas en la común desmitificación de un mundo orgánico que postula la modalidad mimética de una representación en la que la ficción y la realidad pueden coincidir" (246). Es cierto, como sostienen Vilarós y otros hispanistas, que la "banalidad," aglutinada en dictámenes del tipo "saber que ya nada importa nada" (Albiac 54), instituye "desde los sesentas el modo de circulación biopolítica en la era posmoderna" y la consiguiente "deshistorización" de la sociedad española (Vilarós,

"Banalidad y biopolítica" 41). Pero no es menos cierto tampoco, como sostiene Harvie Ferguson en relación con los románticos, que la complicidad de la melancolía con la ironía "is a token of its detachment from the world of actual events, and it is by adopting an ironic pose that the modern Romantic spirit seeks to preserve the full potentiality of the human" (*Melancholy* 39).[18]

A lo que quiero plantear, salvando distancias que espero se aclaren o acorten al cabo de esta investigación, como una reformulación en este otro fin del siglo XX de aquel *mal du siècle* decimonónico, parecen corresponderle también, como decía Villena sobre el modernismo, apuestas profundamente irónicas; apuestas, según lo establecido arriba, por la fórmula del humor negro de la melancolía. Esta fórmula puede resumirse con la siguiente ironía: en el ámbito de las artes, el humor negro transforma la enfermedad de la melancolía en una extraña forma de conocimiento. Como ha señalado Kristeva, el melancólico encuentra en el tedio, sentido (*Black Sun* 6). A pesar de sus muy diversas metamorfosis (la acedia medieval, la desidia renacentista, el desengaño barroco, el *spleen* modernista), reiteradamente la melancolía ha transformado la desesperación en utopía (Agamben 7). Por consiguiente, el melancólico siempre gana, especialmente cuando siente que está perdiendo. De ahí que, como sostiene Max Pensky, "Melancholia appears under the dialectic of illness and empowerment" (21).[19]

Hijos sin hijos (1993) es una novela ejemplar de Enrique Vila-Matas (Barcelona 1948) —otro narrador perteneciente, como Félix de Azúa, a aquella generación que llega al fin de siglo "desencantada" y "perdida"— sobre dicha transformación del sentimiento de la *melancolía* en sentido perverso del humor o en *humor negro*. Vila-Matas recuerda en *Hijos sin hijos* acontecimientos históricos de los 41 años previos a la publicación de la novela mediante relatos protagonizados por personajes que carecen de descendencia o que reniegan de ella. El Mayo del 68, la muerte de Franco o la caída del muro de Berlín coinciden en cada relato con actividades cotidianas, históricamente intrascendentes, de hijos que carecen de hijos. Así, el día que muere el dictador, uno de sus presos políticos espera la Ley de Amnistía solo para reunirse luego en casa con el "endemoniado tirano" de su hijo, que fue quien desde recién nacido le amargó la vida hasta el extremo de conducirlo a realizar la locura que lo puso entre rejas. Al mismo tiempo que cae el muro de Berlín, otra ironía ejemplar, un periodista ve erigirse dentro de su propio hogar otro muro entre él y un amigo de infancia que se le ha plantado en casa después de que el periodista lo contactara durante una escapada caprichosa a su tierra natal, donde más vivos tuvieron ambos los deseos de transformar el mundo. Son algunos de los ejemplos ilustrativos del "auto-conocimiento progresivo" (De Man 237) que pueden proporcionar las ironías, en tanto transforman la intrascendencia, la inutilidad y la banalidad del tiempo vivido por cada personaje en conciencia de sus respectivas limitaciones. O, puesto en otras palabras, estas son algunas muestras del autoconocimiento que proporcionan las ironías en tanto permiten a los personajes reírse del concepto que tenían de ellos mismos.

Historia de un idiota contada por él mismo (1986), del mismo Félix de Azúa de *Demasiadas preguntas*, también parece apostar por el extraño conocimiento que proporciona el humor negro. Esta novela narra la búsqueda suicida e infructuosa del "contenido de la felicidad" por parte de un personaje que *simula*, por muchas coincidencias solapadas entre la ficción relatada y la vida del autor, al propio Azúa: el idiota autoconsciente. Al final de este simulacro autobiográfico, el suicida incompleto termina sobreviviéndose a sí mismo: "Me consideraba —concluye sonriente el idiota— un hombre LIBRE Y DESDICHADO [...] sordo y ciego, pero con la capacidad de asombro intacta, como al comienzo, antes del primer tortazo. Pero YA NO ERA YO. No estaba muerto de un modo COMPLETO, pero había logrado matar la dependencia, la angustia que durante años me había destruido interiormente" (117–19; mayúsculas suyas). No es tarea fácil entender la risa idiota y melancólica —¿la *melancorrisa*?— de este sujeto desencantado, después de haber sufrido en carne propia duros desengaños. Pero tampoco creo que sea del género de los más idiotas querer preservar tal "potencialidad del ser humano," que decía Ferguson, y no necesariamente aquí "demasiado humano."[20]

Idiotas que sin embargo resultan sabios, como el protagonista de *Historia de un idiota contada por él mismo*; amnistiados que se descubren fuera de la cárcel más miserables y cautivos todavía que dentro, como el preso de Vila-Matas; modernos internacionalistas que al caer las fronteras y los muros se hallan presos en el más ingenuo y aldeano de sus recreos de infancia, como aquel periodista del mismo libro de Vila-Matas. Tal es la lección que nos introducen estas y otras muchas narraciones publicadas al cabo de los años transicionales: la conciencia de la arbitrariedad del tiempo y de nuestras voluntades, incluidas las voluntades más convencidas, esperanzadas y arrebatadas. O, dicho en otras palabras, con el fin del siglo XX reconocemos nuevamente que "todo está expuesto a los mayores vuelcos —el revés del tiempo, su negra espalda," como escribe Javier Marías en *Mañana en la batalla piensa en mí* (1994), una de las novelas paradigmáticamente finiseculares que han dado en España los años noventa:

> [L]os hemos visto en la vida como en la novela y el teatro y el cine, escritores o sabios mendigos y reyes sin reino o esclavizados, príncipes encerrados en torres y asfixiados por una almohada, suicidados banqueros y beldades convertidas en monstruos tras ser arrasadas por vitriolo o por un cuchillo, nobles sumergidos en tinajas de nauseabundo vino e ídolos de las multitudes colgados de los pies como cerdos o arrastrados por un caballo, desertores convertidos en dioses y criminales en santos, ingenios reducidos a la condición de borrachos obtusos y tullidos coronados que seducen a las más hermosas sorteando su odio o aun transformándolo; y amantes que asesinan a quienes los aman. (244)

Estas y otras alegorías de la ironía parecen recuperar, a fin del siglo XX, el *romantic witz* del XIX, entendiendo por *ironía romántica* "the name and concept of knowledge that is other: of knowledge that is other than the knowledge of analytic and predicative discursivity" (Lacoue-Labarthe y Nancy 53). Si la producción cultural aquí llamada melancólica-de-izquierdas constituye, hasta cierto punto, un "nuevo romanticismo" que, siguiendo la definición que dio Díaz-Fernández de esta expresión, pretende rehumanizar el arte (Díaz-Fernández y Hernando 23), en las obras mencionadas de Vila-Matas o de Azúa o Aub o Merino parece emerger otra corriente estética de raigambre igualmente romántica. Pero, como espero aclarar en los siguientes capítulos con cuatro escenarios específicos, se trata en todo caso de un nuevo romanticismo profundamente irónico.

A través del análisis pormenorizado de un corpus de obras escritas durante las últimas dos décadas del siglo XX por Juan José Millás, Cristina Fernández Cubas, Gonzalo Torrente Ballester y Javier Marías, *Anatomía del desencanto* estudia en profundidad esta acepción irónica de la melancolía que empezó a desplegarse aquí en las obras de Azúa, Vila-Matas, Merino y Aub. Los cuatro escritores en cuestión suscitarán un tipo de risa melancólica que se reirá incluso de la falsa conciencia de los cínicos. Haciéndome eco de Peter Sloterdijk, la *melancorrisa* de esos escritores es la risa del *kinicism* encarnado en Diógenes; es decir, de una "dialéctica de la desinhibición" (*Critique* 101) que privilegia la sátira como forma de resistencia a los malestares de la cultura moderna y que, reproduciendo la dialéctica melancólica del humor negro, ve también en la enfermedad, el empoderamiento; en la oscuridad, la revelación; y en el acabamiento, el recomienzo.[21]

Hacia una nueva educación estética

Si bien cada uno de los cuatro capítulos siguientes se ocupa de escritores, sentimientos, estéticas y perspectivas críticas muy diferentes entre sí, como son (1) Millás, el sentimiento del duelo, la escritura autobiográfica y el psicoanálisis; (2) Fernández Cubas, el sentimiento del miedo, el género del horror y el llamado marxismo gótico; (3) Torrente Ballester en su etapa tardía, el sentimiento de la culpa, la novela detectivesca y la posmodernidad; y (4) Marías, el sentimiento de la compasión, el estilo literario y el escepticismo radical, los cuatro capítulos tienen en común enfocarse en narraciones que, o bien tratan la muerte o las muertes de sus personajes productivamente, o bien lidian con el problema de la muerte con cierta distancia irónica.

Las obras que componen el corpus literario de esta investigación comparten, así, el mismo denominador común que Alois Haas encontraba en las obras místicas, a saber: *tratar productivamente la desesperanza* (33). En este sentido, serán todas ellas ficciones que remitan, eventualmente, al hermetismo como la noción que mejor permite adentrarnos en el conflicto de regímenes estéticos a que dan lugar las obras estudiadas.[22] "El hermetismo —escribe Beltrán Almería— es la dimensión literaria de los saberes ocultos y estetizados; y forma parte, junto con los géneros del ensayo y la confesión (memorias, autobiografía), de las estéticas didácticas" (*La imaginación* 180). Por otra parte, en este asunto de la selección del corpus literario de la investigación, me hago eco del concepto que Robert C. Spires tiene de la literatura española posmoderna cuando afirma que "[a]unque me centre en la ficción española, expongo cómo las obras analizadas hacen de registro de acontecimientos, tendencias, ideas, actitudes y estilos artísticos que han definido el Occidente actual y no sólo la realidad española" (*Post-totalitarian* 4). Spires relaciona "el posmodernismo con el experimentalismo hermético de Benet," especialmente con su intento de desmantelar las convenciones narrativas y "subvertir las oposiciones binomiales que cimientan los silogismos de la lógica occidental" (cit. en Holloway, "El posmodernismo" 273). Y también Holloway parece insistir en este mismo orden de cosas al conectar el posmodernismo con la imaginación hermética: "El posmodernismo describe una narrativa hermética, anárquica y experimental que enfatiza el lenguaje y las posibilidades de expresión muy por encima de las convenciones realistas" (273).

Comprender en profundidad estas posibilidades del hermetismo de fin del siglo XX exige, antes que nada, mirarse en una perspectiva histórica y estética. "¿Cómo es posible emprender tal tarea? —se pregunta el propio Beltrán Almería—. La respuesta es volviendo a la Historia":

> pero no a la concepción habitual de la Historia que ha tenido el historicismo, una mera sucesión —constelación— de datos, sino a una Historia que es una filosofía del acto y de la idea. Esta "filosofía del acto y de la idea" exige una conceptualización, pero no cualquiera, sino una conceptualización histórica. No quiere decir esto que las categorías hayan de ser tomadas del momento histórico preciso, sino que han de fundarse en una lógica histórica (la de las ideologías, la de las estéticas, la de los géneros literarios). (*La imaginación* 14)

Dentro de las nociones convencionales de historia literaria, esta "lógica histórica" de la que escribe Beltrán Almería puede sin embargo resultar un tanto *extraña* o, haciéndome eco de Brad Epps y Luis Fernández Cifuentes, *unconventional:* "an *unconventional* literary history is a paradox and illusion: an infinitely open, inclusive, and non-hierarchical compendium in which meaning shimmers and shines" ("Spain" 17; cursiva suya). Dicha perspectiva histórica que proporciona el estudio estético de las obras producirá asombro o perplejidad porque, si bien le apuesta, por un lado, a la apertura, a lo no convencional, por el otro trata sin embargo de recuperar categorías que en principio pueden resultar convencionales, incluso tradicionales, pero que no por ello se han agotado todavía (es más, no se han empezado apenas a explorar).

Al objeto de orientarnos entre los múltiples derroteros que toma en España el humor negro de la melancolía durante las tres últimas décadas del siglo XX, volveré en este libro, efectivamente, a ciertas categorías o principios tradicionales, el más significativo de los cuales sea quizás el *principio de correspondencia* sobre el que se ha sostenido tradicionalmente el régimen estético del hermetismo: *como arriba, abajo* (*Kybalion* 28). Este régimen estético del hermetismo está informado por los dictámenes del ajusticiamiento inapelable (de la argumentación irreducible) resumidos por W. H. Auden en aquella célebre frase —"that what had to happen happened" ("Christian" 258)— que si bien por un lado permite comprender de un golpe las tragedias clásicas ("lo que tenía que pasar pasó"), por el otro hoy la confinamos a los manuales de superchería (con todo tipo de ambigüedades entre el temor y la risa). El régimen estético del hermetismo está informado, además, por los sentimientos nobles y el apasionamiento vehemente o malhumorado, apasionamiento como el que traslucen aquellas sentencias, dictámenes y justificaciones que producían en *La confesión*, de María Zambrano, la queja de sus hombres subterráneos: las *justificaciones* del "dos y dos son cuatro," los *dictámenes* del '*that's that!*' irrevocable (por utilizar aquí un posible eufemismo en inglés de argumentaciones irreducibles, atrabiliarias y vehementes del tipo "¡porque sí!", "¡por narices!" o "¡por cojones!"). En lo que constituye toda una alegoría moderna del emperador Heliogábalo, por ejemplo, la figura de Franco simbolizó en su momento un poder sobredeterminado que echaba a suertes el destino de todo un país y hasta practicaba los juegos que complacían al doctor Fischer, el personaje de ficción de la homónima novela de Graham Greene, que humillaba a sus invitados ofreciéndoles juguetes sorpresa navideños que contenían o un generoso cheque o una pequeña bomba en su interior.[23] Este mismo régimen estético del hermetismo es el que parece criticar Sloterdijk en *Rage and Time* cuando examina las razones que esconde la ira, y la estrecha relación que ha existido siempre entre el sentimiento de la ira y el sentido común, o entre los dioses iracundos y el hombre luchador (7, 11).

En el transcurso de la historia, las artes han alegorizado ese régimen estético del hermetismo de formas muy diversas. En la historia de las literaturas occidentales, la tragedia griega y, especialmente, los *oráculos* de la tragedia griega, son piezas fundamentales del régimen estético del hermetismo, aunque no las piezas más antiguas, pues, según Bajtín, la tragedia griega le debe mucho a los antiquísimos misterios eleusinos (*Teoría* 266). Las profecías y los milagros del Antiguo y el Nuevo Testamento serían otras expresiones de dicho régimen estético del hermetismo y del extraño conocimiento que ha proporcionado históricamente el arquetipo de la melancolía; las maldiciones de los dramas de Shakespeare, también; la cábala judía; los almanaques de Torres Villarroel; las cartas astrales; y hasta los triviales horóscopos de los magacines actuales son todos ellos, y por supuesto en grados y formas diferentes, alegorías más o menos sofisticadas de un régimen estético que hoy resulta atrabiliario y prácticamente en desuso.

Millás, Fernández Cubas, Torrente Ballester y Marías incorporan estas y otras alegorías atrabiliarias en sus novelas, y es justamente de esta incorporación de donde emerge la perplejidad y la confusión ominosa que mejor representa los estilos de vida contemporáneos, pues pocas cosas producen hoy mayor perplejidad que haber deseado en cuerpo y alma que un sujeto equis caiga enfermo fatalmente en su cama, agonice y muera, y que, al cabo de cierto tiempo, y sin haberle hecho nada, este sujeto maldecido, efectivamente, enferme y caiga en cama, agonice y muera. El ejemplo no es mío, lo cuenta Freud en "Lo siniestro" (2496), aunque obviamente si lo traigo a colación aquí no es de manera inocente. Millás, Fernández Cubas, Torrente Ballester y Javier Marías son verdaderos artistas a la hora de contar casos extraños y asombrosos como ese. De hecho, Sobejano ha bautizado en particular a Juan José Millás con el sobrenombre "fabulador de la extrañeza" y algo parecido sucede con Fernández Cubas, Torrente Ballester y Marías, cuyas narrativas son para muchos críticos, y especialmente para Wendy Lesser, "Stranger than Fiction."[24]

El principio de correspondencia del hermetismo (*como arriba, abajo*), pese al lastre elitista y dogmático que carga, pertenece sin embargo a la "dimensión literaria de los saberes ocultos y estetizados" (Beltrán Almería, *La imaginación* 180), en la que se incluye la cultura de lo soterrado o de lo bajo y de la que parten los géneros didácticos del ensayo y de la confesión. De hecho, si, como escribe Bajtín, la tragedia griega fue profundamente influida por los misterios eleusinos, estos a su vez presentan en sus orígenes fuertes conexiones con la cultura popular y el humorismo:

> Los misterios de Eleusis estaban dedicados al culto de Démeter. Démeter había llegado a Eleusis vieja y triste por su eterna búsqueda de su hija Perséfone, raptada por Plutón. Allí fue a sentarse en la roca *Agélastos* —"Sin Risa"— y fue rescatada de ese estado depresivo por Baubo, una vieja que consigue hacer reír a Démeter mostrándole su sexo. Esa resurrección de Démeter gracias a la risa permitirá la resurrección de Perséfone y la resurrección de la naturaleza con la primavera. *El triunfo sobre la muerte era el sentido de los misterios eleusinos.* En estos misterios la multitud se sumergía en la tristeza para pasar en un momento a un estado de alegría incontrolada y general. (*La imaginación* 182; cursiva mía)

Los componentes herméticos que incorporarán las narraciones aquí examinadas responden a una tradición próxima a la superchería, al subsuelo, a los ritos misteriosos, en suma, a *lo bajo* y, en sus formas más primitivas, al *humorismo*, la categoría que según Grohmann mejor se adecúa a las obras de Javier Marías y sus contemporáneos: "Marías and his contemporaries rejected this [post-war] seriousness and reintroduced laughter, imagination, and escapism into literature" (11).

Esta oposición entre culturas, *alta* y *baja*, no se corresponde necesariamente con la oposición entre lo alto y lo bajo, lo oficial y lo no oficial que critica Labanyi, sin embargo. O, dicho en otras palabras, el régimen estético del hermetismo no funcionará en *La soledad era esto*, *La noche de Jezabel*, *Mi hermana Elba*, *La muerte del decano* o *Mañana en la batalla piensa en mí* como "a construction of the modern state [según escriben Graham y Labanyi acerca de *lo popular*] which turned peasants into 'the people'" (6). El carácter "popular" de esas obras tendrá en su lugar que ver más con las primitivas *saturnalias*, esto es, con una noción de "pueblo que en su evolución crece y se renueva constantemente" (24) y que, al decir de Bajtín, es una noción de pueblo "*universal*" y profundamente "*ambivalente:* alegre y sarcástica, niega y afirma, amortaja y resucita a la vez" (*La cultura* 17; cursivas suyas). Así como tampoco funcionan los mitos o la ficción en estas novelas y en su contexto histórico (como escribe Labanyi, refiriéndose acertadamente a Mircea Eliade, Jung y otros mitólogos) como formas de evadir los procesos históricos o de identificar la historia con la decadencia, por oposición a la salvación o la resolución que suponían aquellos mitos:

> Eliade starts from the existentialist position that man is condemned to the absurdity and alienation of history; but he breaks with existentialism by insisting that man needs to believe that his condemnation to history has a meaning. Myth provides such a meaning by explaining suffering as the necessary expiation of collective guilt, a "sacrificial death" that must be voluntarily undergone to secure regeneration.
> (Labanyi, *Myth* 18)

Por el contrario, la incorporación del principio hermético de correspondencia adquirirá aquí una función sumamente desconcertante, cuyo "therapeutic value" (Kristeva, *Black Sun* 20), si lo tiene, no es —como bien señalan estas analistas culturales con respecto al uso convencional de los mitos— el valor de la coartada, la expiación, la legitimación, en definitiva, la abolición de las "dichotomies of rational thought that Nietzsche had seen as the cause of Western man's alienation from Sócrates onwards" (Graham y Labanyi 12).

La propia Labanyi, de hecho, subraya otro valor de los mitos y las tradiciones en determinados escritores contemporáneos: "[c]ritics have tended to ignore the ambigous endings of the novels of Carpentier and Cortázar, which by no means present the attempt to convert Paradise Lost into Utopia as entirely positive" (*Myth* 31). En concreto, esta hispanista escribe con respecto a Juan Benet: "Benet's view of myth [...] is ironic. Mythical thought is shown to be a failed attempt to impose ordered structures on to an unstable history" (*Myth* 95). Labanyi no profundiza en el impacto que los mitos y las tradiciones populares tienen en aquellos escritores latinoamericanos mencionados, ni en otros del denominado *boom*. Y como argumenta Mario Santana, "foreigners in the homeland," muchos escritores latinoamericanos, sabios en el manejo del mito y la fábula como Augusto Monterroso, tuvieron un profundo impacto en la narrativa española más contemporánea, en particular, en la de Millás, Fernández Cubas, Javier Marías, Azúa y Vila-Matas, entre otros.

Deudoras, originariamente, del *corpus hermético*, las obras analizadas no serán representativas, por lo tanto, de la tradición hispánica exclusivamente. No pueden ser españolas ni desencantadas las obras que componen este corpus sin cuestionar, al mismo tiempo, ese pasado abúlico y español que caracteriza a los modos de análisis de la sociedad y la cultura española contemporánea en clave posdictatorial, esto es, *vis-à-vis* el pasado régimen franquista. Dentro de la historia literaria "de posguerra" (1951–90, según Mainer), un desertor convertido en dios y un criminal en santo, un idiota vuelto sabio y un amnistiado, preso, suscitan, más que una catártica y bella melancolía, un sentimiento de *perplejidad*. Una perplejidad similar a la que producen en contrapartida los "postmodern paletos" a partir también de los años noventa cuando, según Nathan E. Richardson, "the unified, homogenous Spain of the Franco years appears finally to have been dismantled" (173). Tal perplejidad es tan española como teutona, tan trágica como ridícula, tan histórica y real como literaria e inventada; y querer ver en esa perplejidad exclusivamente un síntoma de la depresión post-Franco, pese a la profunda crítica política que encierra, es convertir la oportunidad de regeneración que concede todo desahucio en perpetuación de la abulia.

En otra apuesta por la capacidad crítica de la imaginación, Gerhard Hoffmann concluye su análisis de la narrativa norteamericana de fin del siglo XX resaltando "*the legacy of uncertainty* that postmodern aesthetics left to the fiction of the final decade of the century" (203; cursiva mía). Mediante el análisis de novelas de los años noventa de Don DeLillo, John Updike, Philip Roth y Toni Morrison, Hoffmann invoca una escritura profundamente irónica que, dentro de los estudios anglo-americanos, ha empezado a designarse también bajo la noción de *New Romanticism* (Alsen; Larrissy). Novelas como *Underworld* (DeLillo 1997), *In the Beauty of the Lilies* (Updike 1996), *American Pastoral* (Roth 1998) y *Paradise* (Morrison 1998) transforman el correspondiente vacío o desahucio norteamericano de los años noventa, escribe Hoffmann, en "awareness of incompleteness" (210); es decir, en una conciencia de la realidad "marked by mysteries, coincidences and strange events" (239).

Este nuevo *compromiso con el azar*, por oposición aquí al viejo *compromiso con la causa*, reconoce "the mystery of the void," en términos de Hoffmann, así como "the mystery of regeneration" (203). Estudiar los equívocos a que da lugar la melancolía en la España de los años noventa continúa, como decía arriba, el empeño de la generación de los sesenta por regenerar el mundo. El recalcado *desencanto* de los noventa mantendrá así una compleja relación dialógica con la no menos recalcada *utopía* de los sesenta. No se trata solo de una "eliminación" de los viejos del 75 por los jóvenes de la generación X, ni tampoco únicamente de la "acumulación" de ambas generaciones, volviendo aquí a *La idea de las generaciones* de Ortega y Gasset. El fin del siglo XX trae en España, al mismo tiempo, una "alternativa al grupo de novelistas de la guerra [...] a los novelistas de medio siglo y a los nuevos narradores de la transición" (de Urioste 457), como un reemplazo: "Muggings of the mind replaced collective and public rioting," escribe Tara Brabazon (13) en relación con las culturas jóvenes de los noventa. O, dicho en otras palabras, el fin del siglo XX representa, a la vez, tanto el "cambio drástico y profundo" (Henseler y Pope xiv) con respecto a la España y, en general, al mundo occidental previos a 1989 como su continuación.

Los años noventa son, entonces, "dialectically the other" de los sesenta (Brabazon 17); son la utopía y su desencanto, la expectativa y su decepción, la revolución y su revelación. No por azar, la "ironía consciente" que, al decir de Urioste (457), trae el último fin de siglo, sale con singular mordacidad de escritores que han experimentado ambas eras, los sesenta y los noventa. Escritores que se descubren a finales del siglo XX ejemplarmente desencantados o, según De Man, irónicamente automultiplicados, como los cuatro narradores humoristas que analizaré a continuación.

Juan José Millás, Cristina Fernández Cubas, Gonzalo Torrente Ballester y Javier Marías son narradores, en suma, que llegan al final del siglo XX *desencantados* hasta de estar desencantados; y esta ironía conduce nuevamente a la risa y, por consiguiente, explica el interés de todo este libro en estudiar la melancolía en relación con el humor bajo la fórmula provisional del *humor negro de la melancolía*. Como señala Michael Löwy y Robert Sayre, siguiendo a Novalis y los hermanos Schlegel, "Romantic irony is practiced as a form of resistance to *entzauberung* [el desencantamiento del mundo]" (*Romanticism* 41). El capítulo uno reflexiona sobre esta resistencia neorromántica al desencantamiento del mundo a través del análisis detallado de *La soledad era esto*, una novela de Juan José Millás que, en este contexto del desencanto y su simbolismo sobredeterminado por el duelo irresuelto de la muerte de Franco, resulta paradigmática y, a la vez, profundamente irónica, pues, si bien se relata un duelo, en *La soledad era esto* se tratará, no obstante, más que del sentimiento público de desencanto de toda la nación, del sentimiento privado de depresión de una mujer en singular, y en lugar de venir motivado ese sentimiento por la muerte de la figura paterna, en esta ocasión será la madre, más bien, la figura que muera y que enfrente a la protagonista con su desolación.

Capítulo uno

Duelo, humor, psicoanálisis y autobiografía
El desmadre de Juan José Millás

> *"La muerte de mi madre fue en muchos*
> *aspectos una ocurrencia en el sentido de*
> *que se trató de un suceso ingenioso."*
> —Juan José Millás, *Trilogía de la soledad*

La soledad era esto (1990), de Juan José Millás, es al mismo tiempo un historial clínico sobre un caso clásico de depresión y una incursión filosófica en la noción médica y estética de *humorismo*.[1] Confundir la aflicción con el humor, el lamento con la celebración, naturalmente, tiene detrás una larguísima historia. Además de la "ironía romántica," que es quizás su precedente más significativo para el arte moderno, el tratamiento humorístico del dolor es, según el doctor David B. Morris, "un argumento platónico que encuentra su encarnación europea más influyente probablemente en Don Quijote: el caballero de la triste figura" (90, traducción mía).[2] En el prólogo a la edición en Alfaguara de *Trilogía de la soledad*, Millás parece insertarse en esta tradición —platónica, quijotesca y romántica— del humorismo, pues, al mismo tiempo que confiesa haber escrito *La soledad era esto* tras morir su madre, deja caer, a quien pueda identificarse sentimentalmente con su duelo personal, esta desconcertante concesión: "La muerte de mi madre fue en muchos aspectos una ocurrencia en el sentido de que se trató de un suceso ingenioso" ("El síndrome" 19).

La soledad era esto cuenta la transformación que experimenta Elena Rincón, una madrileña de 43 años (los mismos años que tenía Millás cuando la escribió), durante los cuatro meses siguientes a la muerte de su madre. La novela consta de dos partes bien diferenciadas. La primera se enfoca en relatar la depresión en la que cae Elena después de morir su madre, y la segunda parte está

43

compuesta íntegramente por el propio diario que lleva Elena de su transformación: de una mujer identificada melancólicamente con su madre muerta a otra mujer que adquiere cierta distancia sobre sí misma mediante el ejercicio del *humor negro* —en ambos sentidos, una vez más, de la expresión: (1) como melancolía, según la interpretación antigua o hipocrática de este sentimiento, y (2) como comedia de la desesperanza.[3]

Aunque el denominador común a ambas partes de la novela, a mi modo de leerla, es reflexionar sobre estas dos acepciones que, simultáneamente, adquiere el término *melancolía* cuando lo aplicamos al caso de Elena, mi análisis seguirá con sumo detalle el orden bipartito del texto. Primero estudiaré qué tiene que ver el sentimiento de la melancolía con el concepto literario de *alegoría*, pues a este concepto remite la maniobra literaria que utiliza Millás para expresar la depresión de la protagonista. Y, después, desarrollaré los fundamentos teóricos de la fórmula del humor negro de la melancolía conectando la alegoría con la ironía, pues a esta conexión remite también la maniobra literaria que efectúa Millás al transformar el lenguaje alegórico de la primera parte en un lenguaje profundamente irónico o humorístico en la segunda.

Crítica de la razón melancólica

La soledad era esto comienza cuando Elena Rincón recibe la noticia de la muerte de su madre. Más que sumirla inmediatamente en la depresión, esta noticia parece confirmar el estado de *arrinconamiento* (si se permite la broma con su apellido) en que se encontraba la protagonista desde antes de morir su madre y de empezar la novela. Elena no se trata con su única hija, ni tampoco con sus dos hermanos, ni menos aún con su padre porque murió hace tiempo. Está casada con un empresario que le es infiel, y no solo a ella, sino también a todas las ideas por las que ambos lucharon durante la transición a la democracia. Y, además, no trabaja ni tiene amigos, es adicta al hachís y frecuenta regularmente las solitarias salas de bingo.

A pesar de que esta mujer presenta síntomas depresivos desde antes de que muera su madre y, por consiguiente, la *causa* de su arrinconamiento permanece confusa o desconocida para los lectores, *La soledad era esto* dará cuenta de la melancolía de Elena a partir de una razón bien específica: la explicación clásica en el psicoanálisis del duelo irresuelto por la muerte de su madre.

Millás narra este duelo irresuelto mediante la siguiente maniobra literaria. Cuando se reúnen los hermanos para repartirse la herencia, Elena encuentra un diario de la madre y, conforme lo lee, descubre que aquello que su madre dejó escrito en esas páginas se parece asombrosamente a lo que le está sucediendo a ella misma. Mercedes, que es como se llamaba la madre, comenzó a escribir su diario cuando tenía 43 años también, describe indisposiciones en su cuerpo que guardan estrechas semejanzas con las que está padeciendo Elena esos mismos días y, lo más cortazariano de todo, Mercedes confiesa que, cuando nació su hija mayor, la llamó Elena porque así llamaba a su "antípoda" imaginaria de la infancia (60).[4]

Como es natural, desde que descubre este diario Elena se siente atraída por él: lo lee en la habitación de los padres, en la calle y tan pronto como llega a su casa. Al mismo tiempo, encuentra sin embargo gran resistencia a terminar de leerlo, pues las coincidencias que descubre entre ella y lo que dejó escrito su madre —misma edad, parecidas afecciones corporales, idéntica sensación de arrinconamiento, mismo nombre que la doble de la madre—, además de fascinarla, le causan un inusitado terror. La lectura produce en Elena una serie de equívocos entre su propio cuerpo y el corpus textual del diario que, en tanto Elena no puede discernir lo uno de lo otro, la desconciertan y la obligan a abandonar su lectura sintiéndose literalmente enferma: "Había leído las últimas líneas jadeando —dice el narrador—, fue al baño e intentó vomitar inútilmente. Estaba pálida [...] Volvió a sentir el sudor que preludiaba el desfallecimiento total, *la caída*" (62; cursiva mía).

La maniobra literaria que ejecuta aquí Millás mediante ese extraño diario consiste en crear, dentro del texto, lo que Joseph Hillis Miller denomina "modos de repetición nietzscheana" (*Fiction* 6).[5] Miller opone este tipo de repeticiones al modo de repeticiones platónicas, y esta dicotomía la toma de Gilles Deleuze. Lo interesante para Deleuze de las repeticiones nietzscheanas es que no consisten, como en el caso de las platónicas, en repeticiones "a imagen y semejanza" de un modelo "original," a partir del cual pueden establecerse linajes y distinguirse "copias," "imposturas" (*The Logic* 256–57). Las repeticiones nietzscheanas son repeticiones mucho más desconcertantes que las platónicas, porque consisten en confundir, hasta cierto grado, lo uno y lo otro, lo auténtico y lo reproducido, la imagen y su semejanza, de forma que esta confusión no permite realmente la identificación. En *La soledad era esto*, las coincidencias que Elena descubre entre ella y el diario, en lugar de establecer un linaje entre madre e hija —Elena "a imagen y semejanza" de Mercedes—, transforman a Elena en una imagen que *simula* a Mercedes; es decir, el diario convierte a Elena, no tanto en una copia o reproducción de la madre, sino en su simulacro: "The copy is an image endowed with resemblance, the *simulacrum* —precisa Deleuze—, harbors a positive power which denies the original and the copy" (*The Logic* 262).

La noción de simulacro —es decir, la figuración de Elena como fantasma de su madre— remite a la noción que, al decir de Gonzalo Sobejano, distingue a toda la novelística de Millás: la extrañeza.[6] Ahora bien, a diferencia de cómo se elabora en otras de sus novelas, como por ejemplo en *Dos mujeres en Praga* o en *Volver a casa*, que exploran la extrañeza a través de la figura del *doppelganger*, en *La soledad era esto* la noción de extrañeza está explícitamente vinculada a la de melancolía. Y es que la identificación desconcertante de Elena con su madre muerta reproduce cabalmente, dentro de la novela, el mecanismo psicopatológico que, al decir de Karl Abraham, produce la melancolía dentro de los sujetos afligidos: "After being withdrawn from the object, the libidinal investment returns to the ego and the object is simultaneously incorporated in the ego" (cit. en Agamben 19). Por oposición al *duelo*, que en teoría es un episodio normal y transitorio de dolor y sustitución del objeto perdido, Freud transformó la definición de Abraham en la definición hoy más comúnmente aceptada de la depresión clínica: "An identification of the ego with the abandoned object" ("Mourning" *Standard* 14: 249). En un *tour de force* clave para el análisis de la melancolía con relación a la literatura, Julia Kristeva reformula este problema psicopatológico de la depresión en un problema latentemente semiótico, a saber: el problema de representación que plantea un sentimiento cuya razón de ser es, precisamente, la imposibilidad de representarse:

> The melancholiac mourns not an Object but the Thing. Let me posit the "Thing" as the real that does not lend itself to signification, the center of attraction and repulsion [...] A mere nothing, which is a cause, but at the same time a fall, before being an Other, the Thing is the recipient that contains my dejecta and everything that results from *cadere* (Latin: to fall)—it is a waste with which, in my sadness, I merge. (*Black Sun* 13–15)

¿Cómo expresar o atribuir un significado o un sentido a la depresión de Elena, a su melancolía o *tristitia sin causa* que diría Robert Burton (cit. en Radden, *The Nature* 10–12), si la condición de la depresión o del sentimiento de la melancolía es, justamente, su resistencia a la significación?

Del mismo modo que los dramas alemanes hicieron durante el Barroco a la hora de expresar el sentimiento del duelo (Benjamin, *The Origin* 182), y del mismo modo también que cierta poesía inglesa hizo a la hora de expresar la sensación sublime que suscitaban los paisajes durante el Romanticismo (De Man 215), *La soledad era esto* soluciona ese problema semiótico de la melancolía mediante la alegoría también: concretamente, mediante la repetición desconcertante que el diario de Mercedes produce dentro de *La soledad era esto* y dentro, a su vez, de la protagonista de la novela.[7]

La maniobra literaria del diario alegoriza el duelo irresuelto por la muerte de la madre de un modo tan flagrante que todo el caso de Elena parece extraído, cabe decir, de un manual de psicoanálisis. A través de esta alegoría del diario, Millás representa la identificación de Elena con su madre muerta como un problema que efectivamente, tal y como prescriben los postulados freudianos, se resiste a la significación. Si bien Elena puede reconocerse en el diario de su madre, ese *reconocimiento* la aterra, la angustia y la enloquece incluso, hasta el extremo de producirle un "desfallecimiento, una caída" (62). Esta y otras recaídas en el mutismo, el desmayo y la aflicción serán su forma de resolver o, más bien, de eludir la solución a dicho problema de significación que plantea la melancolía. Elena confunde el duelo por la muerte de la madre con su propio acabamiento: "Yo no pertenezco a nadie, a nada —dirá Elena—, y nada me pertenece" (133). Al pie de la letra de los presupuestos psicoanalíticos, la imposibilidad de atribuir otro sentido al diario de la madre que no sea esa sensación de abandono y desposesión es lo que explica las recaídas de Elena en la depresión y en un insondable sentimiento de culpabilidad. La madre murió de muerte natural, con lo que la culpa que siente su hija, como sucede en los casos de depresión, es una culpa sin razón ni causa conocidas.[8]

Elena se siente culpable por la muerte de su madre nada más enterarse de la noticia. Al comienzo de la novela, la protagonista está depilándose las piernas cuando suena el teléfono y le comunican que su madre ha muerto: "No te preocupes de las cuestiones prácticas. Arréglate y espera a que yo vaya," le dice su marido (14). Elena cuelga entonces el teléfono y renuncia a depilarse la pierna izquierda porque la cera se le ha endurecido. Cuando finalmente se arregla, Elena pone especial interés, por un lado, en fingir aflicción. Para ello, dramatiza su apariencia física reparando, no solo en su indumentaria ("medias negras" y "traje oscuro"), sino también en el maquillaje (prefiere no maquillarse). Por el otro lado, Elena muestra cierta complicidad erótica consigo misma: desafía el decoro luctuoso poniéndose una "ropa interior algo provocativa que desmentía ante sí el duelo" (14). Esta subjetividad indiferente ante la muerte de la madre no resulta totalmente exitosa, sin embargo. Pese a haberlo ocultado, Elena recuerda el depilado asimétrico cuando observa el rostro de su madre muerta: "Uno de los ojos permanecía ligeramente abierto produciendo en el rostro [materno] un efecto asimétrico que a Elena le recordó que no se había depilado la pierna izquierda" (17). Elena saluda a su hija y, entonces, repara en la "relación simétrica" (18) que mantienen los nombres de su hermana y de su hija, que al igual que la madre se llaman Mercedes. La protagonista de *La soledad era esto* aparece aquí en el centro del velorio y de unas relaciones simétricas, sin que pueda identificarse con ninguna de las Mercedes simetrizadas: "¿Como quién soy yo? [...] ¿Soy la referencia de alguien o sólo la mitad de este desconcierto?" (19).

La simulación del duelo con la que comienza *La soledad era esto* se transforma pocas páginas más adelante, cuando relata el velorio por la madre, en un lamento real (no simulado) de Elena al verse a sí misma abandonada y sin imagen en la que reconocerse. Elena experimenta entonces lo que, haciéndome eco de Kristeva, llamaré su primera *caída*: "Ya basta: mi madre está muerta [...] y yo voy de un lado a otro con los ojos secos, la falda torcida y la pierna izquierda llena de pelos. La ropa interior, ya basta," exclama al tiempo que abandona el centro del velorio y se retira a la "periferia de aquella fiesta mortuoria" (19). Elena da aquí por zanjada su dramatización desprendiéndose de su máscara de figura doliente, es decir: delatándose. Y, además, subscribe este gesto confesional conduciéndose ella misma a la periferia del escenario mortuorio, en cierto sentido, pues, retirándose a uno de los espacios clásicos de penitencia, el *rincón*, el lugar destinado a los castigados.

Durante el resto de la primera parte, Elena resuelve el problema de la melancolía eludiéndolo más bien, arrinconándose todavía más, confundiendo, en definitiva, la pérdida de su madre con la pérdida de su propio yo. Así, conforme avanzamos en la lectura descubrimos que la protagonista abandona la higiene de su cuerpo incurriendo en otro de los síntomas clásicos de la depresión, la desidia (29); se encierra en casa (23) o yerra por la ciudad como alma en pena (29); a raíz de un agudo estreñimiento, sella a cal y canto su cuerpo (32) y, finalmente, pierde incluso el conocimiento, *caída* —esta del desmayo— con la que parece querer clausurar su rendición de cuentas ante la madre rindiéndose ella misma ante los otros: "Mientras caía, unos segundos antes de perder el conocimiento, fue muy feliz al sentir que dejaba en manos de otros la responsabilidad del funcionamiento de su propio cuerpo" (33). Y todo esto al objeto de castigar un sentimiento de culpa que, una vez más, según los postulados psicopatológicos encontraría su razón de ser en la indiferencia, en la hostilidad incluso, que Elena sintió hacia su madre desde cuando era joven ("[mi madre] me amargó la juventud," 19), hasta los 43 años que tiene cuando muere la madre: "[l]a mejor hora de la tarde para irse de este mundo [...] *para Elena su madre estaba muerta desde hacía mucho tiempo*" (14; cursiva mía).[9]

En la novelística de Millás, la hostilidad hacia la madre apareció ya en 1975 con su ópera prima. "Pensé que no podría ser auténticamente libre mientras mi madre viviese," afirmaba entonces el protagonista de *Cerbero son las sombras* (146). Como ha notado Kristeva, confesiones como esta del personaje millasiano revolucionan los presupuestos edípicos al constatar que, en la realización o consecución de los malos pensamientos hacia la madre (aparte del padre), se sostienen, no solo los pasos más importantes del desarrollo infantil —según intuyó Freud[10]—, sino también todo *proceso de individualización*: "Matricide is the sine-qua-non condition of our individuation" (Kristeva, *Black Sun* 27). En *Visión del ahogado*, la siguiente novela de Millás, la figura de la madre reaparece con un peso todavía mayor que en *Cerbero son las sombras*. En aquella novela de 1977, la madre es responsable de una crisis de significación que, al decir de Brad Epps, "bears not only on democracy, but also on what has come to be known, in Spain and elsewhere, as (the) disenchantment, *el desencanto*" ("Battered" 26). Y un crédito todavía mayor que este le otorga Mainer a la figura de la madre en su análisis de otra novela de Millás, *El jardín vacío* (1981), donde la memoria de la madre no solo remitirá, como señala Epps, a la historia de la transición española, sino al "poderoso registro de toda la especie" (Mainer, *Tramas* 33).

Desde que Millás publica su primera novela, en 1975, hasta 1990, cuando publica *La soledad era esto*, el duelo por la muerte de la madre le ha permitido hablar, progresivamente, de la emancipación individual, de la transición a la democracia de la sociedad española y del desarrollo de toda la especie humana. Como sucede en general en las culturas hispánicas, también dentro de la novelística de Millás la madre se erige en una figura prácticamente omnipotente que permite simbolizar lo sagrado, si por lo sagrado entendemos con Mircea Eliade aquello que se resiste precisamente a las explicaciones lógicas o racionales.[11]

En *La soledad era esto*, la figura de la madre es aún más poderosa, si cabe, después de muerta que en vida, a juzgar al menos por la interminable rendición de cuentas de Elena ante su madre muerta. En otra vuelta de tuerca a la fórmula detectivesca que tiende a encontrar pistas inculpadoras en los diarios, la evidencia de esa culpa insondable de Elena la encontrarán la propia Elena y los lectores, una vez más, en el diario de la madre. Si al morir Mercedes, Elena piensa que "la muerte de su madre constituiría un trámite burocrático" (14), la muerte de la madre da lugar efectivamente a una escritura: el diario. Sin embargo, en vez de "sancionar algo pasado" (14), certificar y cancelar la muerte de la madre, ese diario viene más bien a suplantar, a complicar aquel "papeleo" oficial en que pensó Elena. Al leerlo, la hija descubre la relación de acontecimientos que han configurado su propia vida sin que ella se haya dado cuenta; o en palabras de Elena: el diario le revela la "trama" que desde su nacimiento, incluso antes, había ido organizando su madre "a sus espaldas, en el lado más oscuro de su vida" (89).

Una evidencia de esta extraña confabulación de la madre la encontramos en el episodio donde Elena descubre que la responsable del suceso más extraordinario de su vida había sido su madre. "Esta noche he descubierto por qué no soy vulgar —le confiesa Elena a su marido—, de pequeña soñé que hacía un hoyo en la playa y descubría una moneda. Pensé que si conseguía mantener el puño cerrado, con la moneda dentro, al amanecer seguiría en mi mano. Cuando desperté había desaparecido, pero esa misma mañana, en la playa, cavé un hoyo y volví a encontrarla" (70). Poco después de aducir esta experiencia fantástica como prueba de su idealismo, Elena lee en el diario de la madre que había sido esta quien, tras escuchar el sueño de la pequeña Elena, había escondido una moneda en la playa y la había animado después a que cavara en la arena. Descubrimientos como estos convierten la trama del diario materno en una especie de pre-texto o sub-texto biográfico de Elena, heredado de su madre y, al mismo tiempo, adherido a la biografía materna. El vocablo *heredar* permanece aquí fiel a su etimología: "estar adherido" (*adherere*); y la madre, a su vez, adquiere una autoridad sobre la hija que desde luego no tenía en vida: la figura materna pasa a ser no solo la madre biológica de Elena, sino también su biógrafa, es decir, la autora de su biografía.

A la vista de este simbolismo sobredeterminado de la madre, el duelo irresuelto por su muerte permite representar en *La soledad era esto*, como veían Epps y Mainer respectivamente en *Visión del ahogado* y *El jardín vacío*, un problema de dimensiones mucho mayores que las dimensiones privadas o (a lo sumo) familiares de la depresión clínica que está experimentando Elena. Me refiero, claro está, a esa otra depresión de dimensiones nacionales a la que llamamos desencanto y, lo que es más, al desencantamiento, al término del milenio, del mundo en general de los humanos, que es tal vez en lo que piensa Mainer cuando escribe que la memoria de la madre es el poderoso registro de toda la especie.

Que el desencantamiento de la sociedad española o de toda la especie humana encuentra su alegoría más adecuada en la depresión por un duelo irresuelto es la lección que vienen enseñándonos numerosos analistas culturales a través de múltiples obras literarias del último cuarto del siglo XX, incluidas, como hemos visto, las novelas de Millás. El precedente más significativo de esta alegorización edípica del desencanto en España lo encontramos probablemente en Vilarós, quien ancla su tesis sobre la transición en la definición que daba arriba Kristeva de la depresión:

> Si la "Cosa" es una "caída," según la terminología de Kristeva,
> un recipiente formado de aquello que rechazamos y desechamos;
> si es "un *cadere*" en el que todos y todas aparecemos "desechos,"
> en el que todos somos "cadáveres," en la España de la transición
> "la Cosa" puede pensarse como la representación de la caída de
> nuestro pasado en el silencio y el olvido. (*El mono* 11)

51

En esta misma línea, Medina recurre igualmente a la alegoría de la depresión para reflexionar sobre los años transicionales: "La melancolía por la muerte del padre se confunde con el lamento por la pérdida del proyecto moderno, la posibilidad misma de emancipación" (*Exorcismos* 20). Y lo mismo creo que puede decirse de los acercamientos a la melancolía en países latinoamericanos como Argentina, Chile o Brasil. También aquí la alegoría del duelo irresuelto por la muerte del padre resulta especialmente productiva (Avelar; A. Moreiras y Richard; Gundermann). La circunstancia histórica de todos esos países que han experimentado tanto dictaduras como oposiciones parricidas hace especialmente relevante la alegoría del duelo irresuelto por la muerte del padre y la confusión, a su vez, de la historia política de las naciones por el historial clínico de los individuos.

En *La soledad era esto* encontramos también esta concomitancia entre la depresión individual y el desencanto social. Cuando Elena contrata a un detective para que investigue la infidelidad de su marido, el detective responde a su requerimiento escribiendo un reporte en donde la condición psicológica del personaje entra en conflicto con la condición política del país: "Para ellos ser detenidos era una insignia —escribe el detective refiriéndose a la vida que llevaron personas como el marido de Elena durante los años de la transición—, algo así como una herida de guerra, pero para mí supuso tener que abandonar la carrera y mi verdadera vocación criminalista [...] Me hicieron la revolución, como quien dice, y luego se largaron a ocupar despachos y direcciones generales desde las que han perdido la memoria de la gente como yo" (92). Frente a esta lamentación del detective, las lamentaciones de Elena parecen desde luego caprichosas. Mientras que, en el caso de Elena, sus recaídas en la depresión constituyen un problema íntimo o estrictamente psicológico, en el caso del detective, su queja participa de un problema social y político mucho mayor que lo que en psiquiatría llaman depresión. En ese informe, el detective transforma su decepción por haber perdido la oportunidad de ser un criminalista, así como su envidia contra las personas que no sufrieron del mismo modo que él las detenciones franquistas, en *desencanto* y *resentimiento*, respectivamente. Para este frustrado criminalista, tanto el desencanto como el resentimiento le proporcionan una altura moral desde donde juzgar el curso de la historia de su país y sostener ese juicio con la vida misma si es preciso: "Para ellos ser detenidos era una insignia [...] pero para mí supuso tener que abandonar la carrera" (92). Este comentario sobre las detenciones franquistas puede ser solamente una opinión personal, pero aquí lo personal adquiere un crédito incuestionable: antes muerto que desengañado; antes me dejo matar que cedo en esta aseveración, podría colegirse de las declaraciones del detective en una transfiguración ya forzada del problema. Y sin embargo, esa es la circunstancia que tanto Kristeva como Nietzsche ponen como ejemplo de los sentimientos extremos de depresión y resentimiento: el deprimido, dice la psicoanalista, puede llegar a matarse antes que dejar ir su objeto de deseo (Kristeva, *Black Sun* 11); y el resentido, escribe el filósofo alemán, "prefiere la voluntad de la nada antes que no tener voluntad" (Nietzsche 89).

Tanto en la melancolía como en el resentimiento, los juicios emitidos a raíz de las emociones están "cargados de razón." Así entiende Rafael Sánchez Ferlosio, uno de los padres intelectuales de la generación de Millás, el capital moral que produce el patetismo: "La sinrazón del agravio padecido produce en el agraviado no sólo un sentimiento de inocencia que, a manera de indulgencia plenaria, se hace inmediatamente extensivo a la totalidad de su conciencia, sino también el correlato positivo de sentirse 'cargado de razón'" (212).[12] Siguiendo esta rentabilidad moral de las emociones, también la depresión de Elena deja de ser un desorden psicológico y se transforma, durante la primera parte de la novela, en un sentimiento cargado de razón, o en lo que, parafraseando la condición que atribuyó Kant a lo sublime, llamaríamos una *razón melancólica* o, en términos de Gert Mattenklott, una "moral melancólica" (cit. en Andrés 1072). Antes enferma, desfallecida y muerta incluso, que olvidar todo lo que hizo y fue y representó la madre. El desfallecimiento de Elena está en efecto cargado de razón, en la medida en que le permite al personaje legitimar su propia anulación en aras de una altura moral desde donde tener "ante la vista la grave, aunque grande, victoria del dominio de sí misma" (Kant, *Lo bello* 29). Tal razón melancólica es, además, la que conduce a Elena a recordar "como ejercicio de humildad, que su cuarto de baño —tan lujoso y amueblado como el de un hotel de lujo— se había levantado sobre los restos de otro cuarto de baño [el de la madre], desconchado y roto como el de una pensión" (104). Como sucede con el desencanto en la historia española del siglo XX, también la depresión de Elena consiste en desmitificar su biografía revelando lo que en ella hubo de engaños, traumas e injusticias. Teniendo en cuenta todo este orden de cosas, *La soledad era esto* puede leerse, retóricamente, como un documento novelesco del desencanto y, en general, como un artefacto cultural que produjo la melancolía de la sociedad española durante los primeros años de la democracia.

Ahora bien, al extrapolar una cuestión psicopatológica, como la depresión, al contexto de una crisis histórica, como fue en España la transición de la dictadura a la democracia, estamos haciendo algo más que un ejercicio retórico. Tomemos como punto hipotético de partida este caso que estamos tratando aquí, el caso concreto de que la depresión que está sufriendo Elena es una alegoría de la depresión post-Franco. Primero, estamos haciendo *público* un sentimiento que, como bien experimenta Elena, en principio es *privado* o profundamente íntimo. Segundo, estamos cambiando el género o la circunstancia sexual: de femenino —la depresión por el duelo irresuelto que crea la muerte de la madre de Elena— a masculino —el desencanto por el duelo irresuelto que crea la muerte del padre, en esta ocasión del *padre* dictador de España—. Y tercero, estamos convirtiendo una condición patológica en una condición epistemológica desde la cual no solo explicamos el desarrollo de un individuo, Elena, sino la transformación de toda una nación. Al tomar estas decisiones, la depresión de Elena deja de ser una enfermedad caprichosa o intranscendente para la sociedad: "Creo que te miras demasiado a ti misma," le dice a Elena despectivamente su hermano (137); y pasa a ser efectivamente una enfermedad tan acreditada que, como dice Vilarós, concierne a todos "los españoles y españolas" (*El mono* 18).

El crédito que en España tiende a otorgársele al *desencanto* está profundamente ligado a la hegemonía endémica del *Homo melancholicus* en la cultura de ese país. En lugar de significar exclusivamente una patología, como suele entenderse la depresión, la "melancolía masculina," sostiene Juliana Schiesari, adquirió el estatus de "enfermedad acreditada" (9). Kant, por ejemplo, describió la melancolía como una "virtud genuina": "La honda melancolía (*Schwermut*) se funda sobre aquel temor que siente un alma limitada cuando, llena de un gran proyecto, ve los peligros que debe vencer y tiene ante la vista la grave, aunque grande, victoria del dominio de sí misma" (*Lo bello* 29). Como Kant, otros muchos estudiosos de la melancolía legitiman esa enfermedad en aras del alto conocimiento que proporciona. Es más, desde Aristóteles hasta Agamben, pasando por Benjamin y la misma Kristeva, esa melancolía que Schiesari llama "masculina" consiste "en transformar la enfermedad en una u otra forma de empoderamiento" (Pensky 21, traducción mía).

En el transcurso de la historia moderna española existe más de un caso palmario de este tratamiento de la melancolía a la manera tradicional del *Homo melancholicus*. A finales del siglo XIX, la *abulia* fue efectivamente una enfermedad acreditada también. Escritores como Miguel de Unamuno o Azorín encontraron en la depresión, en el pesimismo o en el sentimiento trágico de la vida un modo de legitimar la pérdida en aras de un "conocimiento ennoblecedor" o de una "altura moral," que escribía Kant, desde donde intervenir en los problemas de España. Con la depresión post-Franco parece suceder un caso similar de *gendering of melancholia* (Schiesari), es decir, de transformación de la melancolía o de la depresión o de otras condiciones patológicas afines en inequívocas y poderosas formas de conocimiento. Para Vilarós, por ejemplo, aquel equívoco "estado de pasaje entre el duelo y la celebración," que la hispanista rescata de la Movida, pronto se convierte en una condición patológica tan acreditada que le permite explicar el curso de la historia de todos los españoles y españolas durante más de veinte años de transición: "Franco y/o el franquismo no fueron únicamente un régimen político; fueron también y quizá sobre todo, para nuestro mal y nuestro bien, una adicción, un enganche simbólico y real, una monumental cogida" (*El mono* 18). Asimismo, el no menos equívoco "afecto en crisis," que Cristina Moreiras extraía de sus análisis de numerosas obras artísticas producidas en la España democrática, pronto se convierte también en esa inequívoca condición patológica del trauma que tanto crédito ostenta a la hora de denunciar el proceso de deshistorización que ha experimentado la historia española desde la muerte de Franco (*Cultura* 30). Y para Medina, la melancolía por la muerte del padre adquiere mayor crédito todavía, si cabe, pues de esta condición patológica obtiene el autor de *Exorcismos de la memoria* la altura moral desde donde juzgar la pérdida del proyecto moderno de toda la nación (*Exorcismos* 20).

A tenor de estas recurrentes interpretaciones del desencanto, durante el último cuarto del siglo XX el arquetipo de la melancolía vuelve a adquirir en España el estatus inequívoco de enfermedad acreditada. Como hizo la generación de los noventayochistas en el fin del siglo XIX, la generación del 75, generación perdida, del fracaso o de los novísimos, vuelve en el fin del siglo XX a cargar de razón el sentimiento de la melancolía y a transformar en moral y razón melancólicas lo que al principio eran sentimientos sin razón alguna ni causa. *La soledad era esto* representa este conocimiento acreditado que proporciona el desencanto, al mismo tiempo —no obstante— que lo socava; y es que, como bien pronostica Mainer, en esta obra, sorprendentemente, la recuperación de la madre y, por consiguiente, la identificación melancólica de Elena con su pérdida "no produce un vasallaje sino una liberación" (*Tramas* 34).

En su segunda parte, *La soledad era esto* ironiza sobre esta moral melancólica que está conduciendo a la protagonista a confundir el duelo irresuelto por la muerte de su madre con la depresión crónica propia de una suicida. La segunda parte de la novela, a mi modo de leerla, interviene en el crédito que el sentimiento de la melancolía adquiere dentro de las alegorías edípicas del desencanto transformando la identificación melancólica de Elena con su madre muerta en autodistanciamiento del personaje con respecto al concepto que antes tenía de sí misma. En el prólogo a la novela, Millás comparte el reto que le supuso terminar *La soledad era esto* ("El síndrome" 24). Frente a la salida que ofrece el *Homo melancholicus*, cargado de razón hasta el extremo de matar o de dejarse matar por la verdad irrefutable que le proporcionan sus sentimientos, Millás se propuso explorar otra salida.

Humor y melancolía

La segunda parte de *La soledad era esto* marca desde el principio un cambio drástico con respecto a la primera. Mientras que antes fue un narrador omnisciente quien relató la caída de Elena en la depresión, ahora la narradora de la novela será Elena. Esta parte de *La soledad era esto* está compuesta íntegramente por el diario que empieza a escribir la protagonista después de abandonar a su marido y mudarse a vivir sola en un apartamento. Al comienzo de su diario, Elena deja constancia de su transformación: "Me encuentro en el principio de algo que no sé definir pero que se resume en la impresión de haber tomado las riendas de mi vida" (107). El motivo de la transformación, no obstante, apareció ya en el epígrafe de la novela con esta cita de *La metamorfosis* (1915), de Franz Kafka: "¿Es que deseaba de verdad se cambiase aquella su muelle habitación, confortable y dispuesta con muebles de familia, en un desierto en el cual hubiera podido, es verdad, trepar en todas las direcciones sin el menor impedimento, pero en el cual se hubiera, al mismo tiempo, olvidado rápida y completamente de su pasada condición humana?" Desde antes de recibir la noticia de la muerte de su madre, Elena fue una mujer bien acomodada, pero también inhibida: varios episodios muestran cómo de ser una joven universitaria, extrovertida, rebelde y activista durante los años setenta, Elena se convirtió, tras casarse, en una resignada ama de casa. Durante esta segunda parte, sin embargo, Elena comienza a transformarse en otra: una mujer, en este otro caso, autónoma y con voz y apartamento propios, pero, como anuncia el epígrafe, también con carencias y pesares.

La emancipación de Elena no ocurre automáticamente porque la madre muere, ni desde luego es tan ilusoria como escribe Edward H. Friedman: "Metamorphosis in *La soledad era esto* is somewhat illusory. The semiotics of [Elena's] change is manifested in a haircut" (494). Por el contrario, su transformación obedece al abstruso descubrimiento anunciado en el título de la novela: el *descubrimiento de la soledad*. De suma importancia para comprender este descubrimiento son las coincidencias y repeticiones en la trama, algo que Friedman no valora: "I do not see the merit of the many coincidences" (494);[13] y, en íntima relación con estas repeticiones, la melancolía misma, o sea, el rol que este sentimiento tiene, al decir de Judith Butler, en la adquisición de la *autoconciencia*:

> [W]hat melancholia shows is that only by absorbing the other as oneself does one become something at all [...] The ego comes into being on the condition of the "trace" of the other, who is, at that moment of emergence, already at a distance. To accept the autonomy of the ego is to forget that trace; and to accept that trace is to embark upon a process of mourning that can never be complete, for no final severance could take place without dissolving the ego. (*The Psychic* 196)

Frente a las crisis de identidad y, especialmente, como nota Nietzsche, frente al fastidio, la frustración o la extrañeza (*Ohnmacht*) que producen esas crisis, los humanos tendemos, o bien al *resentimiento*, caso emblemático de ciertos personajes que, parafraseando a Nietzsche, "prefieren querer la nada antes que no querer," o bien al *desencanto*, caso paradigmático de las figuras fracasadas que, antes de dar por perdido su objeto de deseo, se pierden juntamente con él. ¿Qué pasaría, sin embargo, si, en lugar de confundir el sentimiento de extrañeza y perplejidad con el resentimiento o con la melancolía, lo aceptáramos —según sugiere en esa larga cita Butler— como simulacro de compañía?

En una suerte de "pacto con la locura," la madre de Elena había resuelto, junto con su "antípoda," aceptar secretamente el terrible hallazgo de un "bulto" en su seno (102). Al leer esto, Elena resuelve asimismo aceptar su condición espectral o fantasmática como otra enfermedad terminal también que, irónicamente, parece contener en sí misma cierto remedio. Sobrellevar la melancolía así, mediante su simulación, es el procedimiento que encontramos en la ironía romántica y, antes incluso, en don Quijote. "La dificultad de explicar la melancolía de don Quijote proviene de que está inscrita en un simulacro," escribe Bartra. "Es precisamente el simulacro de la melancolía artificial —junto con otras locuras ingeniosas— lo que puede alegrar el mundo y dar la esperanza de una salvación, en una peculiar aplicación *avant la lettre* de la medicina moderna homeopática: *simila similibus curantur*" (*Cultura* 169–70). A lo Virginia Woolf, Elena se emancipa, primero, a través de la *escritura* y, después, mediante el reclamo de *un apartamento propio*. Se separa de su marido y se marcha a vivir sola, haciendo así realidad el deseo expresado en el epígrafe de Kafka. Sentada en la butaca de la madre y frente a un antiguo reloj de pared (los dos únicos objetos que aceptó como herencia), Elena lee el diario de su madre al tiempo que escribe el suyo, donde incorpora, además, fragmentos del diario materno más los informes que el detective privado, contratado por Elena para espiar a su marido, escribe ahora sobre ella. (Elena lo contrató de manera algo atípica porque no debería conocer a la persona que encargaba la investigación, y, cuando se cansa de leer reportes sobre los escarceos adúlteros del marido, Elena le pide que investigue más bien a la esposa, que es naturalmente ella misma).[14]

La segunda parte de *La soledad era esto* está compuesta, entonces, por lo que podríamos llamar un texto *especular* y, hasta cierto grado, también *especulativo*: este diario de la protagonista refleja una imagen de Elena que, si bien es anónima, parcialmente ficticia y hasta alienada, es de todas formas creación de ella. Al contrastar este nuevo diario de Elena con el diario de la madre, podremos comprender por qué, como anunciaba al principio de este capítulo, la noción de melancolía adquiere dentro de toda *La soledad era esto* sentidos equívocos y dobles acepciones a caballo entre la alegoría y la ironía, la aflicción y la risa, el dolor y el humorismo. Si durante la primera parte el diario de la madre funcionó como una maniobra literaria que le permitía a Millás alegorizar la extrañeza de Elena con respecto a su madre muerta, durante esta otra parte es Elena quien pone en práctica esa misma maniobra literaria, pero para alegorizar ahora su extrañeza con respecto a sí misma en otra aplicación irónica de la receta del *simila similibus curantur*. Mientras que el diario materno identificaba a Elena con su madre muerta y la sumía en la melancolía, el nuevo diario la identifica o representa de tantas maneras que, más que en la melancolía, la sumen en la automultiplicación y, por consiguiente, en el autodistanciamiento con respecto a cualquiera de las figuraciones que lee de sí misma.

La emancipación de Elena se produce cuando aprende a hablar el lenguaje alegórico de la melancolía y puede ella misma expresar la extrañeza que le produce reconocerse huérfana. "Bueno, pues la soledad era esto: encontrarme de súbito en el mundo —escribe Elena en su diario—, como si acabaras de llegar de otro planeta del que no sabes por qué has sido expulsada" (133–34). En última instancia, el descubrimiento de la soledad que anuncia *La soledad era esto* desde el título mismo consiste en descubrir que el lenguaje de la melancolía es un lenguaje inagotablemente irónico. Como nos ha enseñado Paul de Man, la alegoría y la ironía no solo coinciden en indicar algo que difiere de su sentido literal. Además, están vinculadas en "la común desmitificación del mundo orgánico" (246).

Como los escritores románticos y también como don Quijote, Elena Rincón trata de alegrar el mundo y darse la esperanza de una salvación, incorporando en su diario especulativo la misma maniobra literaria que la había sumido en la melancolía. Esta liberación en que se embarca el personaje a través de su nuevo diario continúa con la mudanza a su apartamento propio. "En ese horizonte urbano —escribe Mainer refiriéndose a los "pisos diminutos" como este de Elena—, Millás ha desarrollado su sentido de la desposesión y su sospecha de que todo se intercomunica y se conecta como en una extraña burla" (*Tramas*

291). Tal espacio del *apartamento* parece adquirir, en términos de Lacan, las dimensiones del *gozo* o *jouissance* previos a los patrones lingüísticos. De hecho, a tenor de las especulaciones producidas por la lectura de los textos del detective y de la madre, el apartamento de Elena se transforma en lo que, según Agamben, habría permitido a los melancólicos poetas medievales entrar en relación con algo de lo que, de otra manera, les habría sido imposible apropiarse o disfrutar: la *stanza*; "a 'capatious dwelling, receptacle,' because it safeguarded, along with all the formal elements of the canzone, that *joi d'amor* that these poets entrusted to poetry as its unique object, as the receptive 'womb' of its entire art" (xvi).

Dentro de esta *stanza*, de este *apartamento*, o, en términos de Kristeva, dentro de esta *chora* —"a nonexpressive totality formed by the drives and their stases in a motility that is as full of movement as it is regulated" (*Revolution* 25)—, Elena transforma su enfermedad en conocimiento, pero, ahí adentro, el conocimiento que le proporciona su enfermedad, más que inequívoco y "ennoblecedor" (como decía Kant del conocimiento que proporcionaba lo sublime), es profundamente equívoco y humorístico. O dicho en otras palabras, Elena transforma la moral melancólica, que la confinó al arrinconamiento, en ironía absoluta. "La ironía absoluta —escribe De Man— es la conciencia de la no-conciencia, una reflexión sobre la locura desde dentro de la locura misma" (239). Al mismo tiempo que la desencanta, o que le revela lo que en su vida hay de engaño, injusticia y agravio, el nuevo diario desmitifica también esa misma revelación. Elena se *descubre* a sí misma más allá de la matriz textual a la que la confinó el diario materno: "¿Estaré metiéndome en una historia?" se pregunta metida en su apartamento mientras lee y escribe su nuevo diario (177). Al igual que otros relatos de Millás, como por ejemplo *Ella imagina*, *La soledad era esto* apunta aquí también, como escribe Pepa Anastasio, "to a notion of subjectivity that moves away from the Cartesian maxim 'cogito, ergo sum' to establish an alternative one: 'I imagine, therefore I am'" (en Millás, *Personality Disorders* xxiii). Esther Cuadrat también nota un concepto parecido a esta ontología inventada o imaginaria: "Elena, cansada de vivir la vida que los otros le han edificado, concibe su propia metamorfosis consistente en asumir su libertad e identidad. Se produce, entonces, una inversión o relectura del texto de Kafka, inversión en la 'metamorfosis'" (213).[15]

La "inversión" o "relectura" de *La metamorfosis* es algo, no obstante, que, según Denis Hollier, ya hizo el propio Kafka en *El proceso*. Es más, el empeño quijotesco de Elena en transformar su melancolía en ironía recuerda de alguna manera a la actitud carismáticamente kafkiana de Joseph K.: "We don't know what the initial indictment was —escribe Hollier sobre el protagonista de *El proceso*—, but the behavior of the defendant makes up for this by substituting an unmistakable and unrepentant refusal to help anyone (himself) in danger. *K. doesn't take himself sufficiently seriously*" (viii; cursiva mía). Como K., Elena responde a la confabulación melancólica de la madre muerta con cierto humor, *humor negro* concretamente, si "al humor que juguetea con lo macabro y lo luctuoso —según Alejandro Montiel—, que no tiene fin posible ni reivindica nostalgias ni procura alcanzar ideal alguno, y que es consciente de la insaciable melancolía que lo suscita lo llamamos humor negro" (12). "¿En qué teatro actúan ustedes?" les pregunta K. a sus verdugos (Kafka, *El proceso* 244).

El humor negro no significa en esta novela de Kafka, ni en la de Millás, necesariamente, una obstaculización del crecimiento, sino más bien el distanciamiento de sus protagonistas con respecto al concepto que tenían de sí mismos: "The last century has seen the loss of belief in our selves, in our societies, and in our gods," escribe a estos efectos Patrick O'Neill. "Black humour accepts the absurd as its birthright, and we are invited to share its descent to a no longer believed-in hell as well as its resurrection towards a non-existent heaven" (85). Entre la desesperación y la risa, Elena se embarca en su proceso interminable de duelo por la pérdida de la madre con cierto *gozo siniestro*. Las nociones de gozo (*jouissance*) y de lo siniestro (*Unheimlich*) terminan así configurándose, dentro de *La soledad era esto*, como las dos caras opuestas y complementarias de un sentido perverso de la melancolía, o de un exceso de humor negro, que es lo que en la Antigüedad habrían intuido las teorías hipocráticas de los humores, y lo que acertadamente sostiene Simon Critchley: "Humour has the same formal structure as depression, but it is an anti-depressant that works by the ego finding itself ridiculous" (101).

Este tratamiento humorístico de la melancolía, según el cual "all humour is replete with the unhappy black bile, the melancholia" (Critchley 94), si hemos de creer al surrealista André Breton, que es quien acuña la noción de "humor negro," es rotundamente moderno. En su ensayo sobre Benjamin, Susan Sontag ve en el surrealismo una de las principales manifestaciones modernas del humor negro de la melancolía: "Surrealism's great gift to sensibility was to make melancholy cheerful" (124). Rosa Martín Casamitjana, en deuda explícita con la noción del "avvertimento del contrario" de Luigi Pirandello y con el concepto romántico de ironía, afirma por otra parte que la "naturaleza bipolar del humorismo," es decir, esa complicidad humorística entre el gozo y lo siniestro, el humor y la aflicción, fue percibida también por el escritor romántico Jean Paul Richter, "quien primero advirtió que el humorismo surge de la escisión entre la ideal infinitud del corazón y la mediocridad de lo real" (Martín Casamitjana 29–30).[16] Desde esta tradición moderna del humor, tanto *El proceso* y *La metamorfosis* como *La soledad era esto* transforman la razón o la moral melancólica, que impulsaba a Elena en la primera parte a dejarse la vida antes que dejar ir a su madre, en un perverso sentido del humor. Porque ahora Elena puede observar el ciclo del mundo metafísico allá donde nosotros solo vemos la permanencia ahistórica del nuestro. A esta dialéctica melancólica, según la llama Max Pensky (21), apunta la propia Elena al final de su diario cuando escribe: "Hay dos hombres peleando en la calle, frente a mi terraza; forman parte de esa sociedad, de esa máquina que Enrique, mi marido, representa tan bien. Viven dentro de una pesadilla de la que se sienten artífices. Cuando despierten de ese sueño, les llevaré una vida de ventaja" (181).

Dismothernism

Desconozco si Juan José Millás es un hombre melancólico, pero no me cabe la menor duda de que contempla la actualidad con un sentido perverso del humor; y esto lo deja bien claro semanalmente en su labor periodística. Por ejemplo, en una columna titulada "Horóscopo," Millás escribía que lee el periódico empezando por el final hacia la primera página porque —significativamente aquí a efectos de la antigua conexión entre la melancolía y Saturno— "no h[a] dado todavía con un editorial que le explique mejor que el horóscopo por qué el precio de la vivienda es completamente irreal. Vivimos con la idea de que la realidad está dirigida por el discurso sesudo de los editoriales, pero el mundo parece construido por el loco que escribe los Ecos de Sociedad, o las necrológicas" (*El País*, 2 de junio de 2006).[17]

Pero Millás no se toma a broma los aprietos del mundo circundante únicamente, sino también los infortunios de su propia vida, a juzgar de nuevo por *La soledad era esto*. El juego especular entre el diario de Mercedes, la historia de Elena, el diario que a su vez escribe Elena y los informes del detective se multiplica hasta comprender incluso el cuerpo textual de la novela y su paratexto. También aquí se producen especulaciones o repeticiones desconcertantes, en este caso entre Elena Rincón y Juan José Millás. Cuando el lector coteja la solapa del libro se percata de que Millás tiene la misma edad de Elena cuando está escribiendo *La soledad era esto*, 43 años;[18] al igual que Elena, Millás acaba de perder también a su madre —de hecho, la novela está dedicada "A la memoria de Cándida García," la madre del escritor—, y, como Elena, también Millás parece ser "víctima de una depresión," según confiesa el propio autor en el prólogo ("El síndrome" 15–19). En la medida en que estas otras coincidencias entre el texto y el paratexto cuestionan los límites entre personaje y autor, ficción y realidad, *La soledad era esto* termina transformándose, hasta cierto punto, en una autobiografía solapada, una "autoficción" o una "figuración del yo" en términos, respectivamente, de Alberca y Pozuelo Yvancos, o en lo que, a tenor del presente análisis, podríamos denominar también un *simulacro autobiográfico*.[19]

Esa operación del simulacro autobiográfico recuerda a la que Javier Marías ve en un tipo particular de escritores —Thomas Bernhard en *El malogrado* (1983) o Félix de Azúa en *Historia de un idiota contada por él mismo* (1986)— cuando se enfrentan al "material autobiográfico":

> el autor presenta su obra como obra de ficción, o al menos no indica que no lo sea; es decir, en ningún momento se dice o se advierte que se trate de un texto autobiográfico o basado en hechos "verídicos" o "verdaderos" o "no inventados." Sin embargo, la obra en cuestión tiene todo el aspecto de una confesión, y además el narrador recuerda claramente al autor, sobre el cual solemos tener alguna información, sea en el propio libro, sea fuera de él. (Marías, *Pasiones* 68)

Según Marías, en obras como *Coto vedado* (1985) o *En los reinos de taifas* (1986), de Juan Goytisolo, el escritor autobiógrafo procura dar "continuas pruebas de su veracidad y convencer al lector de que lo que relata es cierto y le sucedió a él, el autor" (69).

Aparte de preservar el consabido "pacto autobiográfico" de Philippe Lejeune, estas obras serían, en términos de James Fernández, apologías. "The apologist —escribe concretamente Fernández— implicitly declares that his or her actions on this earth are worthy of commentary and defence and, moreover, that the opinions that his or her contemporaries (and future generations) hold are important enough to warrant a sustained act of self-justification" (7). Las obras mencionadas de Goytisolo son *apologías* donde no hay un autodistanciamiento como el que encontramos en las auto-ficciones (Alberca), figuraciones del yo (Pozuelo Yvancos) o simulacros autobiográficos. Son obras cargadas de razón melancólica en el sentido de que se produce una identificación, lacerante en la mayor parte de los casos, entre el sujeto biografiado y su biógrafo (Epps, *Significant* 98).[20]

Otro tipo de libros, sin embargo, como *La soledad era esto*, *Historia de un idiota contada por él mismo* y algunas obras del propio Marías, como *Todas las almas* (1989) o *Negra espalda del tiempo* (1998), constituirían *apóstrofes* en lugar de apologías, en la medida en que el "[a]postrophe, defined as the rhetorical invocation of an absent (and often trascendental) listener, pretends to be a trope of detachment, of unworldliness" (Fernández 7). Frente al tipo de autoridad que el apologista imprime en su autobiografía, en obras como *La soledad era esto*, Millás y el resto de autores y personajes (como Joseph K. y Elena) ofrecen más bien ensayos con la autobiografía basados en la desposesión, más que en la posesión; en reconocer las enfermedades y las pérdidas, más que en curarlas; en hacer de la enajenación el terreno mismo de la responsabilidad.

El simulacro autobiográfico entraña así una naturaleza ética significativamente distinta a la de las obras convencionalmente autobiográficas. *La soledad era esto* no viene avalada necesariamente por la suficiente importancia de las acciones del escritor, ni de la protagonista. Por el contrario, este simulacro autobiográfico revela una imagen del autor y de la protagonista autojustificada en forma de desmerecimiento. En lugar de ratificar su autoridad, Millás y Elena parecen revelar en sus simulacros autobiográficos una suerte de humor "that works by the ego finding itself ridiculous" (Critchley 101). Este humor funciona, si no como antidepresivo contra la melancolía, al menos sí como apuesta ética que va *más allá del yo*; esto es, que involucra en la autoconciencia al "otro" en una peculiar reformulación de la levinasiana "ética de la autobiografía" propuesta por Loureiro y otros estudiosos (Pozuelo Yvancos, *De la autobiografía* 38).[21]

El tiempo biográfico ya no parece articularse aquí exclusivamente en torno al tradicional cronotopo bajtiniano de la biografía: "El camino de la vida del que busca el verdadero conocimiento" (Bajtín, *Teoría* 283). Si el género de la autobiografía, según Luis Beltrán Almería, "con la modernidad se desliza a un tipo de novela de educación" —"el tipo en que esos cambios de la edad se ven, no como una evolución natural, sino como avances en el proceso formativo" ("Vida nueva" 36)—, con obras como *La soledad era esto* adquiere otro rumbo. En lugar de asentar tal proceso formativo en la "búsqueda" y el "conocimiento" (Bajtín), en la base del simulacro autobiográfico subyacen más bien el *descubrimiento* y la *invención*.[22]

Esta reformulación de la autobiografía, además de una "desfiguración" retórica del género autobiográfico en la línea trazada por Paul de Man y por otros acercamientos deconstruccionistas, tiene también profundas repercusiones en los modos convencionales de tratar melancolía.[23] *La soledad era esto* es efectivamente una *alegoría* del sentimiento de melancolía que experimentan Elena y Millás, al mismo tiempo, no obstante, que una *ironía*. Si podemos ahora retomar el comentario de Millás sobre su duelo personal, "La muerte de mi madre fue en muchos aspectos una ocurrencia" ("El síndrome" 13), también Elena parece entender la muerte de su madre como *ocurrencia*; esto es, como acontecimiento a la vez verdadero e inventado, o como *acontecer* que, si bien puede entrañar un "proceso formativo," a la vez, parafraseando a Levinas, siempre "pudo haber sido de otro modo" y, por consiguiente, estar más allá de cualquier esencia biográfica. Ante este extraño juego con la escritura autorreferencial, Mainer apostilla que "no es un juego vano, ni por supuesto una invitación a la *biographical fallacy*: a Millás le obsesiona la frase *a partir de cierta edad, cada hombre es responsable de su rostro* —cita aquí Mainer al propio Millás— y sabe muy bien lo que su trabajo tiene de expiación y exploración de territorios que no son ajenos a la experiencia de su generación [...] todos son hijos de un tiempo en que ha sido difícil crecer, en que se ha pagado caro llegar a la adultez responsable" (*Tramas* 24).

Ese dificultoso tiempo de la generación de Millás coincide, como se explicó en la introducción, con la experiencia sociopolítica de la represión franquista y de la transición a la democracia, así como con el atropellado advenimiento en España del posmodernismo. Al decir de Jo Labanyi, "the current postmodern obsession with simulacra" compromete seriamente el curso de la historia española contemporánea porque desafía esa otra obsesión ahistórica por crear "a brash, young, cosmopolitan nation" a base de no confrontar el traumático pasado del país ("History" 65). Pues bien, efectivamente este simulacro autobiográfico de Millás *reconoce* la historia y el historial traumáticos de la sociedad española; *La soledad era esto* representa otro lugar de "memoria hospitalaria," otra *stanza* para los fantasmas nacionales y familiares, incluido el fantasma de la madre de Elena, que, como otras muchas mujeres de entonces, sufriría en carne propia el franquismo. Y sin embargo, este *reconocimiento* del trauma de la historia española contemporánea resulta profundamente desconcertante también.

Juan José Millás y Elena se conducen por sus *stanzas* con melancolía, indudablemente. Pero prefieren expresar o dar cuentas de esa melancolía con un sentido perverso del humor. La desconcertante experiencia de esa generación de posguerra, posdictatorial y posmoderna, a la luz del presente análisis, se transforma, más que en desencanto, en *dismothernism* o *desmadre*, en todos los sentidos de la expresión:[24] como invención desmesurada o excesiva, fuera de madre, separada como Elena del orden patriarcal y matrimonial, desbordante del sentido común y hasta de los patrones convencionales del género autobiográfico y del arquetipo de la melancolía. Y es en esta forma humorística de dar cuentas de su pérdida donde acecha, entre otras cosas, la resistencia o el "simpoder" —en términos de Fernando Savater (*La piedad* 21)— de los perdedores que, a partir de cierta edad, se saben o descubren perdedores.[25]

Si para Labanyi la obsesión posmoderna con los simulacros es resultado de la presencia espectral del pasado traumático de España, el desmadre o *dismothernism* de Millás parece apelar más a un proceso de crecimiento, de *transformación*, que a reproducción alguna del régimen presuntamente transitado. La ominosa potestad de Franco se traslucirá más en los modos de interpretación de la melancolía como "frustración" (Mainer, *De postguerra* 124), "tumor" o "quiste" (Vilarós, *El mono* 19), "herida" (Cristina Moreiras) o "pérdida de la posibilidad de emancipación" (Medina, *Exorcismos* 20) que en el supuesto desencanto de Millás y de otros escritores contemporáneos suyos.[26] *La soledad era esto* representa el desencanto al mismo tiempo que lo parodia; desmitifica la historia nacional y la biografía de Elena y, en este sentido, es una novela desencantada, al mismo tiempo que revela lo que en ese desencanto hay también de engaño y falsedad.

Indiscutiblemente, el acercamiento a los fantasmas en clave posfranquista proporciona un inestimable revisionismo historiográfico del pasado reciente de España (de esto dará cuenta el siguiente capítulo), pero a la vez —cabe advertir aquí— ese revisionismo puede conducir a replegarnos cada vez más en nosotros mismos hasta el punto de *leer melancólicamente*.[27] No por azar la crítica del desencanto está teñida por un inequívoco y, en ocasiones, apasionado autobiografismo: "Este trabajo —escribe por ejemplo Vilarós— es el inicio de comprender el fenómeno del desencanto durante la posdictadura española, y por lo tanto la vanguardia generacional de los nacidos entre 1950 y 1960." Y continúa: "[e]ste estudio del síndrome de retirada de ellos, de *los míos*, se dobla entonces, no sé con qué efectos, con un estudio más secreto, más indecible, que es el de mi propio síndrome de retirada con respecto de la escena que ahora ya sé que nunca volveré a recuperar" ("Los monos" 218). Naturalmente, la autorreferencialidad de Vilarós aquí, así como la de Ramón Buckley arriba, cuando se refería mayestáticamente a "*nuestra* Transición" (xi), son hasta cierto punto inevitables, en la medida en que los dos hispanistas vivieron también aquella experiencia histórica del desencanto y, por lo tanto, les resulta muy difícil no reconocerse en las obras que estudian. No obstante, bajo tal tendencia a leer los textos como espejos subyace, además, otra razón que apenas ha recibido atención, aun cuando esa razón se deriva también (como vamos a ver en la última sección de este capítulo teórico) del arquetipo de la melancolía.

El espejo y la lámpara

La antigua creencia de que los sentimientos son esencialmente viscosidades, "*humori vitiosi*" (Klibansky et al. 36), hoy parece haberse transformado en la metáfora que mejor representa la condición fetichista y *pegajosa* ("sticky"; Ahmed 11) que, al menos coloquialmente, atribuimos al exceso de sentimentalismo. En el caso específico de la melancolía, podemos acercarnos a ese sentimiento con el ánimo de analizarlo —incluso de tratarlo— y, paradójicamente, nuestro estudio termina contribuyendo a su perpetuación. Así, uno comienza alegremente a estudiar la acedia en "La noche oscura," de san Juan de la Cruz, y, si se descuida, deja también su "cuidado entre las azucenas olvidado"; es decir, pierde su distancia crítica mientras se embelesa con las cuitas propias. "Talking about depression —advierte Kristeva— will again lead us into the marshy land of Narcissus myth" (*Black Sun* 5). Y es que desde el moderno psicoanálisis hasta el antiguo tratamiento de la melancolía que ofrece, por ejemplo, ese mito, la reflexión sobre la melancolía fluctúa por un largo río de tinta que parece desembocar siempre en el replegamiento de la conciencia sobre sí misma, trasluciéndose así la sospecha de que, en el fondo, la bilis negra entraña un serio problema de *autorreferencialidad*, a saber: la melancolía nos remite repetidamente a nosotros mismos, y, cuanto más nos ensimismamos, más nos sumimos en ella.

Especialmente durante el tránsito al siglo XXI se ha producido en España una clara eclosión de la escritura autorreferencial. Bien sea en forma de autobiografías, como *Coto vedado* (1984), de Juan Goytisolo, o *Pretérito imperfecto* (1997), de Carlos Castilla del Pino; bien en forma de memorias y diarios, como los *Dietaris* (1979–80), de Pere Gimferrer, o el *Dietario voluble* (2008), de Enrique Vila-Matas; o bien en forma de autoficciones (Alberca), figuraciones del yo (Pozuelo Yvancos) o simulacros autobiográficos, como *La soledad era esto*, lo cierto es que los narradores españoles contemporáneos practican intensamente la escritura autorreferencial. Estos "síntomas de reprivatización de la literatura" (Mainer, *De postguerra* 154) han venido acompañados, además, por el ensimismamiento o replegamiento de las narraciones sobre sí mismas. En lo que Gonzalo Sobejano denominó "novelas ensimismadas" y Robert C. Spires —siguiendo la noción de "narcissistic narrative" de Linda Hutcheon— llamó a su vez "self-referential novels" (Hutcheon, *Narcissistic* 17), el modo de narrar que encontramos, por ejemplo, en *El cuarto de atrás*, de Carmen Martín Gaite (1978), o en *El desorden de tu nombre*, de Juan José Millás (1988), "is no longer directed exclusively or even primarily to the world of the story, but rather to the process of creating the story" (Spires, *Beyond* 16).[28]

A estas conocidas formas de ensimismamiento hay que añadirle el ensimismamiento de los propios estudiosos de la cultura y la literatura españolas del último cuarto del siglo XX. Es esta última forma de ensimismamamiento, de *narcisismo melancólico de la crítica*, lo que representa uno de los problemas que más resistencia ofrece a que dejemos de vivir en el régimen estético de Franco y del anti/franquismo, así hayan pasado cuarenta años desde su muerte. O dicho en otras palabras, las "especulaciones autoctonistas, nacionalistas," que Gutiérrez Girardot (22) denunció en la crítica hispánica del arte modernista, pueden aparecer nuevamente en la crítica de las artes posmodernistas a través ahora del ensimismamamiento de los estudiosos aquí llamados posfranquistas. En la medida en que el estudio de las letras españolas se transforma en un discurso autorreferencial, el problema del desencanto y la melancolía en el ámbito del hispanismo contemporáneo se replantea, ante todo, como un problema crítico; esto es, como un problema que concierne a la pregunta de cómo interpretamos en España la literatura y por qué la interpretamos como la interpretamos.

En lo que quisiera que fuera, además de una reflexión metacrítica, un ejercicio de auto-crítica, el análisis de *La soledad era esto* hasta aquí expuesto pretende contribuir a desenredar tal embelesamiento o *narcotización* que puede producir reflexionar sobre la melancolía. Como nota Tobin Siebers, "*Narkissos* belongs to the group of curious words surrounding the Greek verb *narkaô*... and evolves into our word 'narcotic'" (*The Mirror* 59). La reflexión sobre el desencanto puede entonces contagiarse de desencanto, con el consiguiente resultado, además —como advertía en la introducción al examinar las consecuencias de la melancolía de izquierdas—, de que nuestro concepto de la literatura está cada vez más restringido al realismo y el patetismo.

A leer los textos como espejos ha contribuido (mal que nos pese) el exceso de teorías psicoanalíticas aplicadas al estudio de las obras literarias. Conceptualmente, los trabajos arriba mencionados de Vilarós, Labanyi, Cristina Moreiras, Medina y Ferrán están armados a partir de nociones tomadas fundamentalmente del psicoanálisis: adicción, trauma, represión, duelo y melancolía. Lo mismo sucede con el criticismo cultural que trata las posdictaduras en América Latina (Avelar, Richard, Gundermann, Martín-Cabrera). En términos generales, esos críticos han realizado una extraordinaria labor descubriendo en los textos o films contemporáneos *síntomas* de problemáticas sociopolíticas. En el caso que aquí estamos tratando, escribe por ejemplo Cristina Moreiras: "Este auge del interés hacia la práctica y la teoría de la autobiografía en España está relacionado estrechamente con los cambios políticos y sociales que el país está viviendo en los últimos veinte años" ("Ficción" 328). Tal "critique of ideology critique," como ha resumido Rita Felski el estudio cultural de la literatura ("The Role" 32), ha encontrado uno de sus mejores representantes en el trabajo de Slavoj Žižek, con su singular mezcla de psicoanálisis y marxismo. Siguiendo las tesis del "último Lacan" (el que se ocupa de lo real y la *jouissance*), Žižek ha instaurado una suerte de *universalización del síntoma*: "Almost everything that is —escribe Žižek— becomes in a way symptom" (*The Sublime* 71). No solo la historia y sus narrativas, las crónicas periodísticas, los chascarrillos sociales, o los testimonios, memorias y documentales televisivos, sino también las ficciones, novelas, películas, poemas, obras de teatro, en resumidas cuentas, toda representación es, en última instancia, *symptom* —entendiendo Žižek por síntoma "the point of emergence of the truth about social relations" (*The Sublime* 26)—. A este acercamiento a la literatura lo llamaré, siguiendo la terminología de Beltrán Almería, un acercamiento "culturalista" (*¿Qué es la historia?* 13).

Pues bien, este acercamiento culturalista a las obras literarias ha contribuido —insisto— a crear una conciencia crítica con las ideologías. Pero, al mismo tiempo, ha tenido unos costos éticos para la literatura que, en el contexto al menos del hispanismo, apenas ahora estamos reconociendo. Como ha señalado Tim Dean: "Treating aesthetic as cultural symptoms... eradicates dimensions of alterity particular to art, making any encounter with the difficulty and strangeness of aesthetic experience seem beside the point" (23). Y a una conclusión similar acerca de la responsabilidad del crítico para con la singularidad de la literatura llega también Derek Attridge: "Responding responsibly to a work of art ... involves a judgment that is not simply ethical or aesthetic, and that does not attempt to pigeonhole it or place it on a scale of values, but that operates as an affirmation of the work's inventiveness" (128). Estas apostillas al estudio culturalista de la literatura están conduciendo a una revisión de los logros y limitaciones de los llamados *Cultural Studies*. La asignatura pendiente, parecen coincidir Beltrán Almería, Felski y Bérubé, consiste en preguntarse por el lugar que ocupa la imaginación en los acercamientos culturalistas a las artes.

La idea subyacente a las nociones de alegoría, ironía y alteridad, de que las cosas pueden ser siempre de otro modo, la encontramos ya en la voz *síntoma*. Etimológicamente, síntoma remite a *coincidencia*: "Accidente que cae con una enfermedad, del griego *sin* (con) y *piptein* (caer)" (*Diccionario etimológico de la lengua española*). Algo en la literatura producida en España durante los años de la transición coincide con la vida social del país durante esos mismos años. Pero, si toda coincidencia puede haber sucedido también de otro modo —una coincidencia es, por definición, también una casualidad—, entonces la cultura producida durante los años de la transición pudo también no coincidir con la vida de la sociedad española durante esos mismos años. Lo cual no quiere decir que no haya relación entre ambas cosas, o que no haya una intervención de la vida en la literatura y viceversa, sino que esa relación o intervención no es *causal* o, en términos kantianos, no obedece necesariamente a ningún propósito. "Fine art —escribe Kant— is a way of presenting that is purposive on its own and that furthers, even though without a purpose, the culture of our mental powers to [facilitate] social communication" (*Critique* 173).

En su crítica a los acercamientos psicoanalíticos a la literatura, Mijail Bajtín advirtió contra el "determinismo" implícito en esa forma de leer las obras literarias siempre como síntomas de lo reprimido (Vološinov y Bruss). El pensador ruso entendía la literatura como un ejercicio profundamente responsable, esto es, "creativo," además de mimético; de ahí la trascendencia que para la construcción del yo le dieron Bajtín y Valentín Voloshinov a la agencia de las palabras, concretamente a los discursos confesionales (Morson y Emerson 208–09). En su crítica al pensamiento de Žižek, Tim Dean ha repetido esta idea bajtiniana aún más claramente: "Aesthetic forms are never only an expression of ideological or cultural conflicts; and therefore it suggests that art cannot be fully determined by —or reducible to— its contextual matrix" (30). Según Beltrán Almería, la interpretación bajtiniana de las obras de arte nos remite en muchos sentidos a la tradición crítica del romanticismo (Novalis y F. Schlegel). Esta tradición reivindicó el arte como creación responsable y se opuso fuertemente al concepto orgánico o mimético de la obra artística (Beltrán Almería, *Estética y literatura* 53–57). Una interpretación igualmente romántica de la literatura recuperaría René Wellek en su distinción entre el concepto del arte como *documento* —lo que los estudios sociales llaman "artefacto cultural" — y como *monumento*. Distinción, por otra parte, que luego reformularía M. H. Abrams mediante las célebres metáforas del espejo y la lámpara: "One comparing the mind to a reflector of external objects, the other to a radiant projector which makes a contribution to the objects it perceives" (vi). Más recientemente, Rita Felski ha recuperado esta misma discusión argumentando que la "metáfora del síntoma" es la responsable de que la teoría crítica de los ochenta en adelante haya desprendido de las obras literarias su valor creativo, confinándolas con ello a síntomas o trasuntos de conflictos históricos: "Just as the hysterical patient is racked by symptoms whose meanings and causes she cannot comprehend, so the literary text is riven by absences and fissures that call up social conditions that govern their existence" (*Uses* 54).

Pues bien, entre ambas figuraciones críticas, así como entre los conceptos del arte que respetivamente simbolizan el espejo y la lámpara —la obra como síntoma o como creación, el arte realista o el romántico, la estética patética y la humorística—, el hispanismo contemporáneo parece identificarse más con interpretar las obras literarias, en el caso aquí en cuestión del periodo de la transición en adelante, como si fueran síntomas o espejos "of the truth about social relations" (Žižek, *The Sublime* 26). Las obras literarias escritas en España desde la década de los setenta sintomatizan, ocultan, enmascaran, remiten, *reflejan* siempre uno u otro problema social o político derivado del régimen del antifranquismo; es decir, de lo que la categoría del posfranquismo establece que es sensible o visible o representable. Por eso, la alegoría del duelo irresuelto por la muerte del padre es invocada como explicación holística del periodo de la transición, pues "after all, defines it as a period haunted by a spectral Francoist past" (Labanyi, "History" 69). La ficción producida en España durante las tres últimas décadas del siglo XX significaría, por lo tanto, un extensísimo *documento* o artefacto cultural de la historia política de la transición. Y si esa historia política, según estamos viendo, es para el criticismo culturalista una historia de profundo desencanto y depresión política, a los ojos de buena parte de los hispanistas la ficción española de los últimos cuarenta años se transformará en un *historial clínico* de la depresión experimentada por la sociedad española tras morirse el dictador. Esta "heurística edípica" (Egea, "El desencanto" 81) puede resultar reductora, no obstante, si tomamos en consideración la tradición crítica que, sobre todo desde el romanticismo, ha inspirado a numerosos estudiosos que siguen creyendo en la responsabilidad de la crítica para con la creación literaria. Desde el mismo campo de la medicina moderna, David Morris ha advertido contra la explicación del dolor que produce la depresión en términos exclusivamente *patológicos*. Esta reducción de los problemas a metáforas médicas, reconoce el doctor Morris, elude todo el singular conocimiento que proporcionan otros modos antiguos de tratar el dolor, como por ejemplo "la comedia de la aflicción" (98).

Al objeto de sobreponernos a este círculo vicioso, según el cual reflexionar sobre la melancolía nos remite necesariamente a nosotros mismos y, cuanto más nos ensimismamos, más nos sumimos en la melancolía, es preciso suplementar las lecturas psicoanalíticas de la melancolía con otros paradigmas interpretativos que comprendan también el gozo, la celebración de la aquí llamada depresión post-Franco, a más de su dolencia realmente traumática. En definitiva, paradigmas interpretativos que comprendan la melancolía como cultura también y, hasta cierto punto, como propone Bartra, que comprendan "la cultura *como* melancolía" (*Cultura y melancolía* 12). El paradigma crítico del posfranquismo debería considerar entonces, al mismo tiempo, la dimensión *seria* de la melancolía —la revelación de los agravios de la historia— y la *irónica*, aquella que nos hace tomar conciencia de que la melancolía y el trauma nos gustan tanto casi como nos disgustan, entre otras cosas, porque nos alivian de la responsabilidad que, como escribe Millás, "a partir de cierta edad tenemos de nuestro propio rostro." A caballo entre la propedéutica psicoanalítica y el hermetismo misticista, el análisis de *La soledad era esto* expuesto en este capítulo ha empezado a desafiar tanto la respetabilidad política del psicoanálisis como la implacable lógica de la historia política, y este doble desafío es algo que no debe ser ajeno a un ejercicio responsable de la crítica literaria.

A partir del sentido del humor que ha desplegado aquí Millás frente al sentimiento del duelo, el próximo capítulo analizará el régimen estético que gobierna otro sentimiento clave a tener en cuenta a la hora de esbozar una cartografía de las emociones en la España contemporánea; me refiero al horror, al *miedo* en exceso: otro sentimiento íntimamente vinculado a la cultura de la melancolía, pero, por las razones que aduzco ahora, mucho más susceptible y controvertido, si cabe, que la depresión. A través de algunos relatos fantásticos de otro escritor humorista, en esta ocasión de la escritora Cristina Fernández Cubas, el próximo capítulo reflexionará críticamente sobre el terror, el sentimiento que mayor crédito ha adquirido desde los años ochenta en adelante, conforme la visión de la historia como agravio ha ido suplementando el heroísmo mesiánico de las décadas previas.

Capítulo dos

Los fantasmas de la historia y el género del horror

¿Quién teme a Cristina Fernández Cubas?

> "*A mí todo eso me suena a Franco y su brazo incorrupto de Santa Teresa.*"
>
> —Barbara Probst Solomon,
> *El País*, 3 de diciembre de 2008

Que toda la cultura moderna española puede leerse como una descomunal historia de fantasmas, que es lo que sostiene Jo Labanyi en su introducción al volumen *Constructing Identity in Contemporary Spain* ("Engaging" 1), es algo que puede afirmarse también sobre cualquier cultura moderna, hispánica o no.[1] Así consta al menos en los numerosos estudios que, desde el origen de la literatura gótica en el siglo XVIII, han señalado la estrecha relación que mantiene ese género con la modernidad en buena parte de las culturas de Occidente.[2] Que desde 1980, aproximadamente, coincidiendo en España con la transición a la democracia, la novela gótica, el género del horror o la llamada literatura fantástica experimentan un despertar, incluso una "normalización" (Roas, *La realidad* 33), después de varias décadas de aparente letargo, es una cuestión aparte que sí reúne intereses específicamente peninsulares. A juzgar por los horribles traumas que experimentó la sociedad española durante la guerra y la dictadura, matiza en otro lugar la misma Labanyi, "el género más apropiado para narrar la nación no sería el romance sino la novela gótica," pues, según la politóloga Bonnie Honig (a quien remite la hispanista), "democracia significa convivir pacíficamente con el otro, incluso con esos otros que nos causan terror" (Labanyi, "Testimonies" 193).[3]

¿Qué relación mantienen ambas cosas, la restauración de la democracia en España desde los años ochenta en adelante y la normalización del género fantástico en ese mismo país y también a partir de esos mismos años? ¿Existe alguna conexión entre los estremecimientos que producen las historias de horror y la condición melancólica que acusan ciertos sectores del hispanismo con esa persistente inquietud por conjurar los fantasmas que rondan la España contemporánea? ¿Qué nos enseña realmente la literatura fantástica sobre "marxismo gótico," que es como acierta a denominar Margaret Cohen al materialismo histórico "fascinated with the irrational aspects of social process" (2)?

Con el objeto de responder a estas preguntas, anclaré mi argumentación, primero, en un *articuento* que publicó Juan José Millás acerca de la exhumación de una fosa común en Burgos y, después, en el análisis detallado de dos novelas cortas (*La noche de Jezabel* y *Los altillos de Brumal*) que publica, respectivamente en 1980 y 1983, Cristina Fernández Cubas: una autora unánimemente invocada por críticos y escritores como la resucitadora del cuento fantástico en España (Valls 6), así como "one of the key writers who expresses the exploration of identity in post-totalitarian Spain" (Jessica A. Folkart 15), y que, afín en su momento a la Gauche Divine, transforma las premisas teóricas del marxismo gótico en "verdaderas obras maestras del género fantástico" (Roas, *La realidad* 33).

Memoria y necromancia

Si en el pasado millares de personas desaparecieron violentamente en España, bien por la revolución y la guerra del 36, o bien por la consecuente represión de casi cuarenta años de dictadura militar, es de esperar que aquella violencia tarde o temprano retorne de manera sobrenatural; o sea: que los *desaparecidos* (los derrotados, los fusilados y los olvidados de la guerra y el franquismo) se reivindiquen luego, durante el proceso democrático, bajo figuras fantasmáticas o *apariciones*. Esto es, entre otras cosas, lo que hemos aprendido de las interpretaciones que la propia Labanyi, así como otros críticos contemporáneos (Mainer, *De postguerra*; Resina, *Disremembering*; Cristina Moreiras, *Cultura*; Ferrán; Moreno-Nuño; y Jerez-Farrán y Amago), han hecho, en el ámbito de la cultura y la literatura españolas, del concepto freudiano de represión, de la filosofía de la historia de Walter Benjamin y, más que ninguna otra cosa, de la noción de *hantologie* del Derrida de *Espectros de Marx* (1993). Muy consecuentemente con estos fundamentos teóricos, a tales interpretaciones de la espectralidad, en relación con la historia de la transición, se las ha agrupado bajo la noción de *posfranquismo*, pues "after all, defines it as a period haunted by a spectral Francoist past" (Labanyi, "History" 69).[4]

A la luz de este tratamiento posfranquista de la espectralidad, la cultura española del siglo XX, efectivamente, se dejaría leer en retrospectiva como una descomunal novela gótica. Y, tal y como indica Labanyi, las historias de fantasmas cumplirían un rol importante para la democracia, a saber: hospedar a los desaparecidos con el objeto de proporcionarles cierto reconocimiento y de ajustar las cuentas con sus represores ("History" 66–67). De esta noción marxista de la espectralidad han dado sobrada cuenta, de nuevo según los hispanistas mencionados, numerosas novelas y películas de los últimos cuarenta años. *Si te dicen que caí* (1973), *Un día volveré* (1982) y *Ronda del Guinardó* (1984), de Juan Marsé; *El pianista* (1985) y *Galíndez* (1991), de Manuel Vázquez Montalbán; *Luna de lobos* (1985) y *Escenas de cine mudo* (1994), de Julio Llamazares; *Beatus Ille* (1986) y *El jinete polaco* (1991), de Antonio Muñoz Molina; *La voz dormida* (2002), de Dulce Chacón, así como, en el ámbito del cine, *Canciones para después de una guerra* (1971) y *Caudillo* (1976), de Basilio Martín Patino; *Ana y los lobos* (1973), de Carlos Saura; *El espíritu de la colmena* (1973), de Víctor Erice; *Demonios en el jardín* (1982) y *La mitad del cielo* (1986), de Manuel Gutiérrez Aragón, e incluso *La comunidad*, dirigida por Álex de la Iglesia en el año 2000, serían algunos de los ejemplos sobre los que se sostiene en España el "materialismo histórico sensible a la dimensión mágica de las culturas del pasado," que es como Michael Löwy redefine el marxismo gótico (*Fire* 11).

Pocas de las novelas y películas referidas —si no ninguna, con excepción acaso de *El espíritu de la colmena*— pertenecen, no obstante, al género gótico propiamente; ni responden tampoco a lo que Noël Carroll llamaría *art-horror*: "A cross-art, cross-media genre whose existence is already recognized in ordinary language" (12). *Un día volveré*, *Luna de lobos*, *Beatus Ille* o *Galíndez* pueden afectar a sus lectores suscitándoles indignación, desconcierto o "nostalgia" (Resina, "Short of" 96), pero... ¿horror? Me temo que ninguna de esas obras produce, apropiadamente, lo que "in ordinary language" reconocemos como *horror*: "Muscular contractions, tension, shrinking, shuddering, tingling, paralysis, trembling, nausea..." (Carroll 24). Con lo que su pertenencia al género que invoca Labanyi como "the most appropriate for narrating the nation" ("Testimonies" 193) es de entrada discutible si, como insisten Carroll y otros especialistas del horror, la marca identitaria de este género artístico es "the capacity to raise a particular affect—specifically, that from which it takes its name" (Carroll 15).[5]

En el contexto de la cultura española contemporánea, las discusiones acerca de los fantasmas o la espectralidad vienen sosteniéndose sobre obras que, si bien recuperan algunos elementos del género del horror, son sobre todo novelas y largometrajes relacionados (o que la misma crítica acaba relacionando) con hechos y personajes estrictamente históricos, es decir, con una *dimensión realista* del pasado. Y no precisamente con aquella dimensión mágica a la que remiten el marxismo gótico y la imaginería popular, territorio —ese de la magia o la fantasía— tradicionalmente relegado al cuento y al cortometraje.[6] Incluso cuando en algunas de las novelas y los largometrajes referidos aparecen efectivamente fantasmas, hombres lobo, vampiros y otras criaturas fantásticas, lo hacen —según este paradigma crítico posfranquista— para invocar, contestar, referir o, en definitiva, sintomatizar el pasado traumático de España, en concreto —escribe Labanyi— "the victims of history and in particular subaltern groups" como son los milicianos, maquis, topos, independentistas vascos y otros perdedores de la historia, recuperados en sus novelas por Marsé, Muñoz Molina, Llamazares o Vázquez Montalbán (Labanyi, "Introduction: Engaging" 1).

Esta lectura de los fantasmas como síntoma o trasunto de uno u otro conflicto histórico se ha extendido incluso a las obras paradigmáticas del género fantástico. Tal y como concluye Antonio Gómez-López Quiñones en su crítica a una película —*El espinazo del diablo*, de Guillermo del Toro (2001)— que sí es claramente de horror: "En la misma base de la historia fantasmagótica reside la Guerra Civil y esta última, a pesar de ser un hecho estrictamente histórico, produce espectros" (*La guerra* 155). Y lo mismo observa Ernesto R. Acevedo-Muñoz de una película también de Guillermo del Toro, *El laberinto del fauno* (2006), así como de *Los otros* (2001), "that obliquely refers to Spain's recent traumatic past" (202), y otras películas de Alejandro Amenábar, como *Tesis* (1996) y *Abre los ojos* (1997): "Films like these —sostiene Acevedo-Muñoz— will find ways of retelling some episode or episodes of the national history, until we understand its real meanings" (216). Argumentos como estos han sido esgrimidos tanto con respecto al cine de horror como con respecto a la literatura fantástica. Así, de *El columpio* (1995), por ejemplo, y de otras narraciones de Cristina Fernández Cubas, Katarzyna Olga Beilin escribe que son denuncias de "un gobierno totalitario" (144). De manera igualmente consecuente con este paradigma crítico, Kathleen Glenn y Janet Pérez sostienen, acerca de esos mismos textos de Fernández Cubas, que son revisiones a contrapelo de la "official historiography of the Franco regime" (13).

Sin objetar estas interpretaciones de los fantasmas y del género del horror, quiero señalar sin embargo la siguiente paradoja. Según estos modos de análisis, las historias de fantasmas parecen transformarse en alegorías de la historia de España y, en contrapartida, la historia nacional adquiere la dimensión mágica (es decir, fantástica y todopoderosa) de las historias de fantasmas, pues, al tiempo que es invocada para explicarlo todo (incluidos los fenómenos sobrenaturales más inexplicables), la historia española de revolución, guerra, dictadura y transición es la que, en definitiva, sigue pidiendo cuentas inexorablemente, y resistiéndose además a todo tipo de explicaciones. Con esta permutación de las historias de fantasmas por los fantasmas de la historia, el marxismo gótico (recuperado de Benjamin en los noventa con el propósito de redimir a la cultura democrática de su traumática historia) parece haber conducido sin embargo, con el cambio al siglo XXI, a fortalecer todavía más dos lugares comunes de lo que, parafraseando al mismo Benjamin, llamé en la introducción la melancolía de izquierdas, a saber: (1) el concepto realista o testimonial de la literatura y (2) su instrumentación patética.

(1) Lo gótico, el género del horror y la literatura fantástica llevan camino de identificarse con un "realismo traumático" —tomando aquí prestada la expresión de Hal Foster— que, al objeto de restituir las quejas (*injunctions* diría Derrida) suscitadas por los desaparecidos de la guerra y la dictadura, insistiría en dejar *tocados* a sus lectores/espectadores repitiendo, una y otra vez, esos mismos traumas miméticamente (Foster 131). En efecto, como señala Labanyi, testimonios como *Los horrores de la guerra civil*, de José María Zavala (2003), responden cabalmente a tal realismo traumático. Ahora bien, esto no significa necesariamente que "the politics of feeling," que es como Labanyi define "the public

awareness," "insight" ("Testimonies" 204) o conciencia social que proporcionan testimonios como *Los años difíciles*, de Elordi, o *Hijos de la guerra*, de Reverte y Thomás, deba encontrarse también en la literatura fantástica; y que solo lo estrictamente histórico, o lo que ha sucedido realmente, resulte a fin de cuentas estremecedor. De entenderse así el género del horror, significaría coincidir con esa convención en algunos *reality shows* de estremecer a la audiencia garantizándole que los horrores relatados (por excesivos que sean) son reales. Este acercamiento traumático-realista a la espectralidad puede terminar reduciendo a documento, actualidad informativa o crónica nacional una noción de espectralidad que, según el mismo Derrida, debería ser a todos efectos "*fantastic and anachronistic through and through*" (*Specters* 140; cursivas suyas).

(2) El marxismo gótico, originalmente anclado en "la débil fuerza mesiánica" del pasado oculto (Benjamin, *Tesis* #2), lleva a su vez camino de convertirse en una suerte de *marxismo melodramático*.[7] En lugar de verdaderas contradicciones dialécticas, los melodramas proveen más bien "the indulgence of strong emotionalism" (Brooks, *The Melodramatic* 11). Así mismo critica Bruno Bosteels (*Marx* 51), siguiendo a Brooks, esa tendencia de ciertos sectores del posmarxismo a proporcionar unos parámetros morales fuertes después del traumático colapso del orden social que representaron, en el caso aquí en cuestión de la historia española, la guerra civil y la represión franquista. A esta visión melodramática de los fantasmas remite, por otra parte, la acusada trascendencia social, mediática y jurídica que dentro y fuera de la Península Ibérica ha adquirido la recuperación de las víctimas de las guerras y las dictaduras, confirmándose así las premoniciones de Benjamin y Derrida acerca de que las irreducibles quejas de los fantasmas pueden transformarse eventualmente en una u otra forma de apología: "We believe that this messianic remains an *ineffaceable* mark —a mark one neither can nor should efface— of Marx's legacy," subraya el autor de *Specters of Marx* (y podría suscribirlo también Benjamin). "Otherwise, justice risks being reduced once again to juridical, moral rules, norms, or representation" (*Specters* 33–34).

Por iniciativa popular, primero, y, después de no pocos obstáculos, también por resolución legislativa —con la promulgación en el 2007 de la Ley de Memoria Histórica—, voluntarios guiados por expertos forenses, antropólogos, activistas y simpatizantes comenzaron a excavar fosas comunes esparcidas por toda la Península Ibérica con el propósito de identificar los cuerpos *desaparecidos* desde el 36. Además, especialistas de diversa índole se han sumado también con sus investigaciones a desenterrar todavía más ese pasado bélico y reprimido. De modo que en el 2010, cuando se publica un volumen con una impresionante nómina de colaboradores agrupados bajo el significativo título *Unearthing Franco's Legacy* (Jerez-Farrán y Amago) —y más aún para el 2012 y 2013, cuando aparecen *The Spanish Holocaust*, de Paul Preston, y *Franco's Crypt*, de Jeremy Treglown— conjurar los espectros del pasado ha devenido en un espectacular *movimiento necromántico*. Así quisiera denominar a la honorable recuperación de los muertos en la guerra y el franquismo (*necromancia* significa literalmente "despertar de los muertos") a la que, con todas las de la ley, se están adscribiendo multitud de seguidores. Como ningún otro asunto en la cultura española contemporánea, escriben los editores de *Unearthing Franco's Legacy*, "the ongoing resolution to come to grips with Spain's national past has generated much interest among historians and journalists, politicians and political scientists, writers and film producers, church representatives and ethicists" (Jerez-Farrán y Amago 4). Además de honorable, porque todo ser humano tiene naturalmente el derecho a enterrar y velar a sus muertos, este movimiento necromántico es, insisto, políticamente necesario en la medida en que permite "to make [the national past] the object of a moral, collective commemoration" (Loureiro, "Inconsolable Memory" 101). Sin embargo, pretendo argumentar a continuación, este no tiene que ser el único (ni el más importante) punto de partida para abordar la cuestión de los fantasmas y del sentimiento de miedo en exceso. O dicho en otras palabras, el género del horror no se agota necesariamente ni en el melodrama ni en el realismo traumático.

La poética del estremecimiento

A revolucionar los fantasmas de la historia, a volver contra sí dicho movimiento necromántico o a llevarlo hasta sus últimas consecuencias llegó en el 2011 un *articuento* de Juan José Millás que, con ocasión de la fotografía en la figura 2 de la exhumación de una fosa común en Burgos, titulaba "Se lee como una novela":

Fig. 2. Una fosa común en Burgos. Publicado en "Se lee como una novela," de Juan Millás García, *El País,* 23 octubre 2011. Fotografía por cortesía del fotógrafo, Óscar Rodríguez. Reproducido con permiso.

¿Qué significa aquí esta invitación a leer tales *revenants* estrictamente históricos como si fueran personajes de novela? ¿Qué si leyéramos o acogiéramos la historia traumática española como si fuera, más que un testimonio, una novela? Es decir, ¿qué si nos acercáramos ahora al horror, no solo por la "política del sentimiento," o por el "insight," el "public awareness" o la concientización que proporcionan (Labanyi, "Testimonies" 204), sino también por lo que Edgar Allan Poe denominó el "efecto poético" o poética del estremecimiento?

"Como si fuera un renglón larguísimo de un volumen de historia descomunal," escribe Millás en su *articuento,* los esqueletos engarzados entre sí dentro de esa fosa común de más de 30 metros de largo "han adquirido la dignidad de una escritura creativa." A los ojos de Millás, el "renglón" de la fotografía se deja leer efectivamente como "potentísimo texto de denuncia," como testimonio irrefutable de la pasada represión militar y, en definitiva, según diría aquí Labanyi siguiendo a los autores de *Memory and Modernity* (Rowe y Schelling, 1991), como inequívoca restitución de las "traumáticas borraduras de la memoria" ("History" 67). A los ojos de este singular humorista, no obstante, la fotografía parece entrañar para Millás, además, cierto "enchantment," en términos aquí de Rita Felski: "A sense of being so entirely caught up in an aesthetic object that nothing else seems to matter" (*Uses* 54). O puesto en otras palabras, todo ese rosario de huesos no solo está dotado, como escribe Millás, de una "fuerza mortal" (moral o simbólicamente hablando), sino que su visión produce también fascinación, da lugar a cierta complacencia deletérea: "Un texto sin puntos ni comas —sigue el mismo Millás—, sin pausas, sin cesuras, una especie de flujo de conciencia, de discurso mental que conviene leer de corrido"; *de un tirón*, exactamente como Poe decía que había que leer cada uno de sus cuentos de horror para que preservaran el efecto poético del estremecimiento (Poe, *Philosophy of Composition* 10).

Entre la fascinación y la angustia, la complacencia y la sospecha, la seducción y la renuencia, la exhumación de las fosas comunes, tal y como aquí la cuenta y documenta Millás, nos remite a la categoría acaso más invocada por prácticamente todos los estudios que se han acercado al horror, desde la tradición confesional a la psicoanalítica moderna pasando por el propio criticismo posfranquista. Me refiero a la noción estética que analizamos en *La soledad era esto* de Millás, lo siniestro o la extrañeza, y, con ello, a la desconcertante sensación de que estos fantasmas o *revenants* de la guerra civil nos repelen casi tanto como nos atraen, nos angustian casi tanto como nos fascinan. De hecho, queremos leer de un tirón esa fosa/renglón en que los desaparecidos están inscriptos, acaso para salir lo antes posible del desasosiego que produce; queremos llegar a su término, y que se repare así lo que haya que reparar o restituir o ajusticiar de semejante historia en verdad traumática. Y al mismo tiempo, sin embargo, queremos volverlo a leer una y otra vez repetidamente, como si ninguna de las lecturas previas lograra reparar del todo nada, ni por lo tanto sacarnos completamente de nuestro primer acceso de horror. O como si, en el fondo, quisiéramos ser *afectados* por su lectura o hubiera algo dentro de la fosa que nos gustara. En esto consiste, a juzgar por este *articuento* de Millás indiscutiblemente gótico, la poética del estremecimiento: en *poner al lector en la insoportable paradoja de estar moviéndose extrañamente en busca de reposo*.[8]

Esta inquietud, este no poderse estar quieto, este estar (y no estar) *on the edge of your seat*, todo este desasosiego es la esencia de un género, que, como ningún otro, expresa la complejidad de la existencia moderna: la complejidad —coinciden destacados estudiosos de lo gótico— del sentimiento de la melancolía (Bayer-Berenbaum 12).⁹ "As the necromantic art of bringing the dead back —escribe Christine Berthin, haciéndose eco de las teorías clínicas de Abraham y Torok—, the Gothic must be read as the literature of melancholy" (58). Lo que mueve entonces a los fans del horror a acercarse a este género, a enfrentarse a los fantasmas, y lo que promueven a su vez las novelas de horror no es solamente "a politics of feeling," como sostiene Labanyi, o adquirir un conocimiento que restituya o alegorice los traumas pasados ("Testimonies" 204).¹⁰ "Gothic texts —insiste Berthin— are not interested in exorcising the ghosts they harbor, even if they explain them away at the end of the narratives" (58). El género del horror está interesado en llevar hasta sus últimas consecuencias la poética del estremecimiento, la poética que nos pone en movimiento paradójicamente en busca de reposo. A este acercamiento al horror (en función del "efecto poético" que decía Poe) apunta también Matt Hills al sostener que lo que mueve a los lectores y espectadores a acercarse al horror es cierto "desire to be *affected*, that is, to have their mood temporarily altered by the action of an aesthetic artefact such as a horror narrative" (21; cursiva suya); y lo mismo Linda Williams cuando identifica el género del horror como *fear-jerker* (cit. en Cherry 46).

Sin objetar un tratamiento cognitivo del horror ("potentísimo texto de denuncia," escribía Millás sobre el renglón-fosa), el *articuento* aquí en cuestión parece recuperar el horror de las fosas comunes, no obstante, por su efecto poético también. Desde este otro acercamiento al horror, los lectores de Millás no solo descubrimos en su singular novela gótica un modo de realizar un trabajo de duelo para sobreponernos a lo que venimos llamando depresión post-Franco, sino también, y sobre todo, un modo de reproducir, inagotablemente, la "dialéctica erotética de misterio y esclarecimiento" sobre la que se sostiene, según Carroll (137), esta y todas las obras artísticas de horror. Y es que al mismo tiempo que coincidimos los lectores con Millás en denunciar los cuerpos de esos desaparecidos en Burgos, también, en el interior, en lo más secreto e íntimo, o *en el fondo* de nosotros mismos, nos complacemos melancólicamente con el vencimiento, la mortalidad, la putrefacción…; en suma, con la *desaparición* de esos mismos cuerpos, y de manera morbosa y porfiada además, es decir, sin ánimo alguno de retirar nuestra mirada de la foto a ser posible nunca:

"Una vez desaparecidos los músculos, la piel, las vísceras, todo eso que para abreviar denominamos carne —confiesa Millás—, los esqueletos han adquirido la dignidad de una escritura creativa." Y sigue luego el texto describiendo con todo lujo de detalles el "curioso alfabeto óseo" a que dieron lugar los esqueletos, el "corsé ortopédico de un anciano al que los verdugos mearon en la cara mientras agonizaba," el "crucifijo de un cura al que asesinaron por rojo," las "balas en el interior de cada cráneo," etc.

En este orden de cosas, leer historias de fantasmas por el *estremecimiento* que producen nos hace caer en la cuenta de una contradicción ideológica que no debería pasar desapercibida a ningún acercamiento crítico al debate de la espectralidad en la cultura española contemporánea. Pues si bien es cierto que reivindicar a través del género fantástico los cuerpos de los desaparecidos es santo y seña de una pulsión política subversiva, así como condición indispensable para la democratización del país más allá de sus viejos fantasmas nacionales, no es menos cierto tampoco que dicha *complacencia en lo mortal de la carne* remite también a otra "pulsión necrófila" que, al decir de Rafael Núñez Florencio (*El peso* 270), está profundamente enquistada en los sectores más reaccionarios de la sociedad española. Me refiero a la "estética feísta, de miseria y decrepitud [...] de solazamiento en los aspectos más sombríos del ser humano," recuperada precisamente durante la transición por el libro *Rescoldos de la España negra*, de Daniel Sueiro (1983) (Núñez Florencio, *El peso* 277).[11] Tal contradicción ideológica al menos parece tener en cuenta la historiadora norteamericana Barbara Probst Solomon, judía y testigo en el juicio contra el nazi Klaus Barbie, cuando replica a la legítima iniciativa de desenterrar en España las fosas comunes y rehabilitar a los desaparecidos de la historia con el siguiente sarcasmo: "A mí todo eso me suena a Franco y su brazo incorrupto de Santa Teresa." Esta contradicción parece expresar también Millás en su *articuento* cuando transforma la melancolía, o la predecible aflicción del ánimo que producen episodios tan traumáticos como el representado por la fosa de Burgos, en *humor negro*. Y no solo por la risa sardónica que suscita en Solomon la recuperación de los restos de los desaparecidos, cuando, aparte de los adeptos a dicho movimiento necromántico, quienes preservan ese tipo de hábitos en España son también los devotos. Sobre todo, este críptico *articuento* de Millás segrega humor negro en exceso porque, como hacía en *La soledad era esto* con la muerte de su madre, este narrador opta aquí también por el humorismo para dar cuenta de los horrores del pasado: "A algunos los fusilaban al pie mismo de la sepultura, para que llegaran a ella caminando, un modo de ahorrar costes," sienta la pauta humorística de todo el *articuento* la primera frase del texto, "economía de guerra que se dice."

¿Qué nos enseña en cuestión de desaparecidos y apariciones este otro acercamiento al horror en función no solo del conocimiento sino también de su efecto poético? ¿Qué nos enseña esta risa sardónica de Millás y Solomon sobre lo que son o lo que quieren o significan en España los fantasmas? ¿Qué cuenta concretamente la literatura fantástica española a efectos de esta discusión que vengo exponiendo sobre la memoria histórica, los fantasmas y la depresión post-Franco? ¿Y qué otras criaturas siguen suscitando horror en el ámbito español contemporáneo, además de esas "víctimas subalternas del franquismo" sobre las que viene ocupándose el paradigma crítico posfranquista?

Con el propósito de responder a estas preguntas, me enfocaré en analizar ahora varios relatos de Cristina Fernández Cubas, aunque me detendré con especial atención en *La noche de Jezabel*, la novela corta que cierra uno de sus libros más conocidos, *Los altillos de Brumal* (1983). A mi modo de leerla, *La noche de Jezabel* funciona como un compendio de toda la poética del estremecimiento que esta maestra del género del horror ha cultivado durante un periodo específico de su carrera, el que abarca desde el principio de los ochenta, con textos como el mencionado o *Mi hermana Elba* (1980), hasta mediados de los noventa, con *El ángulo del horror* (1990), *Con Ágata en Estambul* (1994) y *El columpio* (1995). Dos hipótesis guiarán mi argumentación. Primero, que la cuentística de Fernández Cubas intercede en la ecuación entre la literatura fantástica y el marxismo gótico llevando hasta sus últimas consecuencias ese tercer componente que empezó a desplegar Millás en su *articuento* y, según nuestro recorrido, también en *La soledad era esto*: el humorismo. Y segundo, que para comprender en toda su complejidad el humorismo de Fernández Cubas es preciso considerar, además de los esfuerzos por recuperar los desaparecidos de la guerra y del franquismo, los no menos desaparecidos esfuerzos que hizo el *noucentista* Eugeni D'Ors, así como muchos creadores modernistas, para sobreponerse al espíritu finisecular de su propio tiempo, especialmente a la abulia que desde finales del siglo XIX había dejado la más española quizás de las generaciones: la de los llamados noventayochistas.

¿Quién teme a Cristina Fernández Cubas?

Seis personajes se reúnen en una casa de campo a "contar historias de duendes y aparecidos" para sobreponerse al aburrimiento que les depara en la ciudad de Barcelona el final del verano (148).[12] El argumento de partida de *La noche de Jezabel* recupera la convención probablemente más recurrente en la tradición cuentística. Esa reunión remite, por un lado, al marco clásico de libros como *Boccaccio* o *Las mil y una noches*, donde contar cuentos permite evitar la muerte de una u otra manera (la muerte de Sherezade o la muerte que trae la plaga que azota la ciudad de Boccaccio). Por el otro lado, y de manera más explícita, la reunión que enmarca *La noche de Jezabel* remite también al célebre torneo de historias de horror al que asistieron Lord Byron, Percy Shelley, John Polidori y Mary Shelley, y del que surgió como indiscutible ganadora el *Frankenstein* de esta última escritora. *La noche de Jezabel* comienza entonces con una convención tan flagrante entre los fans del género que, de alguna manera, pone en cuestión la seriedad con que debería recibir el lector de esta novela los cuentos de horror que van a narrar los asistentes a la velada.

La velada ha sido idea de Jezabel (de ahí el título), quien, al tiempo de organizarla, anuncia que para esa noche de cuentos "a lo mejor tendrá que cargar con [su] prima" (148). La noche en cuestión cae un aguacero y todos los invitados deben cobijarse alborotadamente dentro de la casa de campo sin apenas tiempo para presentaciones. A los lectores, sin embargo, la anfitriona de la casa (que no es Jezabel sino la narradora de *La noche de Jezabel*) sí nos presenta a sus huéspedes conforme va encontrándoselos por diferentes lugares de la casa. Conocemos entonces a su amigo el doctor Arganza, quien además ha invitado a un vecino, llamado Mortimer. Reconocemos entre los asistentes a Jezabel, y, en un par de apartes también, la anfitriona se topa con "un demacrado joven" que resulta ser amigo de Jezabel y con "una mujer menudita y rechoncha" (150) que, desde que se le presenta a la narradora con el nombre de Laura, asume que es la susodicha prima que Jezabel había quedado en invitar a la noche de cuentos.

En el transcurso de *La noche de Jezabel*, cada uno de estos invitados echa su cuento mientras la narradora comparte con los lectores algunos comentarios sobre el discurrir en general del encuentro. El primer cuento lo relata el doctor Arganza y sienta un claro precedente sobre cómo va a recibir o interpretar esta audiencia las historias de fantasmas. Arganza cuenta el "extraño caso" (147) que le sucedió cuando hizo su residencia para licenciarse de medicina en una apartada zona rural. Al parecer, tras testificar dentro de un cobertizo la inequívoca muerte por suicidio de un joven, Arganza hubo de rectificar inexplicablemente su parte médico porque, durante una ausencia suya y de los guardias que custodiaban el cuerpo, el difunto desapareció del cobertizo para volver a aparecer después, muerto igualmente por su propia mano, pero esta vez frente a la casa de la mujer del alcalde. En esta ocasión, además, el doble suicida apareció elegantemente acicalado y vestido con una americana impecable. Como era de esperar en la España nacionalcatólica de aquellos años (Arganza no especifica fecha alguna, pero puede calcularse en torno a la década de los cincuenta o, a más tardar, los sesenta), al suicida lo enterraron fuera del camposanto: "Junto a los restos —añade entonces Arganza— de un maestro librepensador, un miembro del maquis y un presunto hijo del rector, a quien la memoria colectiva atribuía un ateísmo irreversible y militante" (145).

Lo que empieza como la historia en verdad *maravillosa* de un fantasma ("el extraño caso del cadáver que se acicala y perfuma más allá de la muerte"), el doctor Arganza pronto lo transforma, como dice la narradora, en un "simple, común y cotidiano drama rural" (147). Y es que, según descubre después todo el pueblo y explica a su vez este doctor a su audiencia, lo que movió al joven suicida a incurrir en ese desaforado comportamiento a la hora de darse muerte fueron las repetidas ocasiones en que la mujer del alcalde lo había seducido y rechazado en vida. Varios pormenores de la trama demuestran cómo esta mujer va adquiriendo crédito a la hora de explicar lo extraño de todo el caso, hasta el extremo de que el pueblo la identifica con "la loca fantasía [...] de una mujer envuelta en una capa negra" que, al objeto de ahuyentar los remordimientos que siente por haber conducido a su amante a tan extrema determinación, merodea todas las noches el cementerio. Al final, se lamenta Arganza, la mujer del alcalde es expulsada del pueblo por "bíblica adúltera," "castiza malcasada" y "perversa devoradora de hombres." Y en su lugar, el alma del desdichado suicida es velada por todo el pueblo con varias misas en "el Dulce Nombre de Jesús" (146), pese a haber confinado antes su cuerpo fuera del camposanto junto al maquis, el republicano y el hijo ateo del rector.

Que estos cuatro personajes aparezcan en el cuento de Arganza de tal manera relacionados no es del todo arbitrario. O, cuando menos, nos enseña algo importante aquí a la hora de discutir cómo recibimos las historias fantásticas en el ámbito español contemporáneo. Y es que la misma desconfianza que acusa el doctor Arganza contra el suicida *revenant* cuando, siguiendo las pesquisas de los aldeanos, interpreta su increíble historia como "un simple, común y cotidiano melodrama rural," parece asimismo desprenderse de los modos en que la crítica cultural está interpretando esos otros espectros que rondan la cultura española contemporánea (de los cuales, a juzgar por las novelas invocadas por la crítica posfranquista, los tres compañeros de destierro del suicida —el maquis, el republicano y el ateo— son casos paradigmáticos). Ambas interpretaciones, la de Arganza y la de la crítica posfranquista, dan cuenta de las apariciones fantasmáticas arrinconando en favor de un simple melodrama de odio y venganza, o —salvando las distancias— en favor de una no tan simple revisión a contrapelo de la historia oficial del franquismo, lo que en principio es, a todos los efectos, un fenómeno maravilloso o, sencillamente, inexplicable: un cadáver que se acicala y perfuma más allá de la muerte en un caso y, en el otro, unos muertos que décadas después de haber sido desaparecidos de forma violenta reaparecen sobrenaturalmente. Bien sea en el nombre de Jesús y del nacionalcatolicismo de los años cincuenta, o bien en el nombre de los preceptos del materialismo histórico que invoca la crítica cultural de los noventa, lo cierto es que, en ambas explicaciones de la espectralidad, lo que termina arrinconándose, olvidándose y, en última instancia, desapareciendo por completo de la discusión es la *dimensión mágica* de las historias; o, por citar nuevamente a Arganza, la "loca fantasía" que, en los tiempos modernos, representa toda aparición sobrenatural.

El melodrama no es, sin embargo, el único modo que la audiencia encuentra de resolver los misterios de las narraciones fantásticas con una u otra explicación que ponga las cosas en su sitio. El resto de las historias de aparecidos contadas durante

La noche de Jezabel también suscita entre los invitados la misma desconfianza contra la magia, la fantasía o la imaginación que ha planteado el relato de Arganza. Tachado por uno de los huéspedes de "obsoleto" y, de manera condescendiente también, como invención que "no nos sirve de nada," la historia de aparecidos que narra a continuación el personaje de Mortimer es acogida por todos como una ridícula parodia de los cuentos fantásticos ingleses. Mortimer cuenta cómo su abuela le había enseñado a diferenciar quién es fantasma de quién no para sobrellevar así mejor las apariciones que tienen lugar en su condado natal como consecuencia del ajusticiamiento de un noble en el siglo XVII. El personaje de Jezabel, por otra parte, transforma *El retrato oval* —ese cuento de Poe sobre una mujer que muere aparentemente sin razón alguna justo después de que su marido termina de retratarla— en una anécdota que sucedió realmente en el seno de su propia familia: "No es tan espectacular como un cuento de vampiros o brujos," —explica Jezabel aplicándose el cuento de Poe—, "pero es un hecho real" (153). Y, por su parte, también el personaje que la narradora nos había presentado como un "joven mortecino" desconfía de la existencia de fantasmas, arrinconando ahora todas esas locas fantasías que narran sus compañeros sobre aparecidos en favor de los avances de la tecnología: "No necesitamos del más allá para que se manifieste lo fantástico —argumenta el joven cuando todos parecen percibir extrañas presencias en la casa que los está acogiendo—, los avances de nuestra época (la electricidad, las telecomunicaciones…) constituyen un canal idóneo para que fuerzas ocultas e innombrables hagan, a través de él, acto de presencia" (160).

En todos los cuentos relatados hasta ahora en *La noche de Jezabel*, la dimensión mágica de las historias de fantasmas se reduce o incluso desaparece, transformándose bien en un melodrama rural, bien en una obsoleta superchería típica de un remoto condado inglés, bien en un testimonio personal, o bien en *phantasmagoria*, según entiende Terry Castle esta noción: como explicación de la existencia de lo sobrenatural por los avances tecnológicos que vienen produciéndose desde la Ilustración, como la linterna mágica, el termómetro femenino, los autómatas, etc. (42). En resumidas cuentas, como concluye Matt Hills su explicación de lo que denomina "tratamientos cognitivos" del horror, en todas y en cada una de las historias de duendes y aparecidos contadas hasta ahora en esta novela corta de Fernández Cubas, "[h]orror's pleasures have thus been cut to a pre-given theoretical agenda" (24).

Al cabo de la noche, sin embargo, tanto los personajes como los lectores de *La noche de Jezabel* presenciamos una última aparición para la cual no cabe explicación alguna, o bien todas las explicaciones o interpretaciones posibles resultan insatisfactorias. Así, cuando le toca el turno de echar su cuento al personaje de Laura, que durante toda la noche se ha carcajeado con las historias de los concurrentes, esta mujer ha desaparecido. Jezabel pregunta entonces a la anfitriona-narradora por su relación con Laura. La anfitriona de la velada reacciona estupefacta porque pensaba que Laura era la prima que Jezabel había quedado en traer desde que organizó la velada. Pero Jezabel le responde que a su prima la dejó con gripe en casa y que, durante toda la noche, se había preguntado además cómo había podido alguien invitar a tan "terrible mujer." Ante esta otra aparición, la audiencia queda naturalmente horrorizada. "Ninguno de los asistentes —incluyéndose la propia anfitriona— había tomado la palabra para justificar la presencia" de Laura, concluye la narradora de *La noche de Jezabel* (162). Y cuando, en un nuevo intento de esclarecer la aparición y desaparición de Laura, todos se ponen a buscarla, "la pertinaz y festiva reidora" —como la llama la narradora (162)— ha abandonado la casa dejando sobre el suelo escrito su agradecimiento por tan magnífica noche: "NUNCA LA OLVIDARÉ," leen boquiabiertos todos los invitados y, acto seguido, el mensaje se borra quedando únicamente escrita en el quicio de la puerta la palabra "NUNCA," mientras se escucha el aleteo de un pájaro que se pierde en la lontananza.

Desde que se reunieron a contarse historias de duendes y aparecidos, los personajes de *La noche de Jezabel* se distrajeron temblando, moviéndose continuamente en busca de reposo o de un insostenible justo medio entre la emoción (o el acceso de horror que experimentan con los cuentos) y el aburrimiento que acusan por otra parte al terminar el verano. En un claro guiño intertextual al célebre *Nevermore* de Poe, la aparición y desaparición de Laura vuelve a poner en funcionamiento la poética del estremecimiento sobre la que teorizaba el maestro norteamericano del horror. Sin embargo, en esta ocasión, el horror, el sobresalto, la crispación, en suma..., el *estremecimiento* que la reidora Laura produce en la audiencia no encuentra reposo alguno. Por más que los personajes vuelven tras sus respectivos pasos, y volvemos también los lectores a leer una y otra vez todo el relato con el propósito o la esperanza de encontrar una evidencia, una razón, una causa o justificación en el pasado, un *a priori* —una historia de odio y venganza, un ajusticiamiento, un efecto especial propio de los avances tecnológicos, *algo*, en definitiva, que explique la aparición de Laura— ninguna de esas vueltas atrás logra resolver ni ajustar ni reparar ni explicar ni restituir las cosas a como estaban antes. La narradora, justo al término de todo su relato, llega incluso a desear convencerse de que nada de lo relatado esa noche ha sucedido en realidad. Con la aparición de Laura, la poética del estremecimiento se lleva en *La noche de Jezabel* hasta su agotamiento y, por consiguiente, el movimiento en busca de reposo que rige tal poética resulta de alguna manera insostenible. Por más que intentamos *hacer memoria*, y recordar o reconocer *qué* nos perdimos de la historia, no hay forma humana sin embargo de conocerlo, ni de saber siquiera si es que algo se nos pasó o se nos perdió realmente.

Como ninguna otra aparición relatada en el cuento, este fantasma de Laura alegoriza aquel sentido moderno de la melancolía que, según decían Bayer-Berenbaum y Berthin, lograba expresar el género del horror. Ahora bien, como pasaba arriba con el estremecimiento que la exhumación de fosas comunes produce en Millás, con este otro estremecimiento que produce el fantasma de Laura también vuelven a confundirse la risa de Demócrito y el llanto de Heráclito, la carcajada y el horror, el humor y la aflicción. En lugar de una identificación melancólica del superego con la pérdida, la audiencia de *La noche de Jezabel* experimenta "the maturity that comes from learning that your super-ego is your *amigo*," que es como Critchley resume el autodistanciamiento que proporciona el humor negro (85). Como sucedía además con *La soledad era esto*, *La noche de Jezabel* conduce también a lo que Paul de Man denomina una *ironía absoluta:* "Una reflexión sobre la locura desde dentro de la locura misma" (239).

Acudir a una casa a contarse historias de aparecidos y que, al final del encuentro, una de las invitadas esté en verdad desaparecida, antes que nada suscita risa. Así, con las nociones de "pura risa" y "risa absoluta," Samuel Beckett identifica el sentido del humor que se ríe de las pérdidas y que, más que identificar al sujeto melancólicamente con el pasado, le induce distancia con respecto al concepto que tenía de sí mismo (cit. en Critchley 84).[13] Pero el fantasma de Laura no solo se ríe del cuento de Arganza y de su forma de arrinconar lo inexplicable en favor de un melodrama rural. Además, esta "reidora," que según insiste en comunicarnos la narradora es una mujer menuda y rechoncha y desde luego poco dada a la tristeza, se carcajea también con las instrucciones que da Mortimer para identificar a los fantasmas por su "palidez" y su "infinita tristeza" (157). Y lo que es más, Laura se ríe también con los razonamientos del "joven demacrado" acerca de que, habiendo hoy tantos avances tecnológicos, el más allá no necesita de lo maravilloso para manifestarse. Que Laura no se ría con el cuento de Jezabel, por otra parte, es otra ironía más acerca de la complicidad que esconde el fantasma de Laura con los fantasmas de Poe. En el caso de este personaje de Fernández Cubas, podría concluirse coincidiendo con lo que escribe Tobin Siebers también acerca del autor de *Ligeia*: "The laughter of [their] characters, in true Romantic style, expresses the most profound anxiety about the individual's situation in the world" (*The Romantic* 86).

Esta relación tan estrecha entre el humor y el horror la encontramos en los orígenes rotundamente modernos del género fantástico. Otro contemporáneo de Poe, Nathaniel Hawthorne, dijo que los artistas no pueden imaginar un modo más temiblemente apropiado para expresar el horror que la risa; y lo mismo apunta Baudelaire cuando observa que el espectador del Théâtre des Variétés entra en el maravilloso mundo del horror, precisamente, cuando estalla en carcajadas al ver al decapitado ponerse nuevamente sobre los hombros su propia cabeza (cit. en Siebers, *The Romantic* 78). Como veíamos en *La soledad era esto*, también este modo gótico de alegorizar la melancolía —en el caso de Fernández Cubas, la alegoría del fantasma— permite expresar los agravios de la historia al mismo tiempo que revelar lo que en tales desmitificaciones góticas de la historia puede haber de engaño y apariencia. O dicho en otras palabras, la alegoría de la historia moderna de España como una novela gótica es en el fondo una alegoría irónica. Frente a las interpretaciones serias del género del horror —interpretaciones "cognitivas" diría Hills—, *La noche de Jezabel* parece entonces advertirnos contra el riesgo de leer melancólicamente y de transformar en melodrama y testimonio un género de ficción que, según vemos aquí, puede ser tan terrorífico como humorístico.

España es un país con una cultura tradicionalmente realista, así lo han señalado hispanistas desde diferentes áreas y periodos de estudio (Roas, *La realidad* 12 y ss.). Esta tradición realista ofrece especial resistencia a acoger géneros literarios que, como el del horror, hacen de la fantasía su principal razón de ser. Cuando en el siglo XIX aparecieron los cuentos fantásticos de Hoffmann, por ejemplo, en España fueron recibidos como "afectaciones insoportables" (Fernán Caballero, cit. en Romero Tobar 223). Siguiendo las investigaciones de Javier Gómez-Montero sobre las historias maravillosas de los Siglos de Oro, Leonardo Romero Tobar descubrió que el tratamiento moderno y humorístico del horror pudo abrirse camino entre el constreñido ámbito realista de la España decimonónica gracias a la religión. En un país tan fanático como ese, los cuentos fantásticos procedentes del Romanticismo alemán encontraron su correlato hispánico en las leyendas religiosas (de Zorrilla o Bécquer) y, en general, en "la recuperación poética de lo *maravilloso cristiano*" (Romero Tobar 225).

Aunque la literatura fantástica experimenta en España a partir de 1980 un proceso de "normalización" (Roas, *La realidad* 33), el género del horror sigue presentando hasta el día de hoy problemas de recepción dentro del hispanismo. Como indicaba arriba, las historias de fantasmas tienden a confundirse ahora con los fantasmas de la historia, es decir, con los muertos de la guerra y la dictadura pasadas. A tenor de los análisis histórico-materialistas de los cuentos de horror, la alegoría del fantasma expresa las quejas de las víctimas subalternas, como los maquis, los milicianos, los nacionalistas, etc., que señalaba Labanyi. Sin objetar, una vez más, esta interpretación seria, cognitiva o instrumental del género del horror, creo que es importante recordar aquí la advertencia de Carroll contra la *hipóstasis* cuando leemos literatura, especialmente, literatura fantástica: "Fiction, art, and fantasy are treated as morally good in virtue of their ontological status" (177). A este exceso de sentimentalismo ha contribuido, según Romero Tobar, "la hipertrofia con que se ha recibido la teoría de Todorov" (225). Al reducir lo fantástico a una cuestión cognitiva —es decir, a la *duda* frente a lo que es creíble o no— oscurecemos una amplísima cosecha de cuentos que no ofrecen ninguna duda sobre su naturaleza inverosímil porque prevalece claramente la dimensión maravillosa sobre la realista, como aquel caso del decapitado que vuelve a ponerse sobre sus hombros la cabeza cercenada.[14]

Qué duda cabe de que el tratamiento serio o cognitivo del horror, desde los presupuestos del marxismo gótico, ha contribuido enormemente a leer la historia a contrapelo. Y sin embargo, ese género no se agota en el revés del tiempo histórico; quiero con esto decir que los estremecimientos producidos por las historias de horror no se explican siempre en el pasado, en lo que sucedió o pudo suceder realmente en el pasado. En el último apartado de este capítulo sostendré que, para comprender en profundidad las historias de Fernández Cubas y por extensión el género del horror, es preciso leerlo en función tanto del secularismo marxista y freudiano del siglo XX como de lo "maravilloso cristiano" —esto es, de la recuperación de la poética del cristianismo, tal y como hizo Chateaubriand en su controvertido *Genio del cristianismo* (segunda parte, capítulo 8)—. Solo así podremos descubrir que los cuentos de esta escritora, así como la literatura fantástica en general, no hablan tanto del pasado y de los traumas de la historia como del porvenir y de la existencia de una esperanza siempre incierta. A esta confusa noción de la redención apunta el mismo Chateaubriand (con una ironía difícil de captar por la solemnidad que todavía acarrean hoy sus palabras) cuando atribuye a los poetas cristianos la siguiente misión: "Para evitar la monotonía que resulta de la eterna y siempre igual felicidad de los justos, se pudiera tratar de establecer desde luego una esperanza en el cielo, o bien fuese de mayor dicha, o bien de una época desconocida en la revolución de los seres" (389).

Hermetismo y angelología

Estudiosos de la obra de Fernández Cubas, y también la propia escritora, han insistido en que sus narraciones fantásticas se sostienen fundamentalmente sobre fuentes folclóricas. Como confiesa en *Cosas que ya no existen* (2001), la única narración memorialista de Fernández Cubas (hasta la fecha en que vuelve a editarlo Tusquets, 2011), la tradición oral ha informado desde niña su cultura literaria: lecturas que su hermano le hacía en voz alta de los relatos de Poe, leyendas que a estos niños de familia bien catalana les contaba su niñera, experiencias rurales durante sus veraneos en aldeas remotas, todas estas cosas y más le proporcionaron a Fernández Cubas gran parte del capital estético que luego explotará en sus relatos. *El reloj de Bagdad* es un caso palmario de la importancia de figuras estrechamente relacionadas con el folclore, como la niñera que lo protagoniza, Olvido, quien aparece en *Cosas que ya no existen* con el nombre y apellidos de Antonia García Pagès. *Los altillos de Brumal*, por otra parte, ejemplifica también el impacto que, en la imaginación de Fernández Cubas, pudieron tener adivinanzas infantiles, historias supersticiosas de brujas, fiestas populares como la de la noche de San Juan, etc. Si los relatos de Fernández Cubas embelesan y embaucan o estremecen y nos hacen temblar es, esencialmente, porque, como decía Benjamin de todo cuentista, esta narradora ha bebido también de unas remotas fuentes orales cuyo objetivo primordial fue, más que informar, explicar el "moderno horror a la muerte y la presunción de eternidad en la que pretende instalarse el hombre de hoy" (Beltrán Almería, "El cuento" 26).

Estas raíces folclóricas de Fernández Cubas nos las comparte ella misma con mayor detalle a través de uno de sus personajes:

> Nos habló de Mahoma, de la destrucción de ídolos de La Meca y de la caprichosa conservación en la *Kaaba* de una singular piedra negra caída del cielo. Nos describió a los antiguos egipcios y dibujó en el suelo el cuerpo de su dios, el buey Apis. De allí pasamos a Babilonia, sus fabulosos jardines colgantes y su fabuloso rey Nabucodonosor. Seguimos por la caja de Pandora, en cuyo seno se encerraban todos los males, para conocer, junto a Simbad, las enormes garras del pájaro *rokh* y los intrincados zocos de Bagdad y Basora. Embelesadas ante el relato de nuestra maga, asistimos aún a la narración de varias historias más procedentes de las más diversas fuentes y entremezcladas con tanta habilidad que a ninguna de las presentes se nos ocurrió poner en duda la veracidad del más ínfimo detalle. (*Mi hermana Elba*, en *Todos los cuentos* 61)

Si bien es imposible desenredar completamente las "diversas fuentes" folclóricas de las que bebe Fátima —la adolescente que embelesa con sus narraciones a las protagonistas de *Mi hermana Elba*—, este relato ofrece una pista crucial para descubrir cómo llegan a Fernández Cubas símbolos tan antiguos como los que menciona en la cita de arriba esa niña interna de colegio de monjas.[15]

Las símbolos del buey Apis, el pájaro *rokh* y los zocos de Basora, así como los personajes malévolos y las ciudades malditas de los Evangelios, perviven en la España moderna gracias, sobre todo, al profundo calado que la tradición confesional ha tenido en ese país desde bastante antes de la Contrarreforma hasta la implantación durante la posguerra del nacionalcatolicismo. Gutiérrez Girardot exploró algunas de las manifestaciones más conocidas de esa tradición confesional en la literatura modernista, concretamente en el interés que suscitaron durante el fin del siglo XIX el espiritismo y las ciencias ocultas entre escritores como Ramón del Valle-Inclán o Alejandro Sawa (mientras que el naturalismo y el positivismo lo hacían entre escritores realistas como Vicente Blasco Ibáñez o José María Pereda). En los casos de Fernández Cubas y del fin del siglo XX, los símbolos herméticos que refiere Fátima perviven entonces gracias al infame esfuerzo del régimen franquista por restituir una educación religiosa, nacional y católica, y a pesar también del esfuerzo secular de la Institución Libre de Enseñanza y del Gobierno republicano de Azaña por implementar en las aulas españolas una educación laica. Como buena parte de su generación, Cristina Fernández Cubas está embebida en la tradición del hermetismo y, específicamente, en el imaginario de lo maravilloso cristiano desde su más temprana escolarización hasta el momento en que participa de la llamada Gauche Divine, fenómeno a la sazón "disidente no solo de la cultura del franquismo," según Alberto Villamandos, "sino también de la ortodoxia marxista" (*El discreto* 2).[16]

Fernández Cubas introduce dicha tradición del hermetismo en su mundo narrativo, antes que nada, mediante la localización de sus historias en espacios diligentemente clausurados, como por ejemplo el "internado" donde estudian y viven las niñas protagonistas de *Mi hermana Elba*, o como el "convento" aledaño, con sus estrechos "pasillos," con "cripta" incluida, donde las internas aprenden a jugar al escondite. En estos espacios cerrados encontramos, además, personajes asimismo impenetrables; personajes que son, por una u otra razón, arcanos, enigmáticos, herméticos. Elba será uno de estos personajes, y no solo porque tiene una habilidad especial para jugar al escondite, sino también porque termina encerrada literalmente en un colegio para niñas especiales. También en el relato *La ventana del jardín*, por ejemplo, el protagonista entra en contacto con Olla: un niño cuyos padres tienen recluido en casa y que está, además, sumido en el mutismo o en el habla de lenguas incomprensibles. En la novela *El columpio*, la protagonista regresa a su pueblo natal para reencontrase con su familia tal y como la había dejado cuando salió hace décadas, reducida a un círculo primitivo de hermanos obcecados con códigos familiares del pasado. Lo mismo encontramos en *Los altillos de Brumal* con el retorno a Brumal: "Huimos de la miseria, hija... Recordarla es sumergirse en ella" (122). Tan atrabiliaria como aquellos espacios cerrados resulta también la aldea de Brumal, pues regresar a ella significa identificarse con su pérdida melancólicamente. Y lo mismo podría decirse del relato titulado *Mundo*, que tiene lugar en un convento con monjas aquejadas de acedia. Estos y otros espacios y personajes de Fernández Cubas constituyen, en última instancia, alegorías modernas de aquellos símbolos herméticos que mencionaba Fátima en la extensa cita reproducida arriba.

Ahora bien, si en la Antigüedad aquellos símbolos de Mahoma, la caja de Pandora, el rey Nabucodonosor, etc., eran efectivamente mágicos, y esclarecían *ex machina* las situaciones más misteriosas, y daban lugar a los sucesos más maravillosos, en el presente esas y otras alegorías de la España devota de cerrado y sacristía no redimen ni condenan ni explican ni clausuran necesariamente nada. Los símbolos herméticos que invoca Fátima se expresan en *Mi hermana Elba* de manera profundamente irónica. Por ejemplo, mientras las protagonistas del cuento juegan al escondite por los pasillos del convento, van descubriendo cuadros con ilustraciones de alegorías bíblicas: "Abraham dispuesto a sacrificar a su hijo, José tentado por la mujer de Putifar, Rebeca dándole de beber a Eliazar" (64). Sin embargo, estas alegorías bíblicas y, junto a ellas, la Palabra Sagrada que rezan las monjas de clausura, para esas niñas internas son en el fondo divertidos sacrilegios: "Encontré misales, rosarios —confiesa la niña narradora tras su incursión en las celdas de las monjas—, un par de caramelos resecos y un papel arrugado con algunas jaculatorias y buenos propósitos... el interior de un calzón en el que sin que yo pudiera explicármelo aparecían tres estampas cosidas en el forro y una reproducción de la fundadora de la comunidad" (64). En estas "confesiones infantiles," que es como califica la protagonista de *Mi hermana Elba* sus memorias escolares, las alegorías bíblicas y el simbolismo hermético, antes que producirles miedo y reverencia, les producen más bien "estrepitosas carcajadas" (64).

Mi hermana Elba relata lo que le sucedió a la narradora mientras estudió y residió junto con su hermana en un internado religioso.

Las dos hermanas estuvieron internas durante dos años académicos. El primer año, la narradora logró sobreponerse al profundo aburrimiento que experimentó nada más ingresar en el internado gracias a las habilidades para jugar al escondite de su hermanita Elba. A través de la destreza de esta para aparecerse y desaparecerse por los pasillos de la escuela y el convento, la narradora se ganó el interés de Fátima y pudo entonces intimar con esta adolescente tan admirada entre las estudiantes por las historias de apariciones que les relata. El segundo año, sin embargo, las hermanas regresan de las vacaciones de verano y vuelven a encontrarse en el internado con Fátima, pero esta ha dejado de interesarse en el juego del escondite que tan bien practica Elba, con lo que ahora la pequeña Elba se convierte de alguna manera en un obstáculo para que su hermana pueda jugar a ser adolescentes con Fátima y con un joven llamado Damián. La narradora desea entonces que Elba desaparezca, que sea en realidad una *desaparecida*, incluso desfigura un retrato suyo, y al final Elba desaparece efectivamente de la vida de la narradora, pero no solo porque la internan en un colegio para niños especiales, sino también porque, tras arrojarse desde un balcón, la niña fallece quedando su rostro prácticamente irreconocible.

Si necesaria fue la presencia de Elba en el internado durante el primer año para que la narradora jugara con Fátima al escondite (es decir, a aparecer y desaparecer), tan necesaria ha sido su desaparición después, durante el segundo año, para que la narradora juegue a ser adolescente. Fernández Cubas da cuenta de esta encrucijada que atraviesa la narradora del cuento durante sus dos años en el internado mediante un *bildungsroman* que, a efectos aquí del humor negro de la melancolía, resulta paradigmático, puesto que en este cuento de horror, *Mi hermana Elba*, la ironía y el humor vuelven a emerger como los modos literarios más adecuados de expresar el sentimiento del miedo en exceso. En *Mi hermana Elba*, como en *La noche de Jezabel*, los lectores no solo pueden reconocer dos retratos de fantasmas, sino que, además, logran entrar en el maravilloso mundo de esos fantasmas cuando sucede lo impensable: que un decapitado vuelva a ponerse sobre sus hombros la cabeza cercenada (como decía Baudelaire) o que una convidada a una noche de cuentos sobre duendes y apariciones se convierta en realidad en una aparecida, como en la historia de Laura, o, como en la historia de Elba, que una niña se desaparezca realmente de la vida de su hermana cuando se han cancelado en las vidas de ambas los juegos infantiles del escondite.

Estos y otros relatos de Fernández Cubas recuperan lo maravilloso de las alegorías bíblicas y los símbolos herméticos, pero, a diferencia de lo que sucedía en aquellos tiempos remotos de la Biblia y los mitos arcanos, aquí la experiencia de lo maravilloso ni redime ni condena a los personajes. Como en *La soledad era esto* y "Se lee como una novela," también en *Mi hermana Elba* y en *La noche de Jezabel* el sentimiento de melancolía por la desaparición de Elba y de Laura se transforma en perverso sentido del humor. En *Mi hermana Elba* concretamente, que según confiesa Fernández Cubas en *Cosas que ya no existen* es un trasunto de la experiencia real que tuvo la autora cuando de niña perdió a una hermana, esa transformación de la melancolía en humor negro se trasluce con especial relevancia cuando la narradora escribe en su diario "HOY ES EL DÍA MÁS FELIZ DE MI VIDA" (73), después de haberla besado Damián en el velorio por la muerte de Elba.

Si comprendemos el funcionamiento de este y otros tantos relatos de horror de las décadas de los setenta y los ochenta y otros posteriores, como por ejemplo *Una tumba* (1971), de Juan Benet, podremos sentar las bases para poder intervenir en las discusiones sobre la espectralidad en la España posfranquista sin confundir el género del horror con la literatura testimonial y melodramática. Además de recuperar confesiones de víctimas subalternas (como efectivamente pudieron ser las confesiones de las mujeres durante el franquismo), los relatos de Fernández Cubas recuperan también confesiones perversas como la que trasluce la niña narradora de *Mi hermana Elba* cuando expresa gozo en el entierro de su hermana. Estas confesiones infantiles le deben tanto al materialismo histórico de Marx como a lo maravilloso cristiano de Chateaubriand, y querer ver en ellas un transunto del terrible régimen de Franco, si bien muestra un respetable compromiso moral con sus víctimas, por otra parte pone coto a lo que la estética gótica todavía puede enseñarnos sobre la historia de los fantasmas y el sentimiento de horror que provoca.

Esta tergiversación de la estética del horror por la enfermedad moral de la melancolía afecta con especial significancia a las interpretaciones de la obra de Fernández Cubas en clave feminista.

Varias críticas se han acercado a la narrativa de esta autora explicando lo abyecto de sus relatos como un problema íntimamente relacionado con la represión de las mujeres (Janet Pérez, "The Seen" 132; Bermúdez 94). Pese al sentido que tiene esta conexión entre lo abyecto y lo femenino —más abajo trato de elaborarla con detalle—, la interpretación feminista del horror puede conducir también, como la interpretación materialista, a una lectura sesgada del género. Junto al modo histórico-materialista de leer la obra de Fernández Cubas con relación al marxismo gótico, la crítica feminista puede ver en las historias de horror una denuncia de la violencia sufrida por las mujeres durante el franquismo. Esta interpretación del horror como alegoría de la represión sufrida por las mujeres es sin duda valiosa y moralmente admirable, pero, a tenor de lo que vengo argumentando, puede participar también de una "lectura cognitiva" del género gótico, es decir, de una lectura que arrincona la dimensión maravillosa de los fantasmas en favor de la agenda feminista.[17]

En *Mi hermana Elba* lo abyecto está efectivamente relacionado, y de manera muy estrecha, con lo femenino; pero no solo por ser su protagonista una niña, sino sobre todo porque en esta niña de colegio de monjas lo angélico y sagrado se torna sacrílego y siniestro. Es en personajes como la protagonista de *Mi hermana Elba*, sacados de internados, de conventos, extraídos en definitiva de un mundo próximo a lo maravilloso cristiano, donde encuentro especialmente iluminador reflexionar sobre la intervención de Fernández Cubas en las discusiones sobre feminismo y marxismo gótico.

Además de alegorizar víctimas o grupos subalternos de la historia (como las propias monjas de clausura, las niñas en edad escolar y en general las mujeres durante el franquismo), *Mi hermana Elba* interviene en esas desmitificaciones de la historia española tratando más bien de señalar lo que en tal realismo traumático puede haber también de embeleco. Lo abyecto no se agota en el "imaginario social instituido" (Castoriadis) por las agendas feministas y marxistas. Por eso, lo que llamé arriba el movimiento necromántico de la memoria histórica puede recuperar los cuerpos de los desaparecidos realmente, sus huesos, sus restos físicos y materiales, pero, por mayor sentido que esa recuperación tenga para los familiares de los desaparecidos, a

efectos de comprender lo abyecto de los fantasmas, tal acercamiento realista a los fantasmas contradice la dialéctica misma de la
literatura fantástica.

Esta intervención de lo maravilloso cristiano en el ánimo
tradicionalmente realista del hispanismo la encontramos en
el cambio del siglo XIX al XX también, concretamente en la
noción del "ángel custodio" que el *noucentista* Eugeni D'Ors
contrapuso al pesimismo de la generación noventayochista que
lo precedió.[18] El juego irónico que acabo de analizar en las obras
de Fernández Cubas me remite al juego no menos irónico que
hizo D'Ors cuando respondió a la abulia del 98, y a la crisis de fin
del siglo XIX, con la recuperación de la fe en los ángeles. Como
observa Aranguren, la angelología d'orsiana inauguraría una
"nueva mística," más modesta en su voluntad de angelización y
no de deificación que la mística barroca, aunque tan difícilmente
inteligible, a la sola luz de la razón, como la *unio mystica divina*
(13). Frente a aquella soledad abúlica que en España dejaba el
98, D'Ors, autoproclamado "restaurador de la fe," invocó una
nueva mística, una nueva creencia en su concepto del "ángel
custodio" como *sobreconciencia*, o sea: como una no-conciencia
que, al contrario de lo que proclamaba en aquellos mismos años
el psicoanálisis, tiene su centro de gravitación en el porvenir, y
no en el pasado. Cuando D'Ors acuña el término *noucentisme*,
impulsando junto con algunos otros modernistas una actitud de
ruptura con el espíritu *fin de siècle,* está de hecho diseñando una
interpretación de lo moderno como retorno de lo tradicional, y no
como innovación y progreso (J. Jiménez, Introducción xiii).

Este "catolicismo ilustrado" de D'Ors, según llamó Aranguren
a la noción que tenía el pensador catalán de la modernidad, puede
suscitar muchísimas lecturas sesgadas. Como el pensamiento
de Nietzsche, Otto y Bataille, el pensamiento de D'Ors forma
parte del grupo de "religious thinkers whose critical engagement with Christianity springs from a passionate avowal of the
divine or sacred" (Urpeth 226).[19] El descubrimiento de que la
vida anímica no coincide tan solo con lo consciente habría sido
un descubrimiento capital para estos pensadores del siglo XX. El
inconsciente no se encuentra en la historia, y tampoco necesariamente en el pasado.[20] La cara mesiánica, mística y romántica
de Benjamin le costó al pensador alemán su expulsión de ciertos

ámbitos marxistas. Dentro de la cuentística de Fernández Cubas, esta creencia en los ángeles, en lo maravilloso cristiano o en que lo desconocido no se encuentra necesariamente en el pasado, sino en el futuro, funciona efectivamente como "combate por la luz" o *heliomaquia*, que es como definió D'Ors su "anhelo imposible de tranquilidad," profundamente impregnada, sin embargo, por el *humorismo*. El mismo humorismo, por otra parte, que explorarán las vanguardias de comienzos del siglo XX. Frente al nuevo romanticismo de la melancolía de izquierdas al término del mismo siglo, Fernández Cubas no pretende tanto rehumanizar la literatura como deshumanizarla o, cuando menos, complicar nuestra noción de humanismo y nuestro sentimiento o manera de vivir o de instalarse en el mundo. La ilustración católica d'orsiana pareciera renacer irónicamente en los sacrilegios que comete la alumna interna del relato de Fernández Cubas, a juzgar por su "confesión infantil" de que, el día que desaparece su hermana Elba, es "EL DÍA MÁS FELIZ DE MI VIDA" (73). En otros muchos cuentos de Fernández Cubas nos encontramos con un perverso sentido del humor como el que despliega aquí a través de esas niñas de colegio de monjas. Aun el texto realmente memorialístico *Cosas que ya no existen*, como ha señalado David Herzberger, se resiste al realismo memorialístico ("Narrating the Self" 205).

Los fantasmas de Cristina Fernández Cubas no se agotan necesariamente en la historia, ni tampoco en la realidad española de los años de la dictadura. Cornelius Castoriadis ha advertido contra la idea de que el inconsciente se ancla en el pasado, en el retorno de lo reprimido (Castoriadis 34). Frente a las teorías freudianas, sostuvo por otra parte Ortega y Gasset, la cultura española opuso su fortísima tradición confesional católica (Ortega y Gasset, "Psicoanálisis"). Para la poética de lo maravilloso cristiano, el inconsciente y lo desconocido permanecen siempre en el futuro, en el porvenir, en lo que todavía no es, en el aún o en el todavía, como sucedía al cabo de *La noche de Jezabel*. Tampoco en la obra de esta otra escritora heterodoxa dentro del panorama narrativo finisecular español, como heterodoxo era arriba Millás, puede reconocerse completamente el lector contemporáneo. Más que reivindicando memorias, *Mi hermana Elba* intervendría en la discusión sobre la memoria histórica advirtiéndonos contra confundir patéticamente lo maravilloso cristiano con el realismo traumático.

El sentimiento de lo abyecto —reivindicado por las interpretaciones tanto feministas como marxistas de Fernández Cubas— adquiere ahora mayor sentido todavía que cuando lo introduje arriba en relación con la reivindicación de la memoria subalterna de las mujeres. Fernández Cubas se toma con gran sentido del humor su vida y, probablemente, también la historia de España. De hecho, en *La puerta entreabierta*, de 2013, Fernández Cubas se nos presenta como Fernanda Kubbs: más que pseudónimo, diría a tenor del análisis expuesto, nombre o sobrenombre del "ángel custodio" de Fernández Cubas. Dentro de la recuperación de la memoria —en el caso específico de esta escritora, la memoria de la Gauche Divine—, y dentro asimismo del "encanto" (Villamandos) que la subversión adquirió durante los sesenta para ese grupo intelectual de la burguesía catalana, las historias de Fernández Cubas (o de Fernanda Kubbs) son verdaderas intervenciones en la "revolución divertida" que critica Ramón González. Lo más revolucionario resulta para Fernández Cubas, irónicamente, la diversión, el pasatiempo, el placer por lo gótico.

Aunque las memorias publicadas por Oriol Bohigas y Salvador Paniker puedan demostrarnos lo contrario, la Gauche Divine tiene una cara humorística y nada apologética, representada especialmente por las mujeres de aquel movimiento. Frente a las numerosas autobiografías que han producido los autores de la Gauche Divine, se deduce el aspecto de "la ausencia de voces femeninas" (Villamandos, "La memoria" 460). Fernández Cubas tiene efectivamente un libro de memorias, pero, más que el pasado, en *Cosas que ya no existen* interesa la narración: "It is not only memory that confounds Cubas' desire to draw past and present together, but also the nature of story telling itself" (Herzberger, "Narrating the Self" 208). Su trayectoria es más afín a las escritoras de la Gauche Divine que no pretendieron luego hacer apología de sus vidas.

En este sentido, Fernández Cubas rompe a su manera con el espíritu depresivo *fin de siècle* XX, antes incluso de terminar el siglo XX. Otro desencantado fin de siglo parece haber pasado a la historia, pero aquella negrura española que amenazaba con persistir en este nuevo milenio encuentra su parodia en la imaginación angélica de esta escritora catalana. Creo que escritores por uno u otro motivo muy cercanos a Fernández Cubas nos problematizan de una manera similar ese régimen estético del horror heredado, como los hermanos Eugenio y Carlos Trías. Su

Santa Ava de Adís Abeba (Cargenio Trías, 1970) puede leerse como un manifiesto humorístico del catolicismo ilustrado de D'Ors, lo mismo pienso que puede sacarse en claro de los relatos tenebristas de Pilar Pedraza; y antes incluso que estos autores, algunos escritores precursores de la generación de la transición, cuestionaron el régimen estético del horror que dictó el franquismo y antes la Iglesia católica, como Juan Benet en *Una tumba* y Mercé Rodoreda en *Parecía de piel*, relatos que se insertan en la tradición confesional del género del horror en España, de la que participan también, entre otros muchos relatos, *La mujer alta* y *Los ojos negros*, de Pedro Antonio de Alarcón; *La resucitada*, de Emilia Pardo Bazán; *Medium*, de Pío Baroja; *El que se enterró*, del propio Miguel de Unamuno; y *Thanathopia* y *Verónica*, de Rubén Darío. Monstruo de mil cabezas, donde la ilustración católica se transforma en revolucionario sentido del humor, y la crítica marxista en atrabiliaria acumulación del pasado, Fernández Cubas arroja luz sobre ese otro profundo humorismo que demostró tener la historiadora Solomon, al confesar que a ella la exhumación de las fosas comunes le sonaba a Franco y su brazo incorrupto de Santa Teresa. En el siguiente capítulo profundizaré en la relación que empieza a desplegarse aquí entre el humor negro de la melancolía y la tradición estética del hermetismo. Concretamente me enfocaré en otro escritor aún más heterodoxo si cabe que esta maestra del horror, Gonzalo Torrente Ballester, con el objeto de reflexionar sobre cómo funciona la antigua tradición confesional en una España aparentemente tan secularizada y posmoderna como la del fin del siglo XX.

Capítulo tres

Vanitas vanitatis

La vagancia de Gonzalo Torrente Ballester

*"A faculty for idleness implies a catholic appetite
and a strong sense of personal identity."*
—Robert Louis Stevenson, *An Apology for Idles*

Para las mentalidades modernas (más aun las posmodernas), los siglos son unidades de tiempo naturalmente largas. No por azar, cada fin de siglo, cuando menos desde la modernidad temprana, los historiadores de las ideas coinciden en detectar siempre un cansancio del pensamiento, un agotamiento de las ideologías y cierta pereza o desafecto en el cuerpo social. El siglo XX llegó a su fin también, como el XIX, intelectualmente extenuado. Los fundamentos de esta debilidad afectiva —según entendieron profetas de la posmodernidad, como Gianni Vattimo y Jean Baudrillard, la nueva disposición del ánimo que vienen experimentando las sociedades occidentales desde la década de 1980 aproximadamente— son múltiples y, a menudo, contradictorios (Jameson; Lyotard).[1] Al filo del nuevo milenio, Vilarós aglutina para los círculos hispanistas algunos fundamentos de la llamada condición posmoderna bajo las nociones de banalidad y biopolítica. El debilitamiento que experimentó la sociedad española durante el último cambio de siglo, sostiene Vilarós, fue el resultado de una "tecnología de la banalidad" implementada en el pasado por el régimen franquista a través de la canción popular, los toros, el fútbol y la españolada de los sesenta ("Banalidad" 51). Este "organismo biotecnológico dedicado a educar/entretener al pueblo," sigue la hispanista, fue en gran parte responsable de que la sociedad española entrara en el siglo XXI tan "des-historizada," "des-subjetivizada" y "des-narrativizada" ("Banalidad" 51–52).

La connotación triplemente negativa que adquiere aquí la noción de banalidad, si bien entra en conflicto, por un lado, con el sentido positivo que la diversión, la frivolidad y el entretenimiento tuvieron, desde finales de los setenta en adelante, para más de una pluma de la Movida (según hemos aprendido de la misma Vilarós), por el otro confirma las tesis que Jameson desarrolló en su libro seminal sobre el pastiche y la lógica cultural del capitalismo; pues una *banalización* de la cultura análoga a esa que legó el franquismo a la sociedad democrática española la encuentra también el reconocido crítico del posmodernismo en un contexto global. A final de cuentas, tanto Vilarós como Jameson coinciden en diferenciar un concepto de cultura *pesada* (es decir, comprometida, propia de los tiempos de la guerra, el totalitarismo y la revolución) de otro concepto de cultura *light* ("divertida," diría Ramón González), o cultura del entretenimiento, más propia de la actualidad posmoderna.

Sin objetar estas críticas a la "cultura de la ligereza," por su estrecha complicidad con algunos aparatos utilizados por el franquismo, o por su afinidad con subproductos ideológicamente intrascendentes como el pastiche, a continuación interpretaré la supuesta banalización de la cultura española durante la democracia desde otro punto de vista. Me refiero al punto de vista que concibe el desafecto y la pereza intelectual, no como un pecado y una falta incorregibles, sino como una virtud y una actitud vital deseables; en concreto —sostendrá este capítulo— concebiré la pereza como el temperamento que deja en los cuerpos todo tiempo intenso y prolongado de esfuerzo, compromiso y aprendizaje (Lafargue 118).[2] Este es al menos el tratamiento de la banalidad que proporciona la fórmula del humor negro (es decir, la transformación de la enfermedad moral de la melancolía en sentido perverso del humor) cuando la aplicamos a discutir la debilidad del pensamiento, el cansancio de las ideologías y el desencanto con las revoluciones.

A los atributos del temperamento colérico —la juventud, el entusiasmo y la indignación— les suceden los atributos que Remo Bodei, haciéndose eco de varios estudiosos de la melancolía (Burton y Manguel; Klibansky et al.), atribuye al temperamento atrabiliario, a saber: "El desprecio del mundo y la conciencia de la vanidad de todas las cosas" (Bodei 115).[3] Ortega y Gasset detectó la misma naturaleza de la melancolía en el contexto de las revoluciones decimonónicas y su atrabiliario final: "El esfuerzo puro —escribía entonces el filósofo español recordando a Don Quijote—, más que a ninguna parte, lleva a la melancolía" ("La melancolía" 559). De igual modo, según vimos en los capítulos previos, durante el fin del siglo XX ha vuelto a activarse esta dialéctica melancólica del esfuerzo y la vanidad. Al fervor indignado de Gabriel Albiac y otros *soixante-huitards,* le sucede en 1993, cuando Albiac publica *Mayo del 68,* la frialdad y sequedad que desprenden concesiones melancólicas del tipo "saber que ya nada importa nada" (Albiac 72). A final de cuentas, concluyó Lyotard, "la melancolía post-moderna nace del desengaño ideológico y del fin del entusiasmo" (cit. en Gurméndez, *La melancolía* 51).

El presente capítulo pretende intervenir en estas discusiones sobre la llamada melancolía posmoderna, argumentando que dicho temperamento frívolo o banal o ligero que presentan las sociedades capitalistas tardías, en España puede deberse a la tecnología de la banalidad implementada en el pasado por Franco y, sin embargo, no se explica ni se agota totalmente en las políticas culturales de aquel régimen dictatorial. Además, en ese país, como en cualquier otro contemporáneo, el culto a la ligereza puede estar relacionado también con otro orden de cosas mucho más remoto, a saber: con la recuperación de aquel modo antiguo de instalarse en el mundo que tan bien resumió el Eclesiastés al decir "Vanidad de vanidades, todo es vanidad" (1.2).

La sensación de agotamiento que expresaba arriba Albiac, así como la que detectó Ortega y Gasset al cabo de las revoluciones decimonónicas, confirma la primera, y acaso la más importante, de las *Seis propuestas* (1985–86) que escribió Italo Calvino para el nuevo milenio: "Conocer el mundo significa disolver su solidez, conduciéndonos a la percepción de que todo es infinitamente nimio, ligero, y caprichoso" (8; traducción mía). Una actitud vital de similar lucidez proporciona la banalidad para José Luis Pardo, cuando este pensador reflexiona sobre el factor probablemente más influyente en la desideologización de la cultura contemporánea: los medios de comunicación y las nuevas tecnologías. "Los *media* han asumido en nuestros días —escribe Pardo— una parte muy considerable de ese poder esquematizador que nos hace posible comprender el mundo en que vivimos y orientarnos en él" (29). A tenor de estos razonamientos de Pardo y Calvino, la banalidad que experimenta la sociedad española a finales del siglo XX no solo participaría de una biotecnología originalmente franquista, sino también de otro de los cometidos más significativos que ha tenido la melancolía a lo largo de la historia: el cometido de descubrirnos la *facies hipocritas* del mundo exponiéndonos a la *epojé*: "Una experiencia del abandono y de la incertidumbre —explica el historiador de las religiones Alois Haas— que desde siempre fue expresión de una actitud vital religiosa" (33).[4]

Al cúmulo de ironías que viene proporcionándonos el último fin de siglo cabría entonces añadirle esta otra ironía que resulta al descubrir que el secularismo y la productividad llevados hasta su último extremo durante el capitalismo tardío pueden devenir, paradójicamente, en una actitud vital en el fondo religiosa. Al objeto de explicar esta nueva paradoja, anclaré mi discusión en un caso paradigmático de heterodoxia, Gonzalo Torrente Ballester: un escritor para algunos "raro" (Loureiro, "Torrente" 73) y, por poco, secular (vivió de 1919 a 1999); para otros, profundamente religioso, conservador y hasta "fascista" (Nil Santiáñez, "Cartografía"); y para casi todos, un escritor que, al cabo de su longeva carrera, identificó tanto su "estilo tardío" (Said) con la frivolidad, la debilidad y la ligereza que pasó a engrosar, junto con otros autores mucho más jóvenes que él, la archicitada categoría de "escritor posmoderno" (Loureiro, "Torrente" 3; Colmeiro, "Historia y metaficción" 138).[5]

Elogio de la vagancia

Las últimas novelas de Gonzalo Torrente Ballester, su llamada "narración esquemática" —de *Crónica del rey pasmado* (1989) en adelante según la convención de Stephen Miller ("El último" ii)—, contienen tanto interés crítico como todo el grueso de su producción anterior, es decir, como sus obras mayores, las de "pesca de altura" según se las figura Javier Goñi (10). Ahora bien, si en un caso fue la "complejidad y riqueza técnica" (Loureiro, *Mentira* 10) de los ya clásicos volúmenes de su trilogía fantástica lo que inquietó a la crítica, en el otro lo inquietante es la ligereza de esas últimas obras cortas y aparentemente deslavazadas, escritas "sin abandonar la orilla" (Goñi 10).

Al final de su diario de trabajo titulado *Los cuadernos de un vate vago* (1982), concretamente la Noche Vieja de 1976, que como venimos observando es también final de una época, tanto para el escritor (que acaba de retirarse a vivir a Salamanca) como para el resto de la sociedad española (que apenas está empezando a salir del franquismo), el propio Torrente Ballester da una pista acerca del sentido que habría de adquirir, dentro de la inagotable carrera de este escritor, dicha complicidad entre la ligereza y su narrativa tardía:

> me anda ahora por la cabeza, inoportunamente, eso de la *ligereza* como valor estético supremo, también como meta inalcanzable, al menos de una manera continuada y total […] Hizo falta haber llegado a las puertas mismas de la muerte para darme cuenta de que yo también pequé, a veces, de gravedad; no he podido sustraerme, y me gustaría, si me queda tiempo, escribir una obra así, ligera, destrascendentalizarlo todo, el amor, la historia, los grandes mitos del poder y de la gloria, componer un *divertimento* con todos esos materiales.
> (*Cuadernos* 377–78; cursiva suya)

Que el humor, el juego y la ironía han impregnado desde siempre la escritura torrentina es algo que se deduce de cualquiera de sus obras y que la crítica, y el mismo Torrente Ballester, ponen de manifiesto continuamente.[6] Que a la respetable edad de sesenta y seis años, cuando por fin le han alcanzado la popularidad y el reconocimiento, este heterodoxo consagrado piense en la ligereza, precisamente, como "valor estético supremo," y se proponga incluso "componer un *divertimento*," da sin embargo que pensar. Entre los divertimentos que escribe Torrente Ballester durante su última década de vida, hay simulacros autobiográficos (*Los años indecisos*, 1997), relatos infantiles (*Doménica*, 1999), historias desternillantes (*Crónica del rey pasmado*, 1989) y, por supuesto, también novelas detectivescas, como *La muerte del decano*, publicada por Planeta en 1992.[7] Esta novela detectivesca en concreto resulta especialmente iluminadora a la hora de esclarecer los vínculos y tensiones que establece Torrente Ballester entre su novelística tardía y la destrascendentalización de todo.

En España, el género detectivesco ha sido desde comienzos de los años setenta, como bien señaló Andrés Amorós, "uno de los grandes 'divertimentos' de nuestra época" (181). Pero no solo en ese país ni a partir de aquellos años han funcionado las novelas detectivescas como divertimentos. W. H. Auden leía ese género de novelas para conciliar el sueño ("The Guilty Vicarage" 260); y otro tanto podríamos decir de las razones por las que en la actualidad el género detectivesco sigue ocupando el espacio televisivo nocturno. Bajo esta premisa, por anecdótica que parezca, subyace una de las convenciones más conocidas de las novelas de detectives: estas novelas nos entretienen mientras dilucidamos quién es el culpable hasta que, al final, el crimen se resuelve y podemos conciliar el sueño. "Como en la descripción aristotélica de la tragedia —escribe Auden—, en las historias detectivescas hay Ocultamiento (el inocente parece culpable y el culpable inocente) y Manifestación (el verdadero culpable se descubre)" ("Guilty" 262). En última instancia, pues, el fundamento del género detectivesco es el restablecimiento de la justicia, que, siguiendo con la analogía del sueño, significaría para Auden poder dormir con la conciencia tranquila.

En el marco de esta dialéctica del sueño y la vigilia, de la inocencia y la culpa, el interés particular del divertimento detectivesco de Torrente Ballester consiste en descubrir al verdadero culpable —lo creamos o no— mediante una *adivinación*, o sea, en echar a suertes quién es el culpable de la muerte del decano. Así de ligera, caprichosa y vaga se expresará, en *La muerte del decano*, la ley y el orden, la detección y la justicia.

El significado que las sociedades antiguas atribuían a los presentimientos, así como a fenómenos afines como las adivinaciones, las profecías, los milagros, los juramentos, etc., dista mucho del actual. Jonás, por ejemplo, fue elegido por sorteo para ser lanzado por la borda como responsable de la tempestad que amenazaba al barco (Jonás 1.7). Para Nietzsche, el sentido de justicia era, por otra parte, un sentimiento en el fondo arbitrario. El hombre antiguo estipulaba lo que era bueno o malo, justo o injusto, de acuerdo a sus sentimientos (Nietzsche 14). Para el viejo Torrente Ballester, los fenómenos relegados por la modernidad a lo irracional, incluso a la superstición, o a la mera casualidad, devuelven a la contemporaneidad parte de aquel valor que tuvieron en la Antigüedad, aunque sea, una vez más, con un sentido irónico o alegórico.

Frente a los métodos ilustrados de detectar a los criminales deductivamente, como los utilizados por Conan Doyle en casi todas sus novelas de Sherlock Holmes, Torrente Ballester —el "vate vago"— ofrece un método para esclarecer el misterio de la muerte del decano que desafía la razón, la deducción y, en general, la tradición filosófica del empirismo, a saber: el método de la adivinación. Como han señalado Stephen Miller y José F. Colmeiro, esto se debe a que de las dos tradiciones literarias del género detectivesco, la positivista de Conan Doyle y la confesional de G. K. Chesterton, Torrente Ballester se inscribe dentro de la última: la tradición confesional (S. Miller, "G. K. Chesterton" 457; Colmeiro, "The Spanish" 137). En las historias de Conan Doyle, explica Torrente Ballester en su entrevista con Stephen Miller, hay siempre un momento en que Sherlock Holmes medita, y tal momento es una invitación al lector a meditar. La técnica, en cambio, del padre Brown (el protagonista de las novelas de Chesterton) consiste en llegar a una solución apresuradamente, llegar de sorpresa, a través de procedimientos que a menudo parecen ridículos (S. Miller, "G. K. Chesterton" 480). Torrente Ballester recupera este espíritu frívolo, jovial y vago de las narraciones del padre Brown y lo introduce en su novela detectivesca a través de un contexto igualmente religioso, el de "la confesión" que hace el propio decano a su amigo y párroco don Fulgencio, al comienzo mismo de este divertimento.

Mística y alegoría

En las primeras páginas de *La muerte del decano*, el decano de la Facultad de Filosofía y Letras se presenta ante el párroco don Fulgencio y le confiesa que, por más que carezca de pruebas indiciarias, tiene el "presentimiento" de que muy pronto —esa misma noche—, don Enrique, su auxiliar de cátedra, lo matará (10). El decano le hace entrega de unos escritos con unas reflexiones sobre historia antigua para que, tras su muerte, el padre los haga públicos y denuncie así que la obra que va a publicar su auxiliar es en verdad un plagio de esos escritos. Además, el decano ha enviado a la Academia de la Historia otros documentos que habrán de publicarse pasados veinte años de su muerte y que corroborarán su idea del plagio. Por último, el decano le pide al párroco el favor de que cuide de la esposa de don Enrique cuando a este lo encarcelen, porque "no participa de la envidia de su marido" (17). Ante todas estas conjeturas, don Fulgencio le pregunta si "no será todo una fantasía" (13), a lo que responde el decano diciendo que ha visto su propia muerte reflejada en la mirada envidiosa de su auxiliar y que cree firmemente en "el destino," aunque nada de esto lo pueda confesar a ninguna otra persona porque lo tratarían de loco: "Si hice de usted mi confidente, fue porque usted es la única persona que sabe que hablo en serio, que lo comprende" (13).

En efecto, a la mañana siguiente, después de haber cenado la noche anterior con su auxiliar, el decano aparece muerto en su propia casa, "espatarrado, con los brazos en cruz" (52). Esta imagen del cuerpo del decano muerto, así, con los brazos en cruz, meticulosamente descrita por Torrente Ballester, representa cabalmente el misterio de toda la novela; pero no solo porque da pie a la fórmula del *whodunit* "¿quién mató al decano?" —indagación que tendrá en la figura del comisario, ávido lector de novelas detectivescas, su principal interceptor—: además, la muerte del decano entraña otro misterio, sobre todo porque, después de escuchar su confesión, esa muerte certera deja clavado en el párroco el asombro o la perplejidad que producen las fantasías cuando se cumplen o se hacen realidad.

Desde las profecías de los antiguos mitos hasta las chanzas del padre Brown, pasando por las maldiciones de los dramas de Shakespeare, el misterio de la muerte del decano apela aquí también a un arte de detección y esclarecimiento que, efectivamente, como decía el escritor gallego, se ocupan en indagar más los sistemas poéticos de la tradición confesional que los deductivos del positivismo.[8]

La investigación de la muerte del decano se lleva a cabo inmediatamente, con el resultado de que todas las pesquisas detectivescas conducen al encausamiento de su auxiliar. Don Enrique fue la última persona vista con el decano la noche de autos. La autopsia demuestra que el muerto había sido envenenado y el registro farmacéutico confirma que fue precisamente don Enrique, el auxiliar, quien había comprado ese veneno. Aunque el acusado insiste en haber proclamado siempre su "deuda" (108) con el profesor difunto, su "maestro y amigo" (106), y en explicar la compra del veneno por orden explícita del decano, quien tenía una rata en su casa y quería aniquilarla, la policía persiste en sus deducciones. Muy profesional, con estrella de alférez, gabardina, sombrero y pipa, el comisario está ahí, como él mismo aclara, "para sacar las consecuencias lógicas" (57). Fiel a la "pauta de las novelas policiales" (122), su técnica de detección se rige estrictamente por los hechos y las evidencias. Y dentro de tal procedimiento detectivesco, tan insignificante es la "convicción moral" que tiene Francisca de la inocencia de su marido don Enrique como la declaración del párroco don Fulgencio, que inculpa claramente al auxiliar del decano: ante la mirada positivista del comisario, ambas cosas, incluso aunque esta última ratifique las conclusiones policiales, carecen de "valor probatorio" (123).

Ahora bien, la declaración del padre don Fulgencio, que es —recordemos— el "presentimiento" o la "fantasía" que le había confesado el decano, puede carecer de valor probatorio dentro de la "doctrina" detectivesca (126) por la que se rige el comisario, pero no por ello deja de interferir en el proceso judicial. De hecho, según el doctor Losada (el abogado de don Enrique), todos los errores del caso vienen de haber mantenido al margen de la investigación aquella confesión del decano a su párroco: "La declaración del fraile no es ociosa, sino todo lo contrario. Yo la considero fundamental" (176). Naturalmente, la inculpación (según la indagación policial) tan evidente de don Enrique en la muerte del decano queda enturbiada por otra serie de preguntas que se derivan de la declaración del párroco: ¿cómo pudo el decano confesarle al párroco con tanta certeza que pronto iba a morir? ¿Y adivinarlo o imaginarlo, justamente, la misma noche en que muere? ¿Y predecir, además, a manos de quién exactamente? El doctor Losada presenta entonces su defensa de don Enrique aduciendo que si el decano sabía todo eso era porque, a fin de cuentas, fue él mismo quien se mató; es decir, porque desde el principio la muerte del decano fue una firme determinación suicida. Esto explicaría que, el día anterior a su muerte anunciada, el decano se hubiera pasado celebratoriamente más de tres horas con una prostituta; que el mismo día que había predicho su propia muerte se hubiera mostrado ante el párroco tan tranquilo; y que la noche de autos se hubiera cenado una ración doble de empanada de lambrea. En el fondo, concluye el doctor Losada, la muerte del decano enmascara su doble "fracaso" (184): como historiador, sobrepasado por su discípulo don Enrique —pues efectivamente el decano acababa de renunciar a la historia por la literatura—, y como amante también, pues, al parecer del abogado, el decano estaba enamorado de la esposa de don Enrique y, ante la incapacidad para deshacerse del marido, habría preferido "suicidarse a cometer homicidio" (191).

Frente a ambas explicaciones de la muerte del decano (la del suicidio, del abogado defensor, y la del homicidio, de la policía), el fiscal saca en claro un hecho para el que solo se le ocurre esta palabra exacta: "juego" (184). Tan válida, a la vez que problemática, le parece la exoneración de don Enrique que pide su defensor con base en la idea de suicidio como la acusación de homicidio que contra esta misma figura del auxiliar presenta la policía. La repentina vocación literaria del decano no tendría por qué significar, como cree el abogado, un fracaso en su carrera de historiador. En opinión del fiscal podría ser su manera de "entretener unos años de docencia," una determinación "ingeniosa" y bastante coherente con la broma que escondían los documentos que el decano había enviado a la Academia de la Historia (documentos que, tras inspeccionarlos, habían descubierto que no eran sino recortes de periódico sin relación entre sí). Por otra parte, deduce asimismo el fiscal, la tesis del suicidio puede explicar la muerte del decano, pero no que este escogiera como víctima "a su amigo, a su discípulo brillante, a quien podía exhibir como su único triunfo visible" (187). Al final, el fiscal retira los cargos contra don Enrique "por falta de fe en las pruebas que podría aducir" (199). Y así termina el juicio, y también la novela: "abierta," como a su vez concluye el hispanista Genaro Pérez, "con una miríada [...] de incontrovertibles soluciones al rompecabezas" (*"La muerte"* 70), o según concluye también William Nichols, "colocando al lector frente a una aporía" (62).

Con todo, *La muerte del decano* no termina propiamente inconclusa: sin solución, ni salida —aporía—. Por las razones que voy a exponer, a su término la novela remite de nuevo al comienzo, a las primeras páginas, en concreto a la adivinación del decano, que es como califica el juez del caso, como "adivinación" (99), a lo que antes de morir el decano no había sido sino una "fantasía" (13). En otras palabras, esa terminación "abierta" o esa "aporía" final parecen preservar o reproducir el asombro que, desde el principio de la novela, produjo en el párroco y en los lectores la premonición del decano, cuando (al menos parcialmente) se le cumplió. Aquella fantasía del decano ha corroborado sendas deducciones del comisario y del defensor al mismo tiempo, no obstante, que las ha confundido, las ha contradicho y hasta las ha puesto en cuestión, obligándonos últimamente a los lectores a revisarlas. En esta irónica vuelta a empezar la investigación —y a releer la novela desde el principio, desde el momento de la adivinación— emerge tanto la complejidad alegórica de *La muerte del decano* como el sentido del humor de Torrente Ballester: un humor de "tradición cervantina inglesa," según explica él mismo, basado en la "dificultosa manifestación de una concepción contradictoria de la realidad que opta por una pirueta verbal en lugar de hundirse en la tragedia" (F. Miller, "Interview" 487).

En la tragedia, sostiene Auden en "The Christian Tragic Hero," otro de sus breves pero iluminadores ensayos, "lo que tenía que suceder, sucedió": las predicciones del oráculo al comienzo de las tragedias griegas, en última instancia, terminan cumpliéndose necesaria o fatalmente (Auden, "The Christian" 259).[9] Sin embargo, en la "tragedia cristiana" —que es como califica Auden a *Moby Dick* y otras obras modernas, no porque Melville o Shakespeare o Dostoievski creyeran necesariamente en los dogmas cristianos, sino "porque su concepción de la naturaleza humana se deriva de esos dogmas"— lo que tenía que suceder, al final, "siempre pudo haber sucedido de otro modo" (Auden, "The Christian" 259). En este orden de cosas, también *La muerte del decano* estaría dentro de esa misma tradición alegórico-cristiana o, más exactamente aquí, confesional-chestertoniana. Pues la muerte vaticinada al principio con tanto acierto por el decano, al término de la novela, sin embargo, como dice Auden, siempre *pudo haber sucedido de otro modo.*

En lo que constituye (según Torrente Ballester) una "pirueta verbal" o, en los términos que venimos utilizando, una alegoría irónica del sentimiento de la culpa y del ejercicio de la justicia, la muerte del decano pudo ser, según deduce el doctor Losada, un suicidio. Bien resultado de su fracaso como historiador, o bien de un "montaje orquestado" (Nichols 63) para inculpar a don Enrique en venganza por no haberse dejado arrebatar a la esposa, el decano pudo quitarse él mismo la vida, en cuyo caso estaba tan seguro de su vaticinio como que era él mismo quien lo iba a hacer realidad. Asimismo, tal y como concluye la investigación del comisario, pudo tratarse también de un homicidio a manos de don Enrique. De hecho, este y su esposa confiesan después del juicio que sí habían pensado en matar al decano ("para que te dejase en paz," le dice don Enrique a su mujer, 203); con lo que tampoco en este otro caso iría tan desencaminado el decano en sus presentimientos cuando se los confió a su amigo, el párroco.

El misterio de la muerte del decano, su "Destino," que es como se refiere a su muerte cuando la predice (15), parece remitir al misterio que suscitan todas las adivinaciones una vez que, históricamente, hemos dejado de creer en ellas o, en palabras de

George Steiner, una vez que se ha producido la merma y muerte de la tragedia (10), a saber: que aunque se nos cumplan las predicciones o se nos realicen las fantasías, como la del decano, no hay forma humana de comprobar que se trató efectivamente de adivinaciones y no de meras casualidades, de hechos fehacientes y no de puras invenciones. El decano presagia su propia muerte a manos de su auxiliar y, justamente, esa misma noche, después de haber cenado con el auxiliar, el decano aparece muerto. Este "justamente" adquiere dentro de *La muerte del decano* los dos sentidos de la palabra: "con justicia," en tanto hay un sentido o una serie de razones o de causas para que se cumpla el presentimiento —el supuesto fracaso profesional del decano, los celos de don Enrique o del decano por Francisca, las probables envidias académicas entre ambos profesores—, y "precisamente," esto es, por casualidad o accidente, que es como interpreta también Genaro Pérez, como "accidente" —a más de "suicidio" y "asesinato"—, la muerte del decano: alguien mata al decano *casualmente* el mismo día que este presagia su muerte.

Sin embargo, también esta interpretación del misterio de la muerte del decano fundada en la casualidad, en que justo el mismo día que augura su muerte cualquier otra persona distinta a don Enrique o al propio decano lo mata, resulta parcial, sesgada y confusa. Pues nos queda a los lectores la duda de si en verdad esa supuesta casualidad o "accidente" —que ve Pérez— no participa también de otras *causas* más oscuras quizás que las señaladas por el comisario y el defensor, pero igual de probables. Así, pudo suceder que el mismo día, justamente, que el decano augura su muerte, uno de sus alumnos o alumnas lo mate. Se trataría de una muerte bastante probable en una novela de *campus* como esta, "seguramente la primera novela policíaca de campus española" (Colmeiro, "Historia" 139). Y no solo porque el profesor pueda en efecto sufrir represalias de sus estudiantes, sino sobre todo porque la misma noche de autos el decano comparte con su auxiliar la inquietud de haber visto merodear frente a su ventana a un "cabeza rapada" ("¿No tenemos un alumno así?" se pregunta al respecto el decano sin que pueda don Enrique confirmarle que realmente había o no tal persona tras la ventana, 43). Por otra parte, pudo suceder también que justamente esa misma noche el decano hubiera sido víctima de un "crimen político" (72), que es lo que de entrada sospecha el comisario —y tampoco hay evidencias de lo contrario— cuando le informan que el decano había llegado a la Universidad "algo así como castigado" por "rojo" o "desafecto" al régimen (58): la novela transcurre en la primera década de la posguerra española, según Colmeiro, "hacia el año 1948, y los ecos amortecidos de la guerra se sienten casi sin necesidad de nombrarlos" ("Historia" 140). Finalmente y no menos importante, pudo suceder asimismo que al decano lo hubiera matado un colega, algo también plausible en las novelas de *campus* y que se sugiere en un momento concreto de la investigación, sin que quede desmentido por completo: "Yo mismo me desharía de buena gana de algún colega" (86), confiesa otro decano de la misma Universidad.

En lugar de hundirse en la tragedia, lo que tuvo que suceder, sucedió y sanseacabó, el destino del decano parece representar en este divertimento detectivesco una "pirueta verbal" (que decía Torrente Ballester) o una alegoría profundamente irónica del sentimiento de la culpa y el ejercicio de la justicia: pues aunque no se le pueda cargar con certeza a nadie esa muerte del decano por él mismo anunciada, lo cierto es que su cuerpo "espatarrado, con los brazos en cruz" no deja por ello de pedir cuentas, repetida e indiscriminadamente, a múltiples y muy diferentes sospechosos. Al igual que la "convicción moral" que tiene Francisca de la inocencia de su marido, y la "convicción moral" también que según el párroco legitima las confesiones que oye cada día en el confesionario, la fantasía que le confesó el decano al padre don Fulgencio carece asimismo de "valor probatorio y no puede escribirse razonadamente en un papel que hay que firmar" (123). Con la peculiaridad, no obstante, de que esta fantasía da lugar en la novela a tal confusión que quedan en suspense todas las posibles explicaciones a la muerte del decano que sí tendrían valor probatorio, como son: la envidia entre colegas, el suicidio por fracaso profesional, el crimen pasional, la represión franquista y la represalia de algún alumno. O ha jugado entonces el decano con su muerte o alguna otra persona más bien se ha jugado la vida del decano. En cualquiera de los casos, la muerte del decano desafía la justificación del castigo y de la venganza, y el consiguiente restablecimiento final de la ley y el orden, apostándole en su lugar al "juego," que decía el fiscal, a la afirmación del azar o, en definitiva, a la *ligereza* de los divertimentos, al temperamento de la pereza.[10]

Una vez más, un sentimiento antiguo, como en los capítulos previos fueron los sentimientos del duelo y del horror, en esta ocasión el sentimiento de la culpa (y, en consecuencia, la justicia), deja de ser un sentimiento inequívoco o noble o bello y se transforma en un sentimiento extraño, equívoco y confuso en grado sumo. Como si de una suerte de *gai pensar* nietzscheano se tratara, dentro de este pasatiempo detectivesco, la "adivinación" del decano —su fantasía o presentimiento— ha permitido descubrir posibles culpables de su muerte, al mismo tiempo, sin embargo, que ha puesto en cuestión cada una de esas inculpaciones, haciéndonos partícipes últimamente a los lectores del proceso de adivinación también. Tal es la *epojé* o suspensión del juicio que lega el decano a don Enrique, "su discípulo brillante," y la profunda lección en literatura *light*, y en recuperación del "valor estético supremo" de los divertimentos, que a su término deja también a los lectores esta novela paradigmática del estilo tardío de Gonzalo Torrente Ballester.[11]

La justicia y el azar

A tenor del previo análisis de *La muerte del decano*, y si se me permite retomar el comienzo de este capítulo, podré intervenir en aquella observación triplemente negativa que hacían Vilarós y otros estudiosos como Jameson sobre las "tecnologías de la banalidad." Más que desideologización, desnarrativización y deshistorización, la adivinación del decano —catedrático de Historia Antigua— reivindica en su lugar una lección sumamente crítica en cuestión, precisamente, de cómo recordar, historiar y revisitar el pasado. Significativamente, Torrente Ballester dedica este divertimento detectivesco a sus descendientes en aquel momento más niños o jóvenes: "A mis nietos Josefina y Rodrigo; a mi biznieta Clara," probablemente los seres a los que les tocará desentrañar con mayor distancia que a los propios hijos el legado del abuelo o el bisabuelo cuando este haya muerto. También el debate en torno al posfranquismo implica, como expuse arriba, lidiar con otra herencia y con un relevo generacional. Esta distancia que naturalmente tienen los hijos y nietos de las personas que sí participaron en la guerra civil y sufrieron en carne propia la dictadura de Franco es un factor clave para explicar —y reparar sin caer en pasiones justicieras— "la flotación de una culpa cierta pero imposible de asignar," que es como a partir también de otros divertimentos detectivescos (los de Manuel Vázquez Montalbán en esa ocasión) explica Joan Ramon Resina "la incertidumbre moral, el empate del bien y del mal" que caracteriza al régimen democrático contemporáneo (*El cadáver* 265). ¿Qué nos enseña aquí entonces Torrente Ballester sobre la gravedad que en el ámbito español contemporáneo entrañan estos temas de la culpa, la justicia y la historia?

"Lo que tengo que decirle es muy sencillo —le había confesado durante su última cena el decano a don Enrique—: renuncio a la Historia por la Literatura … Y renuncio porque he encontrado un camino mejor para expresar lo que llevo dentro. Voy a dedicarme a la novela" (38). Pues bien, al objeto de expresar "lo que llev[a] dentro," este historiador acaba optando de alguna manera por la ficción; y no solo porque al final de su carrera comienza a escribir y estudiar novelas históricas, sino porque aquella premonición inaugural acerca de su propia muerte, al cabo de la trama, se transforma en ejemplo paradigmático del arte de la *invención*, en el estricto sentido forense del término *inventio*. La invención, escribe David Pujante, "es el descubrimiento (*excogitatio*) de las cosas verdaderas o verosímiles que hagan probable la causa" (79). Como veíamos arriba en *La soledad era esto* con la noción de "descubrimiento," también en este comentario de Pujante "*excogitatio* podemos traducirla no sólo como encuentro por medio de la reflexión, sino también como *imaginación*, como *invención*, como la *facultad de imaginar*" (79; cursivas suyas). Ciertamente, entonces, a través de la *invención* o de la novelización de su muerte, el decano logra no solo "destrascendentalizarlo todo" (como se propuso hacer Torrente Ballester con la gravedad de los pecados que cometió en el pasado), sino también expresar "la flotación de una culpa cierta pero imposible de asignar" (Resina, *El cadáver* 202).

Este oscuro sentimiento de culpa parece coincidir con "el complejo social subjetivamente experimentado como 'el desencanto,'" según lo formula también Resina a propósito del auge de novelas detectivescas en España desde la restauración de la democracia (Resina, Prólogo xvi). En esta línea de interpretación de las novelas detectivescas españolas contemporáneas, *La muerte del decano* podría entonces plantearse del mismo modo

como metáfora del desencanto, configurada temáticamente en la imposibilidad de resolver satisfactoriamente los casos en un sistema social caracterizado por la fisura de los signos y la falta de correspondencia entre significantes y significados. Un sistema social en que la bifurcación entre la procedencia de la culpa y su diseminación por el cuerpo social convierte todo anclaje del delito en un acto de justicia equívoco o francamente apócrifo. (*El cadáver* 276)

Mucha tinta ha corrido sobre los vínculos y tensiones entre el género detectivesco y la condición melancólica del posfranquismo. Tan cómplice parece ser lo uno de lo otro, por un lado el sentimiento de desencanto a que dio lugar la transición de la dictadura a la democracia y, por el otro, la llamada por Colmeiro "The Spanish Connection," que hasta ha llegado a preguntarse Samuel Amell si "una vez terminada dicha transición y puesto en marcha y consolidado el proceso democrático ¿no debe lógicamente decaer la novela negra?" ("Literatura" 199). De esta reiterada —por Amell, Renée Craig-Odders y Colmeiro— complicidad del género detectivesco con la denuncia política, podríamos sacar en conclusión que la condición sine qua non de las novelas policíacas en España es su "realismo crítico," como dice Craig-Odders en alusión al concepto de realismo de Lukács: "La coexistencia de las preocupaciones latentes de las masas, que se manifestaron en el dicho popular 'Contra Franco vivíamos mejor,' y la lucha por las libertades políticas y personales, encuentra su modo de expresión en la novela detectivesca" (36). Y sin embargo, en *La muerte del decano* al menos, también tal interpretación del misterio de la novela o, lo que es lo mismo, del destino del decano en función del posfranquismo, de la equívoca transición a la democracia y, sobre todo, de la depresión o desengaño políticos resulta bastante confusa o sesgada, obligándonos últimamente a los lectores a revisar asimismo la alegoría detectivesca del desencanto.

Y es que el divertimento detectivesco aquí en cuestión puede ser, como afirma Amell de las novelas de Vázquez Montalbán, la "crónica del postfranquismo cuyos ingredientes básicos son el desencanto y la denuncia" ("Literatura" 197). Puede ser, además, una historia inscrita tanto en "la tecnología de la banalidad" que critica Vilarós como "en una posición postmoderna que reconoce la inherente inestabilidad y subjetividad de la Historia," que tan convincentemente analiza Colmeiro ("The Spanish" 142). Y al mismo tiempo, *La muerte del decano* es un "juego" o un "divertimento" sobre la ley y el orden, y sobre los sentimientos de la culpa y la justicia: pues tan probable o verosímil es la muerte del decano a manos de don Enrique o de algún falangista o profesor o alumno como a manos incluso de la propia víctima. Con otras palabras, tan verosímil y probable es la historia real de lo que le pasó al decano como la invención de todo aquello que también pudo haberle sucedido. Por consiguiente, más que encontrar su expresión en la novela esa certera denuncia de la depresión post-Franco, parece más bien que lo que muestra *La muerte del decano* es nuestro más profundo desconocimiento acerca de quién tuvo la culpa de la muerte del decano. O, dicho en términos de Savater, lo que muestra este divertimento de Torrente Ballester es el "misterio de lo injustificable y de la libertad," que es el valor de las novelas detectivescas que ese filósofo y escritor también de novelas detectivescas reivindicó ya en 1983 ("Novela detectivesca" 37), cuando empezaban a cristalizar las interpretaciones en clave realista y política (es decir, como alegorías de esa afectividad posfranquista que tanta culpa acusa en forma bien de rencor y denuncia, o bien de desencanto y melancolía) de las llamadas en otro tiempo novelas de misterio.

Lejos sin embargo de significar una postura escapista, ahistórica y conservadora, como de hecho se le ha recriminado a Torrente Ballester, el sentido del humor que despliega este vate vago en *La muerte del decano* es profundamente comprometido y tiene, además, una larga y compleja historia que se conecta con el mencionado Chesterton y se remonta a los orígenes mismos del género detectivesco. Y es que un género literario que según Jorge L. Borges nace con un cuento, "The Murders in the Rue Morgue" (Poe, 1841), donde al final —después de profusas indagaciones— descubrimos que el misterioso asesino había sido en verdad un orangután, no puede ser en principio, y antes o más allá de subsiguientes parodias o desmitificaciones, un género muy serio.[12]

Monsieur C. Auguste Dupin, el perspicaz investigador del cuento de Edgar Allan Poe, logra detectar al responsable de las atroces muertes de Madame L'Espanaye y de su hija en la calle Morgue, pero de poco le sirve esa detención, menos aún el procesamiento del criminal, pues no por ello va a ser menos animal el orangután, ni más a salvo va a encontrarse París del siempre sorprendente acecho del accidente. Aquel "fantástico y melancólico" Auguste Dupin, precursor insigne de sucesivas figuras detectivescas, desde estos supuestos orígenes modernos del género, parece denunciar ya "una culpa cierta pero imposible de asignar," como dirá Resina (*El cadáver* 202). En lugar de restablecerse la ley y el orden, al final del cuento Poe le hace más bien una mueca grotesca al proceder inequívoco de la justicia y a la promesa redentora de los aparatos confesionales. A caballo entre el raciocinio y la fantasía, el dictamen y la sorpresa, el humor negro de Poe encuentra en ese extraño sentido de la culpa, *extraño* en tanto y en cuanto no deja de ofrecer cierta resistencia a la explicación jurídica y a la expiación, sus más profundas raíces críticas y su carácter rotundamente moderno.

A la luz de esta otra complicidad del género detectivesco con el humor, *La muerte del decano* proporciona una reflexión sobre los sentimientos de la culpa y la justicia que seduce, a la vez que desafía, a la tendencia al realismo que parece prevalecer hoy en la crítica de las novelas detectivescas españolas. Este pasatiempo de Torrente Ballester debería hacernos recapacitar y revisar las fórmulas a su vez revisionistas del nuevo y viejo historicismo, así como de la retórica forense en torno a la transición y a la Ley de Memoria Histórica con las que pretende juzgarse hoy en España su historia pasada.[13] En lugar de una "judicialización de la historia" —según resume, y no sin controversia, el historiador Santos Juliá el revisionismo histórico proveniente de ciertos sectores de la academia (Juliá y Aguilar Fernández, *Memoria* 22)—, *La muerte del decano* le apuesta más bien a la invención, al humorismo y a lo "estético como forma alternativa de conocimiento" (Loureiro, "Torrente" 73). Con lo que aquellas fórmulas interpretativas de la historia española y de las novelas detectivescas basadas en la defensa o en la denuncia del desencanto, se convierten de alguna manera en *vanidad, pura vanidad*, que nos impide además reconocer la perplejidad que todavía produce hoy no saber explicarnos la adivinación del decano, más que su muerte. Y es que, aunque este catedrático de Historia Antigua en realidad haya muerto, su cuerpo "espatarrado y con los brazos en cruz" —como un cristo grotesco— no parece que vaya a dejar de inquietar e interpelar a los lectores *per omnia secula seculorum*.

Este equívoco sentimiento de culpa, que pide cuentas irremisiblemente más allá de cualquier proceso judicial, nos conduce al capítulo último. Cuando están agotados los discursos confesionales, cuando se nos ha revelado la obsolescencia del duelo, el miedo y la justicia, cuando no hay sentido ni esperanza en este mundo, solo queda entonces la *gracia*, la piedad más allá del castigo o de la absolución. El recorrido por el cauce del humor negro de la melancolía desemboca, pues, en la cuestión del perdón, y de si es posible o no la compasión en el presente.

La piedad apasionada

Javier Marías, lleno eres de gracia

> "*Haciendo uso una vez más de la analogía de la gracia es preciso concluir que el soplo divino solo lo recibe el escritor que se halla en estado de gracia, un estado en cierto modo traspuesto que al tiempo que le despierta una sensibilidad y una receptividad hacia el mensaje de las alturas le embarga un cierto número de facultades que se demuestran innecesarias en ese acto.*"
> —Juan Benet, *La inspiración y el estilo*

Javier Marías tiene la genialidad de comenzar sus novelas con frases siempre ocurrentes o con episodios verdaderamente prodigiosos.[1] *Mañana en la batalla piensa en mí* no es una excepción a ninguna de las dos cosas. La escena inaugural de esta novela de 1994, desde su primera frase, "Nadie piensa nunca que pueda ir a encontrarse con una muerta entre los brazos y que ya no verá nunca su rostro cuyo nombre recuerda," remite de alguna manera a la iconografía cristiana de la piedad, la virgen María abrazando el cuerpo muerto de Jesús; solo que, en la novela de Marías, esa alegoría bíblica se nos representa significativamente alterada. El primer centenar de páginas relata la muerte de una mujer entre los brazos de Víctor, el narrador y protagonista de la novela, justamente cuando ambos empezaban a darse sus primeros besos. Marta, madre de un niño de dos años, había invitado a su casa a Víctor, a quien acababa de conocer, aprovechando que esa noche su marido está de viaje. Cuando logran acostar al niño y se confirma el carácter galante de la invitación, de repente Marta enferma, agoniza y muere. Víctor no es culpable en modo alguno de esta muerte; por el contrario, trata de ayudar cuando Marta le pide que la abrace mientras se le pasa el malestar. Víctor no puede hacer nada por salvarla; al cabo de un tiempo indeterminado, pero breve, Marta muere. Durante esos instantes, el hombre permanece abrazando el cuerpo agonizante y semidesnudo de la mujer mientras que esta, en su último suspiro, exclama: "Ay Dios, y el niño" (13). Hasta cierto punto, pues, el episodio reconstruye la alegoría mariana de la piedad, aunque, desde luego, la alegoría de Marías presenta no pocas alteraciones con respecto a la original.

La piedad de Marías aparece, en primer lugar, invertida. El género sexual de los personajes está al revés, y no es una mujer quien abraza el cuerpo muerto de un hombre, sino que es Víctor quien abraza a Marta, la madre muerta de un niño. En segundo lugar, la piedad de Marías no alegoriza necesariamente un sentimiento de beatitud como sí lo hace, por ejemplo, la *Pietà* de Miguel Ángel, que transforma la identificación de la madre con su hijo muerto en la alegoría paradigmática de la aflicción: el duelo de la virgen María por la muerte de su hijo Jesús (ver la figura 3).

Fig. 3. *Pietá*, de Michelangelo. St. Peter's Basilica, Vatican City. Fotografía por John Morton. https://www.flickr.com/photos/morton/238681962. Autorizado sobre Creative Commons license 2.0. https://creativecommons. org/licenses/by-sa/2.0/

Por el contrario, la agonía y muerte de Marta entre los brazos de Víctor, justamente cuando ambos aprovechan que el marido está de viaje y el niño dormido para tener relaciones sexuales, confunde la aflicción con el humor, la conmoción con la distensión, la excitación con el desamparo. La imagen es tan cómica como dolorosa: "Me ha ocurrido una cosa horrible y ridícula —dice explícita y repetidamente el narrador desde el mismo momento en que Marta muere entre sus brazos— y me siento como si estuviera bajo un encantamiento" (136). Frente al encanto, convencionalmente sagrado, que suscita la virgen María abrazando el cuerpo muerto de Jesús, este otro "encantamiento" de Víctor resulta más bien bastante profano. ¿Cómo puede Víctor apiadarse de Marta, y afligirse e identificarse con ella, si su muerte los pilló a los dos *in medias sex*, o sea, en plena excitación?

Como sucedió en el capítulo previo con el cuerpo espatarrado y con los brazos en cruz del decano, la muerte de Marta entre los brazos de Víctor constituye aquí también otra alegoría del humor negro de la melancolía. En lugar de un sentimiento de piedad inequívocamente afligido, porque eso significa la alegoría cristiana de la piedad, la representación de la piedad que hace Marías al comienzo de *Mañana en la batalla piensa en mí* es sumamente equívoca. Horrible y ridícula a la vez, la piedad de Marías adquiere ahora un sentido prosaico, impío, si no perverso, por lo irreverente que puede resultar imaginarse a la *Pietà*, excitada. Así, con la expresión "la piedad apasionada," se refiere Savater a un sentido del humor también extraño, equívoco y contradictorio en grado sumo, porque si bien remite, por un lado, al fervor místico propio del pensamiento religioso, por el otro, sin embargo, la piedad apasionada constituye para Savater "el completo *desengaño* del discurso vigente y la posición probablemente más impía" (*La piedad* 50; cursiva suya). En el momento en que Savater escribió su ensayo sobre la "Religión en España," de un tirón y durante la semana trágica de 1975, cuando el dictador ordenó fusilar a sus últimas cinco víctimas (tres de ellas militantes del FRAP y dos de ETA), el humor fue su forma de resistirse contra la congoja que produjo en buena parte de la sociedad española este último ajusticiamiento de Franco (*La piedad* 11).[2] En *Mañana en la batalla piensa en mí*, el sentido del humor que empieza a desplegar esa alegoría invertida de la piedad, compuesta por Víctor abrazando el cuerpo muerto de Marta, se resiste también a resolverse en congoja exclusivamente.

Más bien, como escribe Savater del "fervor secreto" que lo arrebató durante aquellos días trágicos, el fervor de Marías "opera el sistemático desencadenamiento de las pasiones" (Savater, *La piedad* 42) y, como sostendrá el resto del argumento de la novela, constituye no solo "el completo *desengaño* del discurso vigente y la posición probablemente más impía" (Savater, *La piedad* 50), sino también la resistencia contra la más noble y autorizada retórica de la terminación: la retórica de la compasión. Como las novelas analizadas en los capítulos previos, la de Marías interviene nuevamente en las discusiones sobre la melancolía transformando ahora la compasión —el último sentimiento que puede poner las cosas en su sitio más allá del castigo y la absolución— en el más impío y despiadado de los sentimientos. Tal es la ironía que me propongo explorar en este último capítulo.

El perdón incondicional

Aunque a primera vista parezca enrevesado, el argumento de *Mañana en la batalla piensa en mí*, como por lo general sucede con todas las narraciones de Marías, es relativamente sencillo porque, en últimas, se reduce al relato de una *casualidad*. Tras dejar preparado un desayuno para cuando despertara el niño de Marta, Víctor abandona la casa sin comunicar lo sucedido a nadie ni usar tampoco el teléfono de emergencia que había dejado el marido. No obstante, varios días después de haber abandonado la casa, Víctor entra en contacto nuevamente con la familia de Marta, trabajando junto al padre de esta. La primera persona a la que Víctor le cuenta todo lo sucedido durante la noche inaugural de la novela es a Luisa, la hermana de Marta. Pero, para sorpresa del confeso, su confesión no logra liberarlo del encantamiento: "Conté. Conté. Y al contar no tuve la sensación de salir de mi encantamiento" (313). Es más, al descubrirse ante Luisa, Víctor debe descubrirse también ante el marido de Marta: "[Eduardo] te está buscando —le dice Luisa— y yo tendré que decirle que te he encontrado" (322). El encuentro entre Víctor y Eduardo ocupa el último capítulo de la novela; pero tampoco entonces Víctor logra liberarse de su encantamiento. Al contrario, su situación se complica todavía más cuando se entera de que habría podido evitar la muerte de otra mujer si la misma noche que murió Marta hubiera contactado al marido. Según le confiesa Eduardo, la noche del día después de morir su esposa, él se encontraba con su amante en Londres, donde habían viajado secretamente para abortar. Sin haber recibido todavía noticia alguna de la muerte de su esposa, Eduardo descubre que el supuesto aborto de Eva, que es como se llamaba su amante, no era sino una farsa ingeniada para que Eduardo no la abandonara. Presa de la furia de haberse sentido engañado, Eduardo intenta ahogarla en el autobús que los devolvía del hospital al hotel, pero Eva logra liberarse de Eduardo, con tan mala fortuna que al bajarse del autobús es arrollada accidentalmente por un taxi. Eduardo no baja del autobús, no se hace cargo del cuerpo de Eva y solo al día siguiente, cuando logran contactarlo desde Madrid, descubre que su esposa llevaba dos días muerta.

De manera tal vez menos explícita que al principio de la novela, cuando Víctor abraza el cuerpo muerto de Marta, el final remite nuevamente a la alegoría invertida de la piedad, en esta ocasión compuesta por Eduardo abrazando figuradamente a Eva: "Si lo hubiera sabido —confiesa Eduardo refiriéndose a lo que Víctor no le dijo desde el momento en que este abrazó el cuerpo muerto de Marta— todo habría sido distinto en Londres, ni siquiera habría permitido [a Eva] ir al hospital a la mañana siguiente, no habría habido lugar, un hermano para Eugenio [su hijo con Marta] y una nueva madre" (387). La confesión final de Eduardo tampoco logra salvar a este del encantamiento que le produce la muerte de Eva y, además, pone a Víctor en una posición todavía más extraña o pesada, si cabe, que la que lo había conducido a hablar con el marido de Marta. Ahora Víctor carga en su conciencia con dos muertes y, en el caso de la muerte de Eva, con el mal añadido de haberla podido evitar.

Al cabo de la novela, los lectores descubrimos que todos los intentos que ha hecho Víctor desde el comienzo por salir del "encantamiento" que le produjo la muerte de Marta, irónicamente, han contribuido a su perpetuación. O, puesto en otras palabras, todos los intentos de Víctor por encontrar a alguien que lo saque del estado ridículo y horrible en que lo ha dejado la muerte de Marta y, bien conmiserándose de él o bien acusándolo, restituya a su posición convencional aquella alegoría invertida de la piedad, paradójicamente, acaban confirmando la piedad apasionada del comienzo. El final de *Mañana en la batalla piensa en mí* se convierte así, como escribe Luis Fernández Cifuentes acerca del final de otra novela finisecular, *Doña Berta* (1892), en "un desafío a la más autorizada retórica de la conclusión":

> Se acaba doña Berta, pero, si es posible extrapolar la pregunta de Kermode, "the question remains, whether the story ends or merely stops" (Kermode, 1978, pág. 154). La respuesta es que esta historia no se resuelve al fin más que en un conjunto de cabos sueltos que ya no encontrarán atadura definitiva: la muerte de la protagonista tiene menos de conclusión que de *interrupción* indefinida; no es una "peripecia," en el sentido aristotélico del término; es apenas un "percance" (pág. 182), un accidente fortuito que resulta más bien ajeno a la causalidad y la continuidad del tejido argumental: lo corta, no lo remata. (Fernández Cifuentes, "*Doña Berta*" 180)

A diferencia, no obstante, del final de esta novela de Leopoldo Alas "Clarín," el final de *Mañana en la batalla piensa en mí*, más que dejar cabos sueltos, o *interrumpir* indefinidamente la novela, retorna al *principio*, a la escena inaugural de Víctor abrazando a Marta. Los esfuerzos de Víctor por salir de su encantamiento lo han conducido al final a un "encantamiento" mayor todavía, en esta ocasión por la culpabilidad que le produce descubrir que, si hubiera comunicado al marido o a cualquier otra persona que lo hubiera localizado la muerte de Marta nada más producirse, tanto el intento frustrado de homicidio por parte de Eduardo como el consecuente atropello de Eva en Londres podrían haberse evitado. Además, si el final en *Doña Berta* es, según Fernández Cifuentes, un accidente fortuito que resulta "ajeno a la causalidad y la continuidad del tejido argumental," en *Mañana en la batalla piensa en mí* esa muerte final de Eva sí está inserta en la causalidad o diseño argumental de toda la novela. Al descubrirse la muerte de Eva al final de la historia, el encantamiento de Víctor termina tomando forma —es decir, justificándose y argumentándose— en torno a la coincidencia o *entrecruzamiento* de las dos muertes: "No por tu culpa [murió Eva] —excusa Eduardo solo en parte a Víctor—, sino por el entrecruzamiento" [de la muerte de Eva con la de Marta].[3]

Al término de la novela, Víctor no ha encontrado a nadie que se apiade de lo que le ha sucedido y que restituya la piedad invertida a su posición original, y tampoco que lo castigue o que lo acuse. Completamente desengañada, la alegoría de la piedad que encontramos al principio de la novela sigue al final resistiéndose, no solo contra la autoridad del discurso de la justicia, sino también contra la autoridad que tradicionalmente ha tenido el discurso de la compasión para poner las cosas en su sitio. Ruibérriz, el mismo personaje que le facilita a Víctor entrar en contacto con la familia de Marta, hacia el final de la historia pone más claro que nadie la ironía absoluta del caso: "No jodas, ¿la tía se te quedó en el sitio? Y encima no llegaste a mojar, hay que joderse" (338). En este improperio, el "encantamiento" que la muerte de Marta produjo en Víctor pierde cualquier indicio de solemnidad; la absolución se confunde aquí con la maldición, la empatía con la ironía y la aflicción con el humor negro.

Este sentido equívoco que adquiere el sentimiento de la compasión al comienzo y al final del texto vuelve a ponerse de manifiesto en un episodio central de la narración, cuando Víctor escucha a alguien clamar piedad, aunque no puede reconocer quién la pide, ni por qué; y solo después, irónicamente cuando termina la novela, se explica del todo aquel clamor y puede Víctor empatizar con la persona que solicitaba clemencia. Tal episodio comienza cuando Víctor se descubre ante Luisa y comparte con ella ciertos hallazgos que había hecho sobre su hermana y Eduardo, como por ejemplo la relación amorosa que mantenía Marta con otro hombre. Víctor se enteró de esto al escuchar la cinta del contestador automático que se llevó de la casa de Marta. Con la ayuda de Luisa, Víctor puede identificar casi todas las voces grabadas en la cinta; sin embargo, pese a escucharla repetidas veces, una voz se resiste a ser reconocida y permanece velada, indescifrable para Víctor y Luisa. Ambos muestran especial interés en esta voz, la describen como "llanto estridente y continuo e indisimulable que está reñido con la palabra y aun con el pensamiento porque los impide o excluye más que sustituirlos—los traba" (328). Esta resistencia que ofrece la voz del contestador al intelecto de Víctor y Luisa aparece igualmente cuando Víctor la escucha por primera vez en su casa, al día siguiente de morir Marta:

> [E]ra una voz de niño, o de mujer infantilizada, decía esto de vez en cuando en medio del llanto, o incorporado al llanto como si fuera tan sólo una más de sus tonalidades: "... por favor... por favor... por favor...," esto decía y lo decía enajenadamente, no tanto como imploración verdadera que confía en causar un efecto cuanto como conjuro, como palabras rituales y supersticiosas sin significado que salvan o hacen desaparecer la amenaza. (96)

El mensaje es efectivamente confuso. Ni Luisa ni Víctor aciertan a identificar quién habla (un niño, una mujer) y menos aún qué dice. Lo único que puede sacarse en claro de estas dos descripciones es que esa voz clama piedad. Pero, al igual que los personajes de la novela, los lectores también desconocemos por qué clama piedad y quién está hablando. Víctor recalca el tono desarticulado de la voz: el habla se confunde con la expresión corporal del llanto, parece que es también el cuerpo, no solo la mente o la razón, lo que está tratando de expresarse a través de esa voz ("decía esto *incorporado* al llanto").

Pues bien, solo cuando llegamos al final de la novela, el protagonista y los lectores logramos desvelar y reconocer la identidad de quién pide clemencia y también la razón de esta petición. Pero, como he señalado al resumir el argumento de la novela, este reconocimiento sucede de alguna manera tarde, pues solo *después* de escuchar la confesión de Eduardo adquiere sentido en la novela ese clamor grabado en el contestador automático. Cuando Eduardo le cuenta a Víctor lo que le sucedió en Londres con su amante, Víctor puede deducir que la voz en cuestión —la que pedía "por favor, por favor, por favor" —pertenecía a Eva, quien efectivamente clamaba piedad a Eduardo para que no la dejara, y en parte también, aunque irónicamente, le pedía a su vez clemencia a Víctor para que la salvara y llamara a Eduardo aquella misma noche en que escucha el mensaje de Eva en la casa de Marta.

Ni Víctor, ni mucho menos Eduardo, fueron realmente piadosos para con las muertes de estas mujeres. Cuando Marta clamó "Ay Dios, y el niño," Víctor decidió dejarle a este niño un desayuno preparado, pero no llamó a nadie para que se hiciera cargo de él. Cuando Eva le imploró por teléfono a Eduardo que no la abandonara, tampoco este respondió a ese clamor. Solo después, cuando Eva muere y termina la novela, irónicamente las invocaciones a la piedad adquieren sentido. En el caso de Eduardo, que no se hizo cargo de Eva cuando la atropelló el taxi, este sentido —una vez más— invertido, irónico o perverso de la piedad aparece de manera tal vez menos explícita que en el caso de Víctor, aunque a fin de cuentas Eduardo termina también apiadándose de Eva, según puede colegirse de estas líneas: "Si lo hubiera sabido todo habría sido distinto en Londres, ni siquiera la habría permitido ir al hospital a la mañana siguiente, no habría habido lugar, un hermano para Eugenio y una nueva madre" (387). Frente a la imagen resentida de Eduardo castigando a Eva por haber fingido su aborto, aparece aquí otra imagen piadosa de este hombre para con Eva, y hasta para con el posible vástago de esta, que, aun cuando es una invención o un ardid todavía, Eduardo se dirige a él como si estuviera presente.

Al término de *Mañana en la batalla piensa en mí*, el sentimiento de la piedad sigue manifestándose por lo tanto de manera irónica. Si Eduardo hubiera sentido real o inequívocamente piedad para con Eva, y no la hubiera abandonado, Eva no habría tenido que urdir su engaño, no habrían viajado a Londres, y ahora nadie tendría que lamentar su muerte. Solo a *posteriori*, o de manera alegórica, se nos representa la piedad; de ahí el sentido profano que adquiere este sentimiento, paradigmáticamente sagrado, en toda la novela de Marías.

La piedad original, sagrada y noble, la piedad que expresaba la virgen María abrazando el cuerpo muerto de su hijo Jesús, en *Mañana en la batalla piensa en mí* aparece desmitificada, relegada al pasado, a los textos y los tiempos bíblicos, o bien al mensaje telefónico, también pasado, en el que Eva clamó piedad enajenadamente. En lugar de representar clemencia, conmiseración y nobleza, las escenas de Víctor y Eduardo abrazando respectivamente los cuerpos muertos de Marta y Eva son profundamente impías. Más que símbolos o íconos sagrados, esas escenas son alegorías de un sentido del humor que constituye efectivamente el "completo *desengaño* del discurso vigente" (Savater, *La piedad* 50). Por un lado, este sentido del humor desafía el discurso de la moral ("no por tu culpa, sino por el entrecruzamiento") y hasta el autorizado discurso de la justicia: incluso si se levantaran cargos contra Eduardo, por la muerte de Eva, aquel podría salir eximido, pues, en última instancia, Eva murió por accidente.[4] Pero, por otro lado, el humor de Marías desafía también la retórica de la conclusión que adquiere autoridad más allá incluso de la moral y de la justicia en forma de perdón o de gracia y misericordia. Tampoco este discurso tradicionalmente autorizado para poner las cosas en su sitio, aun en las circunstancias más trágicas e irresolubles, logra en el transcurso de toda la novela sacar a Víctor y Eduardo de sus respectivos encantamientos.

Si hemos de creer a Jacques Derrida, "el perdón no tiene límites" (*On Cosmopolitanism* 27). La compasión es probablemente el sentimiento más poderoso, el que no pide nada a cambio y, por consiguiente, el sentimiento más noble; más todavía que los sentimientos del duelo, del miedo y de la culpa y la justicia puestos en cuestión arriba por el humor negro, respectivamente, de Millás, Fernández Cubas y Torrente Ballester. ¿Qué consecuencias podemos extraer de esta otra transformación que hace ahora Marías del sentimiento de la compasión en sentido perverso del humor? ¿Qué podemos aprender de esta doble acepción que adquiere la alegoría de la piedad en la novela de Marías, que al mismo tiempo que significa gracia o compasión significa broma o chirigota? Téngase presente al objeto de pensar en estas preguntas que el sentimiento de la piedad, históricamente, ha estado asociado siempre a figuras con un enorme poder, como Dios ("Señor, ten piedad de nosotros"), la Virgen ("Santa María, llena eres de gracia"), los reyes y dictadores ("por obra y gracia…"), las madres ("Ay Dios, y el niño"). Solo estas figuras tradicionalmente sagradas han podido otorgar el perdón incondicional y, por lo tanto, apiadarse realmente más allá de cualquier justificación. ¿Qué sucede entonces cuando dichas figuras aparecen cuestionadas incluso en su capacidad para otorgar el perdón? ¿Qué consecuencias políticas, en definitiva, podemos extraer de esta transformación que hace Marías de la piedad, en gracia, y de la gracia, a su vez, en guasa?

Al objeto de responder a tales cuestiones, y de seguir indagando en la resistencia al desencanto que ofrece en España el humor negro de la melancolía, especialmente aquí un sentido del humor que pone de manifiesto la obsolescencia del perdón y la piedad en el mundo contemporáneo, dedicaré el siguiente apartado a reflexionar sobre un aspecto bastante bien estudiado en otras novelas de Marías, como por ejemplo *El siglo* (Moreno-Nuño), y muy sugerente de estudiar también en esta. Me refiero a la relación que mantiene en *Mañana en la batalla piensa en mí* la alegoría de la piedad con la congoja que, además del asesinato de las últimas víctimas directamente ejecutadas por Franco (que es contra lo que trató de resistirse Savater en 1975), puede producir en la España de 1994 revisitar otros agravios padecidos por este país durante prácticamente todo el siglo XX. Si bien es cierto que esta novela de Marías permite alegorizar los horrores sufridos durante la guerra y la dictadura, no es menos cierto tampoco, según estamos viendo, que el discurso de la compasión, en la misma novela, se transforma también en un discurso ridículo. A la hora de utilizar esta otra novela del escritor madrileño para reflexionar sobre el sentimiento de la compasión hacia los agravios de la historia española, será imprescindible tener presente dicha transformación que hace Marías de la piedad, en ironía, de la gracia, en risa, y del fervor religioso y político, en sentido del humor negro, si no queremos caer en lecturas o interpretaciones sesgadas de *Mañana en la batalla piensa en mí*, como la lectura sesgada que hace Víctor del drama histórico de Shakespeare, del que sale el título de la novela, cuando lo utiliza para alegorizar su propia sensación de encantamiento.

Shakespeare en Madrid

La impronta de William Shakespeare en la obra de Javier Marías ha sido objeto de numerosos estudios (Scarlett; Masoliver Ródenas; Herzberger, *A Companion*). Como casi todas las ficciones de Marías, *Mañana en la batalla piensa en mí* remite al escritor inglés desde el título mismo.[5] Dentro de la novela, la primera referencia explícita a Shakespeare aparece en una escena muy iluminadora a efectos de entender qué función tiene su dramaturgia en el diseño del argumento y qué puede enseñarnos específicamente la habilidad para narrar que tiene Marías —su estilo literario— sobre el perdón, especialmente sobre el perdón de los agravios de la dictadura y la guerra civil española. Se trata del episodio en que, tras despertarse el hijo de Marta y acompañarlo Víctor de vuelta a su habitación para evitar que vea a su madre enferma y semidesnuda, Víctor se asoma a la habitación del niño y se golpea con algo que resulta ser un avión de juguete que colgaba del techo junto con otros aviones. Víctor detiene el avión, y entonces identifica cada uno de los aviones y los clasifica según las guerras en las que se utilizaron: la primera guerra mundial, la guerra civil española, la segunda guerra mundial y la guerra de Corea. Acto seguido, Víctor reflexiona sobre esta "escena de guerra" mientras espera a que el niño se duerma:

> No se movían, no se mecían, pero aun así todos sufrían el vaivén levísimo —una oscilación inerte, o quizá es hierática— que no pueden evitar tener las cosas ligeras que penden de un hilo: como si por encima de la cabeza y el cuerpo del niño se prepararan todos perezosamente para un cansino combate

nocturno, diminuto, fantasmal e imposible que sin embargo
ya habría tenido lugar varias veces en el pasado, o puede que lo
tuviera aún cada noche anacrónicamente cuando el niño y el
marido y Marta estuvieran por fin dormidos, soñando cada uno
el peso de los otros dos. "Mañana en la batalla piensa en mí,"
pensé; o más bien me acordé de ello. (38)

Cuando Víctor regresa a la habitación de Marta, y esta todavía
no se ha recuperado, Víctor vuelve a recordar la línea *mañana en
la batalla piensa en mí*, pero le añade otro imperativo: "Mañana
en la batalla piensa en mí, *y caiga tu espada sin filo*" (41–42;
cursiva mía). Nada más morir Marta entre sus brazos, una vez más
Víctor recuerda la línea, pero, en esta ocasión, añade otros dos
imperativos que clausuran la frase y sentencian (a muerte) al sujeto
invocado: "Mañana en la batalla piensa en mí, y caiga tu espada sin
filo: *desespera y muere*" (51; cursiva mía). En el espacio de tiempo
que transcurre desde que se golpea con el avión de juguete hasta
que Marta muere entre sus brazos, Víctor recuerda la línea de
Shakespeare de forma entrecortada en tres momentos diferentes.
Víctor termina, con todo, recitando la frase completa; pero no
será esta sin embargo la última vez que la recite en el transcurso de
toda la novela, ni tampoco serán estas la variación y la traducción
definitivas que Víctor haga de la línea original de Shakespeare.
Al contrario, la línea se repite múltiples veces en el trascurso de
Mañana en la batalla piensa en mí y no siempre igual, aunque sí
de forma tal que parece crear un eco, una rima narrativa o un
motivo musical dentro de todo el texto.

Esta licencia poética de transformar una frase en motivo musical
es una de las marcas más representativas del estilo de Marías
(Grohmann 185; Herzberger, *A Companion* 169; Herzberger,
"Ficción" 33). Si para Juan Benet (probablemente el escritor
español moderno más respetado por Marías), el estilo literario
es un "estado de gracia," un "soplo divino" que les proporciona
a los escritores un conocimiento extraño que trasciende el intelecto (*La inspiración* 33), el estilo y, por consiguiente, la gracia
de Marías en *Mañana en la batalla piensa en mí* está, entre otras
cosas, en la reproducción entrecortada y equívoca de la cita de
Shakespeare. Como sucedía arriba con el mensaje de Eva, quien
alcanzaba a pedir clemencia únicamente a través de un lenguaje
indescifrable ("decía esto […] *incorporado* al llanto"), el estilo
críptico, hermético o supersticioso que Marías va creando en toda

su novela —mediante la repetición de dicho motivo musical— es también el único modo de expresión que se le concede a la piedad que, en este caso, solicita Víctor desde que Marta agoniza y muere entre sus brazos. "*Forgiveness is aesthetic*," concluye Kristeva tras analizar la obra de Dostoievski, el escritor que más se adentró en los oscuros dominios de la culpa y el castigo (*Black Sun* 206; cursiva suya); y a una conclusión semejante apuntaría Benet cuando identifica el estilo literario con el estado de gracia: el perdón es, en el fondo, un acto estético, pues no pide nada a cambio, o —siguiendo con la terminología kantiana— el perdón, como el objeto estético, carece de propósito. Y es esta falta de utilidad, precisamente, el propósito o fin último, si en verdad tiene alguno, de la ficción de Javier Marías.

El encantamiento que experimenta Víctor, desde que Marta agoniza y muere entre sus brazos, en el transcurso de la novela solo puede comprenderse y, en cierto modo, suscitar entonces la con-miseración de los lectores a través de ese estilo supersticioso que adquiere la voz de Marías a base de repetir la cita de Shakespeare. La línea "mañana en la batalla piensa en mí" atraviesa toda la narración, desde el título hasta prácticamente el final, "pese yo mañana sobre tu alma, sangrienta y culpable" (407). Con estas resonancias intermitentes de la cita original de Shakespeare, Marías sienta las bases de la relación que mantiene su novela con la dramaturgia shakespeareana: una relación de nuevo irónica porque, como vamos a ver, se sostiene sobre la interpretación *sesgada* que realiza Víctor de los textos de Shakespeare desde el momento mismo en que, nada más enfermar Marta, recuerda la frase "mañana en la batalla piensa en mí."

La línea procede, como han señalado varios críticos y el propio Marías, de la tragedia *Richard III*: el drama histórico donde Shakespeare relata, entre otros episodios de la historia británica, la última batalla entre las tropas de Ricardo III y las de Lancaster. "Mañana en la batalla piensa en mí, y caiga tu espada sin filo: desespera y muere" es la maldición que Ricardo III escucha pronunciar a los fantasmas de cada una de sus víctimas (todas las personas que ha asesinado para conseguir el trono) la noche previa a enfrentarse a Lancaster. En la tragedia de Shakespeare, esta maldición se cumple y, efectivamente, Ricardo III desespera y muere en la batalla de Bosworth (1485). Y lo mismo sucede en la tragedia con los buenos deseos de esos mismos fantasmas para con el contrincante de Ricardo III. Como las maldiciones contra este rey impostor, también la consagración de Lancaster se cumple y, al final, este logra la victoria y se transforma en el rey Enrique VII, con el consiguiente resultado de que se restablece nuevamente el orden en la casa real británica y terminan las "guerras de las dos rosas" (1455–85), donde se enfrentaron las casas de York y Lancaster.

El protagonista de *Mañana en la batalla piensa en mí* parece tener bien presente esta premisa de que, en *Richard III*, tanto las maldiciones como las consagraciones se cumplen; y no solo porque Víctor recuerda, traduce y repite concienzudamente la maldición que da título a la novela, sino también porque identifica el encantamiento que está a punto de producirle la muerte de Marta con ese otro "encantamiento" que experimenta Ricardo III al soñar con las maldiciones de los fantasmas la noche previa a su batalla contra Lancaster. El recuerdo de la maldición "mañana en la batalla piensa en mí" revela también en Víctor cierto sentimiento de culpa; y el orden de cosas anunciado por la cita de Shakespeare —a la *culpa* de Ricardo III le ha de seguir, necesariamente, el *castigo*, y a este también necesariamente la *expiación* de la culpa— viene a su vez a reproducir, de alguna manera, el orden de cosas que tiene presente Víctor para comportarse como lo hace durante toda la novela, mientras busca enajenadamente exorcizar su encantamiento y redimirse. Desde la primera hasta la última noche de *Mañana en la batalla piensa en mí*, Víctor actúa en consecuencia con la premisa trágica o fatídica de que, en *Richard III*, la maldición "mañana en la batalla piensa en mí, y caiga tu espada sin filo: desespera y muere" se cumple. Pero esta premisa es errónea, o desatinada, porque en Shakespeare las maldiciones se cumplen, efectivamente, pero siempre de forma irónica.

Al contrario de *Mañana en la batalla piensa en mí*, que como hemos visto está enmarcada por dos noches —la noche que muere Marta y la noche que Eduardo le cuenta a Víctor la muerte de Eva—, *Richard III* está enmarcada por dos días especialmente soleados. El primero da pie a la célebre "determinación" del maltrecho Gloucester antes de convertirse en Ricardo III, "And therefore, since I cannot prove a lover, / To entertain these fair well-spoken days, / I am determined to prove a villain / And hate the idle pleasures of these days" (Acto I.i). Y el último día, el día de la batalla de Bosworth, castiga esa determinación villana.

De sol a sol se ha venido a producir, por lo tanto, un acto de ajusticiamiento contra Ricardo III, el rey impostor.

Richard III representa entre ambos soles, el del principio y el del final, un patrón de justicia retributiva que, como dice Steiner de las tragedias griegas o paganas, es "implacable y, a la vez, absurdo" (9): el castigo a Ricardo III trae consigo, necesariamente, una luminosa puesta de sol y un venturoso mañana cuando fue precisamente el sosiego y la claridad de otros días, también venturosos y luminosos, lo que agravió a Gloucester y lo condujo a "hate the idle pleasures of these days." Según A. P. Rossiter, este patrón de justicia funciona en la historia de los Tudor —la dinastía que, al término de *Richard III*, instaura Enrique VII— como "a sort of analogy to Newton's Third Law in the field of moral dynamics: 'Action and reaction are equal and *apposite*'" (2). Nicholas Brooke también define este patrón de las tragedias de Shakespeare como "a crushing weight of retribution, a pattern which becomes a vast ritual of destructive vengeance" (52).

Ahora bien, pese al ordenamiento aparentemente trágico, fatídico o necesario de la tercera ley de Newton sobre la que escribe Rossiter, y de la venganza destructiva sobre la que escribe Brooke, la tragedia *Richard III* no es en verdad una obra trágica; no en el sentido al menos que Steiner y Auden atribuyen a lo trágico: "That what had to happen happened."[6] La justicia retributiva que conduce a la terminación de las "guerras de las dos rosas" y a la restauración, a su vez, de la corona británica se transforma en la tragedia de Shakespeare en *ironía dramática*. Rossiter utiliza otros conceptos —"ambivalence," *"paradox,"* *"peripeteia"*— para referirse a lo que parece ser un mismo problema: "[the] exact juxtaposition of opposites in the mind of the audience" (51). La justicia retributiva resulta en *Richard III* "obscure, ironic, *and*— as far as Shakespeare shows the scheme of things—seemingly endless" (Rossiter 43, cursiva suya). Así, en el Acto I, Lady Anne maldice a Gloucester por matar a su marido: "If ever he have wife, let her be made / More miserable by the death of him / Than I am by my young lord and thee!" (Acto I.ii). En el Acto IV, después de haberse convertido ella en la esposa de Ricardo III, Lady Anne reconoce ser la víctima de su propia maldición: "Lo, ere I can repeat this curse again, / Even in so short a space, my woman's heart / Grossly grew captive to his honey words / And proved the subject of my own soul's curse" (Acto IV.ii). Lo mismo puede decirse del duque de Buckingham. En el Acto II Buckingham exclama ante la reina Elizabeth: "Whenever Buckingham doth turn his hate / On you or yours [*to the Queen*], but with all duteous love / Doth cherish you and yours, God punish me" (Acto II.ii). En el Acto V, después de haber pasado a servir a Ricardo III y de haber vuelto su odio contra la reina y la casa Lancaster, Buckingham aparece camino a su ejecución, ordenada por el propio Ricardo III, y reconoce entonces que, en efecto, ha obtenido justamente lo que pidió ante la reina: "That high All-Seer that I dallied with / Hath turn'd my feigned prayer on my head" (Acto V.ii). Tanto Lady Anne como Buckingham resultan víctimas de sus propias maldiciones; son sujetos de la justicia retributiva (ellos mismos al maldecir la invocan) y, a la vez, están *sujetos* a la justicia retributiva. Como advertía Rossiter y luego insistió Brooke, la justicia retributiva produce en el lector o en la audiencia de las tragedias de Shakespeare "a simultaneous perception of two utterly different and opposed scales of value, the historical and the tragic" (Brooke 79).

En *Mañana en la batalla piensa en mí*, Víctor no tiene presentes estas paradojas e interpreta la maldición contra Ricardo III de modo supersticioso en exceso, esto es, interpreta la maldición casi literalmente, o sin apenas ironía. Desde el instante en que se acuerda de la línea de Shakespeare hasta prácticamente el final de la novela, cuando acude nuevamente a la casa de Marta para escuchar la confesión de Eduardo, Víctor ha tratado por todos los medios de interceder en ese orden trágico de la culpa, el castigo y la expiación, sentenciado por la maldición contra Ricardo III. Como parte de esta intercesión, Víctor recorre un largo y tortuoso itinerario de manera casi tan enajenada como Eva clamaba piedad en su mensaje telefónico. Víctor se hace pasar por un amigo que esporádicamente hacía trabajos para la Casa Real española, con la que está vinculado el padre de Marta. Además, trabaja de escritor negro o escritor pagado para escribir bajo la autoría, en este caso, del rey de España. Y llega incluso a regresar a la misma casa de Marta para encontrarse con el marido de esta. Todo esto hace Víctor para interceder en el orden desconcertante de cosas prescrito por la maldición, con el irónico resultado, no obstante, de que, al cabo de su dilatado itinerario, queda todavía más desconcertado.

El protagonista de *Mañana en la batalla piensa en mí* ha dado crédito a la maldición que en *Richard III* ajusticia al rey usurpador y permite a todos los personajes saldar de una u otra forma sus cuentas pendientes, pero lo que Víctor acaba obteniendo a cambio de este crédito a la maldición contra Ricardo III es otra cuenta pendiente consigo mismo que, además, se resiste a ser saldada por completo. Esta relación, una vez más, *irónica* entre la novela y el drama de Shakespeare pone de manifiesto lo que considero una interpretación sesgada por parte de Víctor del drama inglés. Víctor recuerda reiteradamente la maldición del drama *Richard III*, y la tiene bien presente en todo momento haciendo lo posible, y hasta lo imposible, para intervenir en ella. Pero se le olvida o se le pasa por alto que las maldiciones en Shakespeare se cumplen siempre de forma irónica, y no necesaria, como sucede en las tragedias griegas. Prueba de esta realización confusa de las maldiciones en Shakespeare son las ironías dramáticas o "peripecias" (Rossiter) que experimentan Lady Anne y Buckingham cuando se convierten en víctimas de sus propias maldiciones; o las que experimentan los personajes que terminan condenando a Ricardo III, y venerando a Lancaster, cuando en principio fueron esos mismos personajes quienes se opusieron a que Lancaster fuera rey, y ayudaron por otra parte a Gloucester a convertirse en Ricardo III.

Mientras que en el drama de Shakespeare todos los personajes encuentran cierto alivio o resolución a los agravios, traiciones y crímenes padecidos, aunque sea en forma de *sufrimiento* —según Aristóteles la última parte cualitativa de las tragedias— o de *muerte* —como le sucede a Ricardo III—, en la novela de Marías, sin embargo, Víctor no encuentra alivio ni solución alguna a su encantamiento. Como dice Masoliver Ródenas, la grandeza trágica de los personajes de Shakespeare le sirve a Marías para "acentuar la trágica incapacidad para la tragedia de nuestros contemporáneos" ("El pensamiento" 62). A diferencia del héroe shakespeareano, el héroe de Marías carece de todos y de cada uno de los sentimientos que le permitieron a Shakespeare explicar las ironías a que dio lugar la historia de la Casa Real británica. Al final de la novela, Víctor no encuentra solución de ningún tipo a su encantamiento. El marido de Marta, el personaje destinado convencionalmente a vengar el delito de adulterio en que incurren Víctor y Marta, no culpa directamente a Víctor (¿cómo culparlo a él o a Marta si él mismo ha sido infiel con Eva?), pero tampoco lo absuelve por completo, "no por tu culpa [murió Eva], sino por el entrecruzamiento," le decía Eduardo. Y lo que es más, al final de la novela Víctor tampoco encuentra el atenuante que en los dramas históricos de Shakespeare permitía resolver las ironías dramáticas de la historia en *melancolía*, concretamente en la melancolía de los monarcas. No hay perdón ni comprensión posibles para el encantamiento de Víctor, como sí la hubo en los dramas de Shakespeare para la melancolía de sus reyes.

En el caso en concreto del *Richard III*, Enrique VII debe ejercer al final de rey de Inglaterra, y restaurar el orden en la historia británica y velar implacablemente por la justicia, cuando hasta este momento ha comprobado sin embargo que la justicia, la historia y la propia casa real funcionan de manera profundamente irónica. Como en otros dramas históricos de Shakespeare y, según Walter Benjamin, como en la mayoría de los dramas barrocos, la figura del rey puede ejecutar la justicia u otorgar la piedad, pero, a cambio, debe cargar inexorablemente con el sol negro de la melancolía (Benjamin, "La estética" 23). El rey, en última instancia, es una figura paradigmática de la melancolía —el *Homo melancholicus* ejemplar— porque, a través de él, la audiencia de aquellas obras de teatro podía descubrir la *facies hipocritas* de la historia, o sea: desengañarse o desencantarse al descubrir lo que en la historia de su nación había de falsedad, traición y ocultamiento. Al contrario del inequívoco temple melancólico de aquellos reyes antiguos, la melancolía del rey de Marías (porque también en la novela aparece un rey) será, no obstante, profundamente equívoca, pues, como veremos en lo que será una conclusión a este último capítulo y, en cierta forma también, al recorrido por los derroteros de la bilis negra trazado en los capítulos previos, la melancolía del rey de *Mañana en la batalla en la batalla piensa en mí* procede de carecer incluso del arquetipo antiguo de la melancolía.

Adiós risas y adiós agravios

Javier Marías clausura *Mañana en la batalla piensa en mí* con una de las citas más representativas de la antigua melancolía de los reyes: "Adiós risas y adiós agravios. No os veré más, ni me veréis vosotros. Y adiós ardor, adiós recuerdos" (412). Son parte del largo adiós del príncipe Hal a su compañero de rumba Falstaff.[7]

Antes de que aparezca al final, Víctor ha conversado sobre esta célebre despedida con el rey de España en un episodio central en toda la novela que tiene lugar mientras trabaja junto al padre de Marta como escritor negro de la casa real. El rey de la novela hace el siguiente comentario sobre la terminación de una película que ha visto en la televisión durante una de sus noches de insomnio:

> La película trata de reyes, Enrique IV y Enrique V, el segundo cuando todavía era Príncipe de Gales. Príncipe Hal lo llamaban a veces, un bala perdida, un calavera, todo el día por ahí de juerga mientras su padre agonizaba, en prostíbulos y tabernas con rameras y con sus amigachos, el gordo Welles, el corruptor más viejo. Al príncipe se lo ve cambiar, cuando por fin muere el padre y él es coronado rey abjura de su vida pasada (pero inmediatamente pasada, fijaos, es de anteayer y ayer mismo) y aleja de sí a sus compinches, al pobre Welles lo destierra pese a que el viejo lo llama "mi dulce niño" arrodillado ante él en plena ceremonia de coronación, a la espera de los prometidos favores. "Ya no soy lo que fui," le dice el nuevo rey, cuando tan sólo unos días antes había compartido con él aventuras y chanzas. (173)

La película en cuestión es *Campanadas a medianoche*, la versión cinematográfica que en 1966 filmó Orson Welles (en España, precisamente) de los dramas de Shakespeare dedicados a las vidas de Enrique IV y Enrique V.[8] En *The Second Part of King Henry IV*, cuando el recién coronado Enrique V se reencuentra con Falstaff, le dice: "*I know thee not*, old man. ... / I have long dreamt of such a kind of man, / So surfeit-swell'd, so old, so profane; / But, being awaked, I do despise my dream" (Acto V.v; cursiva mía). Para el rey de la novela, este cambio o *peripeteia* final del personaje no resulta necesariamente trágico, en el sentido aristotélico de inducir en la audiencia *miedo y piedad* y producirse la catarsis. El rey señala la ironía a que da lugar la coronación de Enrique V: "Cuando por fin muere el padre y él es coronado rey abjura de su vida pasada [con Falstaff] [...] cuando tan sólo unos días antes había compartido con él aventuras y chanzas" (173). Por un lado, al rey de la novela le resulta lógico que haya pasado lo que ha pasado, es decir, que el príncipe Hal le haya dado la espalda a Falstaff. Pero, por el otro lado, esta conversión le resulta, al mismo tiempo, poco menos que increíble: "abjura de su vida pasada (pero inmediatamente pasada, *fijaos*, es de anteayer y ayer mismo)," subraya el rey (173; cursiva mía). El reencuentro entre el ya para entonces rey Enrique V y Falstaff comprende a la vez el reconocimiento y el desconocimiento de ambos personajes, revela dos imágenes opuestas de cada uno de ellos: el pasado calavera del príncipe y su vida nueva como monarca, el sueño del joven príncipe junto a Falstaff y su despertar adulto en el trono, el exceso compartido con Falstaff —"so surfeit-swell'd, so old, so profane"— y la responsabilidad regia aparecen yuxtapuestos en este extraño reencuentro. Y lo mismo podría decirse de Falstaff, a quien el rey de *Mañana en la batalla piensa en mí* ve convertido de favorito del príncipe en persona ingrata a la corona, y quien ve a su vez al que fue su "dulce niño" (173) convertido ahora en su verdugo.

Como el cambio histórico dramatizado al final de *Richard III*, tampoco este otro cambio histórico, dramatizado ahora al término de *Campanadas a medianoche*, funciona de manera irreversible. Por el contrario, como bien nota el rey de la novela y escribía arriba Rossiter, la transformación del príncipe Hal en Enrique V es también "obscure, ironic, *and* seemingly endless" (43). La interminable ironía a que está sometida la historia británica, no obstante, Shakespeare la resuelve en *melancolía*, concretamente en la melancolía del monarca, que es el sentimiento bello, noble y catártico sobre el que se sostiene la grandeza trágica de sus dramas históricos.

En el caso específico de la película, el príncipe Hal se convierte en Enrique V y puede poner nuevamente las cosas en su sitio, y ejecutar realmente la justicia y otorgar la gracia, pero, a cambio, debe cargar también con el sol negro de la melancolía, que es lo que expresa su larga y lánguida despedida: "Adiós risas y adiós agravios. No os veré más, ni me veréis vosotros. Y adiós ardor, adiós recuerdos." Después de ver *Campanadas a medianoche*, el rey de la novela tiene bien presente aquella melancolía de los monarcas de Shakespeare, pero, como le sucedió a Víctor con *Richard III*, también aquí su interpretación de la película es sesgada. Pues si bien se identifica con la melancolía de Enrique V, como Víctor lo hizo con la maldición contra Ricardo III, a diferencia del rol que la maldición y la melancolía tienen en el drama y en la película, ni la maldición del rey ni su melancolía resuelven nada en la novela. Frente a aquellos monarcas de Shakespeare, el monarca de Marías, como escribe Masoliver Ródenas, "carece de grandeza trágica y ésta es, paradójicamente, su única tragedia" ("*Mañana*: Polifonía" 20).[9]

Víctor trabaja varios días para la casa real escribiendo un discurso sobre la figura del rey. El rey lamenta que no se conoce su "personalidad": "Voy a pasar a la historia —dice el rey— sin atributos, o lo que es peor, sin un atributo, lo cual es lo mismo que decir sin carácter, sin una imagen nítida y reconocible" (157). El discurso debe representar entonces el "carácter" del rey, debe transformar al rey en una personalidad inconfundible: "En mi imagen pública no se ve drama, seamos francos" (162). El rey expone entonces a Víctor lo que quiere dar a conocer de su personalidad, y resulta que su característica más íntima —"nítida y reconocible"— es, paradójicamente, ser muy "dubitativo": "Casi nadie sabe que yo soy muy dubitativo. Dudo mucho y de todo. Muchas veces me alegro de que me vengan dadas las decisiones, en otra época mi vida habría sido pura oscilación, pura confusión, mi ánimo un vaivén perpetuo. Por dudar, yo dudo hasta de la justicia de la institución que represento" (163). Además, el rey padece de insomnio, al igual que Víctor, y según cuenta su secretaria, "tira los dados a ver si se aburre y le viene el sueño" (350). Como los reyes de Shakespeare, este rey de *Mañana en la batalla piensa en mí* también es una figura profundamente melancólica, en esta ocasión porque anhela "otra época" en la que, dubitativo o no, su trono hubiera tenido un rol, una función, un sentido. Parafraseando de nuevo aquí a Nerval, Marías representa a la figura del rey como "el *desdichado,*" "le ténébreux, —le veuf—, l'inconsolé, / Le prince d'Aquitaine à la tour abolie" que igualmente "porte le *Soleil noir* de la *Mélancolie.*" Como el rey Enrique V de *Campanadas a medianoche*, "el Único, el Solo, Solus, hasta el Solitario y de ahí el Llanero, Only the Lonely... y Only You" (que de todas estas maneras llaman al rey de la novela; 139) también está profundamente afligido.

Ahora bien, a tenor del análisis previo, en *Mañana en la batalla piensa en mí* la aflicción o la melancolía no es realmente un sentimiento bello, noble y catártico, porque no resuelve, dentro de la novela, ninguna de las ironías dramáticas a que dan lugar la muerte de Marta y su entrecruzamiento con la muerte de Eva. De hecho, Víctor termina su "trabajillo," pero el discurso del rey no llega a puerto alguno: "Se ha cancelado lo de Estrasburgo," el acto donde el rey debería leer su discurso, le comunica la secretaria del rey a Víctor hacia el final de la novela. El *Homo melancholicus* se ha convertido prácticamente en un hombre sin atributos.

A través de la interpretación que hace el rey español de la grandeza melancólica de los reyes antiguos, Marías incorpora en su novela la desmitificación de la historia que encontramos en los dramas históricos de Shakespeare: "Todo es a la vez de una forma y de su contraria —resume Víctor la tesis política que sostiene el rey tras ver la película de Welles—, nadie hace nada convencido de su injusticia y por eso no hay justicia ni prevalece nunca" (305).[10] Sin embargo, como sucedió arriba entre los encantamientos de Víctor y de Ricardo III, también este encantamiento o esta *identificación* que expresa el rey de la novela, entre su melancolía y la melancolía de los reyes antiguos, es desatinada, o se sostiene sobre otra interpretación sesgada del texto de Shakespeare.

El rey de la novela puede estar desencantado con la historia, con el mundo y con la justicia, pero aquí su desencanto monárquico representa una situación o una condición afectiva todavía más desconcertante que en la época de los reyes antiguos. La melancolía de los monarcas es también cosa del pasado. El rey es rey, pero en un mundo esencialmente republicano, es decir, en un mundo en que sus decisiones no importan porque, como reconoce él mismo y repite Víctor en el transcurso de la narración —y varias veces además—, "todo es uno y a la vez su contrario." Los lectores de *Mañana en la batalla piensa en mí* podemos tener junto al rey una interpretación realmente desencantada del curso de la historia, pero este *desencanto* no redime ni resuelve necesariamente nada.[11]

A diferencia de los reyes Ricardo III y Enrique V, el rey de *Mañana en la batalla piensa en mí* pasa a la historia, como se dice coloquialmente, sin pena ni gloria. Desencantado con el sentimiento mismo del desencanto, el rey viene a funcionar, dentro de la casa real española, como una parodia de otro personaje histórico igualmente *desdichado*: Marco Aurelio, el emperador romano que mientras veía caer los muros de su imperio se dedicó a estudiar filosofía estoica y a escribir la mayor meditación que se conserva sobre el estoicismo (Hadot).

Dentro de la tradición del pensamiento *estoico*, precisamente, insertó T. S. Eliot los dramas históricos de Shakespeare. Eliot responde a toda una serie de sentencias dictadas por críticos contemporáneos y predecesores suyos —"there is the fatigued Shakespeare, the messianic Shakespeare, the ferocious Shakespeare," etc.— con otra sentencia que arroja cierta luz sobre las interpretaciones sesgadas de Shakespeare que hemos encontrado en la novela de Marías:

> Mr. Lewis, and other champions of Shakespeare as a great
> philosopher, have a great deal to say about Shakespeare's
> power of thought, but they fail to show that he thought to
> any purpose; that he had any coherent view of life, or that he
> recommended any procedure to follow. I would suggest that
> none of the plays of Shakespeare has a "meaning," although
> it would be equally false to say that a play of Shakespeare is
> meaningless. (Eliot 308–09)

Eliot propone entonces una interpretación de Shakespeare que,
si bien comprende múltiples interpretaciones del dramaturgo
inglés, al mismo tiempo desafía a cada una de ellas. En este sentido,
la propuesta de Eliot es una reformulación, en el terreno de la
crítica, de lo que, según el mismo Eliot, incorporó Shakespeare en
el terreno de la creación literaria: "The stoicism of Seneca" (303).
Esto no quiere decir que las tragedias de Shakespeare o la crítica de
Eliot son necesariamente estoicas, sino que ambas se derivan del
estoicismo de Séneca.

El estoicismo nació como una filosofía diseñada para los
esclavos: "A man to join himself with the Universe / In his main
sway, and make in all things fit" (Eliot 305). Mientras el individuo
tiene algo con lo que identificarse (por ejemplo, la ciudad para los
griegos antiguos o el reino para los británicos isabelinos), no se
identifica con el dominio oscilante del universo: "The Universe in
his main sway." Cuando, por el contrario, el individuo cae en un
mundo indiferente u hostil, el estoicismo representa un paradójico
refugio, una suerte de saturnalia personal, a la vez fastidiosa y
animosa. Este parece ser el legado del estoicismo que le interesa a
Eliot: "Stoicism is the refuge for the individual in an indifferent or
hostile world too big for him; it is the permanent substratum of a
number of versions of cheering oneself up. Nietzsche is the most
conspicuous modern instance of *cheering oneself up*. The stoical
attitude is the reverse of Christian humility" (306; cursiva suya).[12]

A través de esta otra resonancia shakespeareana, "todo es a
la vez de una forma y de su contraria," tan confusa en la novela
como la resonancia de la maldición contra Ricardo III, Marías
transforma el sentimiento noble de la melancolía, ese sentimiento
que permitía a los monarcas antiguos ejecutar la justicia u otorgar
el perdón, en otro sentimiento perverso: el sentimiento paradigmáticamente estoico, según lo hemos descrito arriba, de la *piedad
apasionada*. Este sentimiento, que Eliot entiende como "the reverse

of Christian humility," más que enjuiciar y perdonar, a lo sumo les permite al protagonista y al rey de la novela hacer vaticinios sin fundamento, es decir: *conjeturas* sobre la historia. Como nota Herzberger, "conjecture forms a recurrent and substantive part of Marías's writing" (*A Companion* 169). La escritura de Marías remite nuevamente así a aquella definición del *estilo* que nos daba Benet como un estado de gracia, "un estado en cierto modo traspuesto que al tiempo que le despierta [al escritor] una sensibilidad y una receptividad hacia el mensaje de las alturas le embarga un cierto número de facultades que se demuestran innecesarias en ese acto" (*La inspiración* 33). Ni ardor ni recuerdos, podríamos decir parafraseando la cita que al término de la novela retoma Marías de Shakespeare, ni perdón ni justicia, sino gracia literaria, conjetura epistemológica a lo sumo, porque "todo es a la vez de una forma y de su contraria" (305).[13]

Ni se olvidan totalmente las guerras, ni en verdad se pueden ordenar, relegar, fijar o clasificar en el pasado, en la memoria o en el dormitorio de la infancia, como trató de hacer Eduardo con su colección de aviones de combate al colgarlos en la habitación de Eugenio, y el mismo Víctor, cuando descubrió estos aviones y los "clasificó" según las guerras en que habían participado. Ni Víctor ni Eduardo pueden al término de *Mañana en la batalla piensa en mí* hacer *tabula rasa* de lo sucedido: para ambos el olvido y su reverso —la memoria— están en juego inagotablemente y, por ello mismo, solo pueden expresarse mediante la conjetura o, en los términos que venimos usando, mediante el *estado de gracia*. Así, cuando en un restaurante Víctor conversa sin descubrir su verdadera identidad con la familia de Marta acerca de la muerte de esta, el pasado oculto todavía entonces de Víctor —su paso por casa de Marta— le pide cuentas hasta el extremo de tener que retirarse de la comida para no vomitar y tener entonces que delatarse. Y lo que es más, cuando Víctor sale del restaurante también la historia pasada de España parece confundirse con el recuerdo de la noche y le produce igualmente desconcierto: desde la puerta de un bar contempla una tormenta bajo la cual corretean los madrileños resguardándose de los chuzos que caen, y esta escena le remite al Madrid sitiado durante la guerra civil por el cual correteaban también los ciudadanos buscando resguardo de las bombas que dejaban caer los aviones de los nacionales.

"A vertiginous web of interconnectedness," según llama
Grohmann a estas conjeturas narrativas (264), informa el estilo
que tiene Marías de contar lo que les ocurre a sus personajes. El
"estilo" de Marías, y —diría Benet también— su gracia, el "soplo
divino que trasciende el intelecto" en su escritura, está, pues, en
saber caer en gracia relatando conjeturas. Lo dice el propio Víctor
sobre el modo de narrar su historia, y lo han resaltado los análisis
del "pensamiento literario" de Marías (Herzberger, *A Companion*
169; Steenmeijer; Navajas, *Más allá*). Marías recupera de los
dramas históricos de Shakespeare el estilo o el modo de contar
la historia *alegorizándola*, descubriendo lo que en la historia hay
de engaño, para confinar estas alegorías desencantadas también
al pasado y revelar así su obsolescencia en el mundo contemporáneo. Tampoco la retórica de la melancolía redime para Marías,
ni su despedida es realmente una despedida. La gracia de Marías
está en relegar la melancolía, así como los sentimientos también
nobles del duelo, el miedo, la culpa y la justicia, al pasado, a la
memoria, a "la espalda o revés del tiempo," como decía Víctor
en su despedida. Pero este pasado amenaza en el presente con
recaer provocando nuevamente un vuelco en el que los personajes
vuelvan a confrontarse con ellos mismos y a cuestionar su propia
identidad. Nadie en el mundo de Marías está a salvo totalmente,
no existen realmente ni la justicia ni la compasión; y el peso del
pasado puede en cualquier momento recurrir sobre el presente, el
tormento de la guerra civil sobre la tormenta que ensopa al Madrid
de hoy, los vencidos sobre los vencedores, lo desmembrado sobre
la remembranza.

Para Herzberger, el peso tan trascendente que las conjeturas
adquieren en la narrativa de Marías conecta al escritor con Juan
Benet, como dijimos, pero también con el relativismo orteguiano
de Julián Marías (*A Companion* 170). A mi modo de ver, también
esta otra recuperación del pensamiento relativista de Julián Marías,
para explicar la obra de Marías, plantea otra lectura sesgada, en
esta ocasión, de lo que significó la *contingencia* para Julián Marías,
el filósofo y, por casualidad, padre también del novelista. Incluso
el relativismo radical que pudo aprender Marías del filósofo Julián
Marías fracasa en la novela y no logra proporcionar ese refugio
donde "*cheering oneself up*" (Eliot 306). En esta suerte de saturnalia posmoderna, los personajes de Marías no pueden permitirse
ser totalmente relativistas, radicalmente escépticos, por la sencilla

razón de que no todo lo que les sucede es producto exclusivamente de la contingencia.

Desde 1970 aproximadamente, la contingencia comenzó a suscitar en la historia de las ideas de Occidente un extraordinario interés. Especialmente con la publicación de *El azar y la necesidad*, de Jacques Monod, y después con *Ulysses and the Sirens* (1979), *Sour Grapes* (1983) y *Solomonic Judgements* (1989), de Jon Elster, así como con la exitosa noción de "moral luck" de Thomas Nagel (1979) y Bernard Williams (1981), toda una corriente de pensadores denunció la supuesta inmunidad kantiana de la moral contra la arbitrariedad de los acontecimientos (Nagel 60; Rivera). Pero tampoco el diseño narrativo de las novelas de Marías —en este caso el "entrecruzamiento" de las muertes de Marta y Eva— puede reducirse exclusivamente a pura casualidad o contingencia. En última instancia, nos enseña *Mañana en la batalla piensa en mí*, el sentido de la justicia y, con él, el ejercicio de la responsabilidad dependen tanto de las grandes causas como de los insignificantes azares; dependen tanto de los principios y de los fines morales como de los entrecruzamientos dados.

Entre el relativismo en exceso y el pensamiento dogmático, Javier Marías encuentra otro camino epistemológico en lo que Benet y Kristeva llamaron, respectivamente, "estado de gracia" (*La inspiración* 33) y "Aesthetic Forgiveness" (*Black Sun* 305), o sea: el conocimiento que proporcionan el estilo literario y la creación artística más allá del intelecto. Ni contingencia ni causalidad, podría concluirse entonces de este examen de la narrativa de Javier Marías: estado de tensión, acaso. Así mismo, con la expresión "estado de tensión" definía el filósofo Javier Muguerza un estilo de vida o un modo de instalarse en el mundo posterior a la segunda guerra mundial que consiste en "deambular con rumbo" (46) y que recuerda, a su vez, a la noción de "errar con brújula" que invoca repetidamente Javier Marías (Castellanos; Rosa Montero) cuando confiesa a sus lectores cómo escribe sus novelas: "Ya no es posible ser modernos —escribe concretamente Muguerza en *Desde la perplejidad*— después de los gulags, Hiroshima o Auschwitz, sin una buena base de perplejidad" (36).

Frente a la habitual intolerancia de la sociedad española —"España pasa por ser un país proverbialmente intolerante" (47)—, Muguerza reivindica el "diálogo verdaderamente racional, basado en un sistema de la perplejidad" (49). En *Mañana en la batalla piensa en mí*, como en las otras ficciones analizadas en este libro, los escritores han sentado las bases para un paradójico sistema de la perplejidad que permita a la sociedad española ser moderna después de su historia en verdad traumática. El cuerpo muerto de Marta entre los brazos de Víctor, el cuerpo espatarrado del decano con los brazos en cruz, los fantasmas de Laura y de Elba, o Elena, sentada en la butaca de su madre mientras escribe su diario y lee los informes del detective que ella misma ha contratado, a juzgar por lo que he intentado explicar hasta aquí, son todos ellos modos muy distintos de alegorizar afectos o modos de instalarse en el mundo que van contra la tradicional intolerancia española a la incertidumbre. Son, en definitiva, ocurrencias que incitan a la perplejidad y al asombro, más que a la lamentación y al desencanto. "¡Locura, no pecado!," concluía Nietzsche (108), al cabo del siglo XIX, su controvertida indagación sobre los sentimientos; y con un grito análogo, ¡perplejidad, no desencanto!, podría concluir aquí también esta *Anatomía del desencanto*, si no fuera porque la idea misma de conclusión ha quedado arriba repetidamente en entredicho.

Tanto la noción de "deambular con rumbo" como la de "errar con brújula" remiten en última instancia a una subjetividad fundada en la voluntad de suerte (*volonté de chance*). Así es como, en plena segunda guerra mundial, llamó Georges Bataille a los sujetos que han agotado la dialéctica reconfortante del agravio y el resentimiento, de la melancolía y el empoderamiento. En lugar de una mitología redentora que busca en Dios, en la Moral o en las Ideologías cierta explicación, expiación y consuelo para con los agravios padecidos, la *volonté de chance*, sostuvo Bataille en *El culpable* (1944), sigue el oxímoron implícito en una moral ejemplar que se fundamenta, irónicamente, en *el deber de ser impío*: "Quien habla de justicia es justicia él mismo, propone un justiciero, un padre, un guía. Yo no propongo la justicia. Traigo la amistad cómplice"; y advierte Bataille acto seguido: "No te engañes: esta moral que escuchas, que enseño, es la más difícil, no deja esperar ni sueño ni satisfacción. Te pido la pureza del infierno o, si lo prefieres, del niño: no te será hecha promesa alguna a cambio y ninguna obligación te atará" (*El aleluya* 80, 107). En torno a aquellos años, en 1950, justamente cuando terminó de escribir *El hombre rebelde*, Albert Camus reformulaba la disposición afectiva de la "voluntad de suerte" en lo que, de manera significativa aquí a efectos de la melancolía, denominó un "pensamiento del mediodía" (345). Entre el totalitarismo socialista y el nihilismo libertario, entre la racionalidad germánica y la vehemencia mediterránea, ese *pensamiento del mediodía* ha de encontrar su modo singular de expresarse, sostenía entonces Camus, en la creación artística: "La creación es exigencia de unidad y rechazo del mundo. Pero rechaza el mundo a causa de lo que le falta y no de lo que, a veces, es. La rebeldía se deja observar aquí, fuera de la historia, en su estado puro, en su complicación primitiva" (295).

Desde el epicentro mismo del siglo XX, el más horrible probablemente de los siglos modernos, la creación artística vuelve a invocarse nuevamente, igual que había sucedido también durante el *fin de siècle* decimonónico, como un modo singular de intervenir en los malestares de la cultura. Entre la razón y la vehemencia, el pensar y el sentir, el criterio y el dicterio, el *pensamiento del mediodía* —según Camus— conduce a un estilo de vida rebelde y moderno que reproduce irónicamente el antiguo arquetipo de la melancolía. "Demonio del *mediodía*," de hecho, era el apelativo que la filosofía escolástica atribuía a la acedia: ese peligroso estado de contemplación infinita que podía desafiar el poder de Dios y arrebatar a los monjes justo cuando el sol estaba en su punto más álgido (Agamben 3; Radden *Moody* 5). Por otra parte, la altitud vital que proporciona este pensamiento del mediodía se sostiene también sobre la idea de que Saturno es el signo de la melancolía desde la Antigüedad por ser el planeta que se encuentra más distante de la Tierra y "precede al sol tanto en su salida como en el ocaso" (Klibansky et al. 147). Camus parece tener bien presente esta interpretación astrológica de la melancolía al identificar su noción de "pensamiento del mediodía" con la distancia epistemológica que, con respecto a la historia, proporcionan la ficción, la alegorización artística de la historia y, más concretamente, las alegorías del humor negro de la melancolía (M. Gordon 30; Sontag 124; Camus, *El mito* 171).

Frente a los malestares de la cultura al cabo del siglo XX, Marías, Torrente Ballester, Fernández Cubas y Millás parecen encontrar asimismo en sus ficciones caminos diversos para sobreponerse al agravio, el desencanto y la muerte. En *La soledad era esto*, Elena logró transformarse en otra a través de la ficción, y el propio Millás encontró en la autoficción su modo personal de tratarse la depresión que le produjo la muerte de su madre; en *La noche de Jezabel*, los personajes de Fernández Cubas lograron sobreponerse a su aburrimiento por el término del verano mediante la ficción también, específicamente mediante los estremecimientos que les producían los cuentos de duendes y aparecidos; en *La muerte del decano*, la invención fue la clave para detectar a los posibles culpables de la muerte del decano, y el propio decano confesaba abandonar el estudio de la historia por la escritura de novelas porque solo así podría comprenderse el pasado en toda su complejidad; y en *Mañana en la batalla piensa en mí*, como acabamos de ver, el estilo literario, la gracia y la conjetura son asimismo el modo que descubre Marías de trascender el intelecto y expresar los "encantamientos" bajo los que se encuentran sus reyes republicanos.

Epílogo

¿Cómo terminar esta *Anatomía del desencanto* después de haber puesto en cuestión —y reiteradamente además— la idea misma de terminación? ¿Cómo concluir este recorrido por los derroteros contemporáneos de la bilis negra cuando a la luz al menos del corpus narrativo examinado, sobre el duelo y sus sentimientos hermanos —el miedo, la culpa, la justicia y la piedad— en España no existe en verdad la última palabra, sino a lo sumo verdades de doble filo, palabras con múltiples y, en ocasiones, contradictorios sentidos? ¿De qué sirve una cartografía de los sentimientos al cabo de la llamada transición española y del siglo y milenio pasados después de haber sostenido que las experiencias sensoriales no requieren tanto de mapas, cuanto de errar con brújula o deambular con rumbo? ¿Qué podemos sacar en claro sobre cómo hablar ahora de la ilusión y el desengaño, del dolor y la memoria, del agravio y su reparación, si acordamos que el lenguaje de las emociones es siempre oscuro, ambiguo y confuso en grado sumo? ¿Cabe buscarle, en fin, un desenlace a estas investigaciones, cuando desde su primera página, y aun antes —desde los libros que más las influyeron y abrieron remotamente las cunetas por donde conducir los excesos de bilis— descubrimos que el arquetipo de la melancolía es, por antonomasia, el bastión de los perdidos, el espejo de los descreídos y la desconfianza absoluta frente a la más autorizada de las prescripciones?

Si están bien escritos, me enseñó un maestro, los libros no tienen necesidad de conclusión. Y sin embargo, pesa tanto la desconfianza frente a la idea, no ya de que este libro esté *bien* escrito, sino de que esté *escrito*, listo y terminado, que me atrevo a añadirle un epílogo aunque al final quede aquella extrañeza que a uno le reprendían de niño cuando respondía ingenuamente con un *me parece* a las preguntas que esperaban ser más bien resueltas con un *sí* o un *no*.

Ni sí ni no sino todo lo contrario. Si ha de extraerse una conclusión sobre la supuesta condición melancólica de España desde el fin de la dictadura hasta el fin del siglo veinte, a juzgar por las historias de Millás (Valencia 1946), Fernández Cubas (Arenys de Mar 1945), Torrente Ballester (Ferrol 1910–Salamanca 1999) y Marías (Madrid 1951), esa conclusión solo puede exponerse bajo la forma de la ironía, la paradoja, la contradicción. De ahí quizá que la humanidad haya tendido a aglutinar visualmente su idea de la melancolía con símbolos que remiten siempre al *Ouroboros*, el animal que se muerde la cola: "Simboliza el tiempo —escribe Juan Eduardo Cirlot sobre ese símbolo *saturnino* por excelencia— el hambre devoradora de la vida, que consume todas sus creaciones, sean seres, cosas, ideas o sentimientos. Simboliza también la insuficiencia mística de cualquier existencia incluida en lo temporal, la necesidad de que el 'reinado de Crono' sea sucedido por otra modalidad cósmica en la que el tiempo no tenga poder" (401).

 La imagen del perro —o el gato o la pescadilla que se muerde la cola— ha atravesado todas estas páginas. Desde el principio —cuando examiné cómo opera en la historia cultural del desencanto la *depresión post-Franco*, o sea la alegoría del duelo irresuelto por la muerte del padre—, la encontramos en acción al descubrir que el poder del tiempo de la transición, el poder que todavía sigue ejerciendo la transición sobre los estudios hispánicos contemporáneos entraña en el fondo un serio problema de narcisismo y autoreferencialidad, a saber: la depresión post-Franco remite al nuevo y viejo historicismo hispánico automáticamente a sí mismo —a replegarse identitariamente sobre sí mismo— y cuanto más ensimismado, más melancólicamente percibe la cultura española. ¿Cómo salir de semejante *Ouroboros*? ¿Cómo sobreponerse a esta dialéctica anular de Saturno?

En lugar de una enfermedad acreditada desde la cual emitir juicios como hizo el *Homo melancholicus* tradicionalmente, en la imaginación desmadrada de Juan José Millás la melancolía conduce irónicamente al autodistanciamiento y al desposeimiento: a la risa del escritor sobre sí mismo. Esta transformación del humor negro de la melancolía en sentido perverso del humor logra realizarla Millás mediante la reformulación del género convencional de la autobiografía en lo que, haciéndome eco de los estudios sobre la autoficción, he llamado un simulacro autobiográfico o una *escritura solapada* de la experiencia personal. Para Millás, la muerte de su madre fue un acontecimiento estético o una *ocurrencia* como ocurrente es también *La soledad era esto*, donde no solo da cuenta de su depresión clínica, sino que, a mi modo de leer la novela, cuestiona también esa rendición de cuentas psicoanalítica. El recalcado auge en España de las autoficciones se convierte así en toda una intervención en el régimen estético que se deriva de los análisis de la literatura española contemporánea en clave posfranquista. Y es que las consecuencias de la transformación que experimenta la escritura memorialística durante el último cuarto del siglo XX son relevantes no sólo para plantearnos, de una vez por todas, esa idea recurrente dentro del hispanismo de que el desencanto es el calificativo que caracteriza a la subjetividad española contemporánea. Además, reemplazar la subjetividad desencantada y apologética del mundo hispánico por otra perpleja y apostrófica puede oponer cierta resistencia a que los estudios hispanistas del fin del siglo XX —el fin-de-siglo de los *soixante-huitards*— recaigan en la romantización del *Homo melancholicus* en que cayeron algunos noventayochistas en el *fin de siècle* decimonónico. Frente a lo que, parafraseando la noción de "gendering of melancholia" (Schiesari 9), interpreté también como un proceso paulatino de "masculinización de la melancolía" bajo la forma del *desencanto*, este libro pretendió sentar las bases para otro concepto de la melancolía no necesariamente "cargado de razón" (Sánchez Ferlosio 212). En otras palabras, *Anatomía del desencanto* defendió que la condición melancólica de España al cabo de la transición y del siglo y el milenio pasados, a juzgar por el exceso de autoficciones no ha producido tanto un sentimiento noble de desencanto —una "razón o moral melancólicas" (Kant, *Lo bello* 29; Mattenklott, cit. en Andrés 1072)— como un sentido perverso del humor o —con todas las apostillas arriba elaboradas— un *humor negro* que cuestiona cualquier nobleza que pueda quedarle al viejo *Homo melancholicus*. Cuestionar el género sexual del humor melancólico, por otra parte, no es exclusivo de la modernidad necesariamente desde que los alquimistas antiguos, maestros en las ciencias ocultas, llamaron a Saturno con el nombre de una deidad andrógina —*Mercurius senex*—, envolviendo así al sentimiento de la melancolía con "la misma ambigüedad de género y de sexo" (Cirlot 401).

Con ambigüedad, cuando no contradicción, concluyo también al someter a examen otra idea no menos recurrente que la del desencanto dentro del hispanismo contemporáneo, a saber: que las historias de horror y las novelas detectivescas, tan habituales en la literatura española a partir sobre todo de los años ochenta, son síntoma o trasunto de los fantasmas de la guerra civil y la dictadura, y que a través de las narraciones de misterio pueden exorcizarse aquellas experiencias en verdad horribles y traumáticas y repararse así, democráticamente, los agravios del pasado. También esta redistribución de las experiencias sensoriales del miedo, la culpa y la justicia desde el "marxismo gótico" o —en términos de Michael Löwy— desde el "materialismo histórico sensible a lo fantástico" (11) remite, en últimas, al patrón melancólico del animal que se muerde la cola. Efectivamente, *La noche de Jezabel* pudo expresar el horror o el sentimiento de miedo en exceso que produce la historia española del siglo XX cuando volvemos a mirarla. Y sin embargo, el sentimiento del miedo que experimentan quienes presencian, dentro de esa historia de Fernández Cubas, la desaparición de Laura también resulta equívoco, retorcido, poco o nada noble, si pensamos en que ahí, en esa ocurrencia realmente fantástica, la dialéctica erotética del miedo y la expiación —del *estar moviéndose constantemente en busca de reposo*— no acaba nunca; pues cuanto más vuelven tras sus pasos los personajes con el objeto de descubrir qué los horroriza, menos logran comprender qué sucedió con Laura si es que existió en lo absoluto aquella reidora *desaparecida*.

De la risa absoluta de Fernández Cubas, y de su relación equívoca con la interpretación del género del horror desde el marxismo gótico, podemos sacar en claro otra lección importante para salir de este nuevo círculo vicioso. Me refiero a la emancipación de la literatura fantástica con respecto a ciertas agendas políticas, especialmente la marxista y la feminista que tratan de ver en lo abyecto de Fernández Cubas una reparación de los agravios cometidos contra las figuras subalternas de maquis, milicianos, nacionalistas y mujeres. Me refiero, más aun, a la emancipación definitiva de la imaginación —la loca de la casa— con respecto al régimen estético del realismo, el régimen del "ojo que ve" escribiría Mijail Bajtín ("todo lo que no se ve es insignificante," *Estética* 218): acaso el régimen estético más enquistado y anquilosado en la historia de la literatura española. Tirar de esta premisa de la hegemonía que ha ostentado siempre el realismo en los estudios hispánicos me condujo irónicamente a encontrar un capital estético muy valioso para el género del horror en la tradición de lo maravilloso cristiano. Ojalá que este paradójico encuentro en los cuentos de Fernández Cubas del *marxismo gótico* de Margaret Cohen con lo *maravilloso cristiano* del vizconde de Chateaubriand permita sentar las bases sobre cómo comprender improperios como el de Solomon cuando afirma que a ella el desenterramiento de las fosas comunes le recuerda a Franco y su brazo incorrupto de Santa Teresa. He aquí otra lección, pues, en pensamiento literario para la educación sentimental española contemporánea. Lo gótico puede ser efectivamente el mejor modo para expresar el horror, el dolor y las injusticias experimentadas durante el siglo pasado; pero es preciso definir tambien qué entendemos estéticamente por literatura gótica o fantástica para no caer en lecturas sesgadas de obras como la de Fernández Cubas y transformar en testimonio melodramático de la historia de España unas *fantasías* que, según el mismo Derrida que convoca a los marxistas góticos, deberían ser a todos efectos *"anachronistic through and through"* (*Specters* 140; cursiva suya). Al objeto de superar en lo posible esta lectura sesgada del género del horror propuse reflexionar sobre la experiencia sensorial del miedo en relación con la tradición filosófica del hermetismo, especialmente con la indagación en el horror probablemente más atrabiliario de la historia española: el de la tradición confesional del catolicismo que tanto explotó Luis Buñuel en algunas de sus mejores películas. A partir de ese capital estético del catolicismo, las ocurrencias de Fernández Cubas han podido intervenir en el régimen estético del horror y el miedo en exceso recordándonos eventualmente que el mejor modo para expresar el miedo es la risa.

Efectivamente, el fin del siglo XX en España coincide con la completa banalización de la cultura; pero debemos precisar asimismo qué entendemos por banalidad para no recaer en lecturas sesgadas también de la literatura *light*, banal y posmoderna como la que produjo Torrente Ballester en su etapa tardía al cabo del siglo XX y de su vida casi centenaria. La noción de banalidad —tradicionalmente vinculada a la historia de la melancolía— pudo seducir lecturas de *La muerte del decano* como síntoma de la desideologización posfranquista de la cultura, y, al mismo tiempo, igual que pasaba con las ficciones de Millás y

Fernández Cubas el divertimento de Torrente Ballester se resiste también a esa interpretación. Es más, la literatura banal puede ser el resultado de la desideologización de la cultura española posfranquista y, sin embargo, en esta novela de campus de Torrente Ballester (profundamente influida por la tradición confesional del género policial), la banalidad entraña una extraña forma de conocimiento. Desde Erasmo y Pascal hasta Lafargue y Svendsen, pasando por Robert Louis Stevenson en *La apología de la pereza*, toda una tradición filosófica íntimamente vinculada al hermetismo ha visto en la vagancia, la pereza, la acedia y demás afectos hermanados con la melancolía modos muy singulares de instalarse en el mundo. Torrente Ballester parece ser bien consciente de esta productividad de tantos pensadores "perezosos" cuando encuentra en los procedimientos milagrosos del padre Brown (el héroe de las novelas detectivescas de Chesterton) la manera más ocurrente de detectar a los culpables de la muerte del decano. Con esta medida, alegorizada en la novela por el cuerpo espatarrado del decano con los brazos en cruz, Torrente Ballester no solo pone de relieve la obsolescencia en el presente de los sentimientos de la culpa y la justicia; además: Torrente Ballester lleva hasta sus últimas consecuencias un cinismo o una "dialéctica de la desinhibición" (Sloterdijk, *Critique* 101) que privilegia la sátira como forma de resistencia a los nuevos malestares de la cultura y que —retorciendo la dialéctica melancólica del humor negro— ve también en la enfermedad el empoderamiento, en el acabamiento el recomienzo y en la oscuridad la revelación.

Cuando están agotados los procesos judiciales, cuando no hay sentido ni esperanza posibles, queda la gracia, la piedad más allá del castigo y la absolución. El recorrido por el cauce del humor negro de la melancolía desembocó entonces en la cuestión del perdón, de si es posible o no la compasión. Y a juzgar por la ocurrente representación de la piedad que acabamos de examinar en *Mañana en la batalla piensa en mí*, de Javier Marías, también ese sentimiento de la piedad aparece agotado, obsoleto como el resto de los sentimientos nobles del duelo, el miedo, la culpa y la justicia. Estos sentimientos, hasta cierto punto, son cosas del pasado; y si queda algo de ellos y de todos los humores antiguos en el presente, lo que queda son impresiones sumamente confusas, ambiguas, identificables solo mediante la alegoría irónica y el sentido retorcido del humorismo. O sea, que si en verdad queremos comprender la profunda impresión que ha dejado Saturno en su tránsito por la Península Ibérica al cabo del siglo XX, necesitamos armarnos de un profundo sentido del humor también; tremenda empresa que resumió mejor que nadie René Daumal en esta cita que recordaba Julio Cortázar a mediados del siglo XX justamente: "Solos, después de acabar con la ilusión de no estar solos, no somos ya los únicos que estamos solos" (*Obra crítica* 240).

Notas

Introducción:
Tránsitos de Saturno

1. La frase "Contra Franco, vivíamos mejor" pertenece a Manuel Vázquez Montalbán (*Crónica* 151), el escritor probablemente más importante, y más estudiado también, en la historia cultural del desencanto. Para un análisis exhaustivo de la noción de *desencanto* dentro de la obra de este escritor (Colmeiro, *Crónica*; Resina, *El cadáver*; Hart 261).

2. En "España maníaca," Loureiro responde también a las preguntas que Bartra se hará acerca del arquetipo de la melancolía en la España moderna, argumentando que, más que en una fase melancólica de desencanto, actualmente "España se encuentra en una fase maníaca" (Loureiro, "España maníaca" 17). El hispanista analiza esta contracara maníaca de la melancolía mediante un acercamiento distinto, aunque complementario, al acercamiento psicoanalítico de Vilarós y otros críticos culturales de la transición española, a saber: el que concierne a la transformación de una sociedad rural y antigua en otra urbana y moderna.

3. El mundo de lo *sensible* ha suscitado tanta discrepancia terminológica entre filósofos, lingüistas y psicólogos como el mundo platónicamente contrapuesto de lo *inteligible*. Por lo general, y salvo que indique lo contrario, usaré las palabras *sentimiento, emoción, afecto, mentalidad, temperamento* y *temple* de manera indistinta. Aunque desde luego no signifiquen exactamente lo mismo (en verdad cada término procede de tradiciones filosóficas distintas —en el caso de *afecto*, por ejemplo, estará detrás Deleuze, y antes de él, Spinoza, y en el caso de *temple*, estará Heidegger y su noción de *Stimmung*, pero afectada por las lecciones de Ortega y Gasset a Julián Marías), apuntan sin embargo a una noción de mentalidad, como modo o forma de ser y de estar, de sentir, pensar e imaginar el mundo, al que Raymond Williams se refiere con la expresión "estructura del sentimiento" (128). En su *Diccionario de música, mitología, magia y religión*, Ramón Andrés pone prácticamente todas esas categorías, como "temple" o "temperamento" y "modo mental o mentalidad" o "sentimiento" o "estilo de vida," bajo la misma entrada de "afecto" (Andrés 24–38). Por otra parte, todos estos estudiosos anclan la necesidad de explorar los afectos a la luz, no solo de la actualidad, sino también de los tiempos primitivos, en la premisa de que el lenguaje de los sentimientos remite siempre al pasado, a la antigüedad. "Emotions get narrated as a sign of 'our' pre-history," escribe al respecto Ahmed, "and as a sign of how the primitive persists in the present" (3).

4. Reivindicar la disciplina de la estética, convencionalmente relegada por los historiadores de la teoría crítica al romanticismo decimonónico alemán de Novalis, Schiller y los hermanos Schlegel, es un fenómeno que, dentro de la historia contemporánea de los estudios humanistas, ha tomado especial significancia nuevamente hacia finales del siglo XX, en los estertores del posmodernismo, cuando un grupo sustancioso de estudiosos vuelve a formular la pregunta sobre la que Schiller y Flaubert sostuvieron su noción de educación sentimental moderna: "Might moral enlightenment come about, perhaps uniquely, via engagement with some forms of art?" (Levinson 2). Para un estudio de este acercamiento estético a la literatura, un acercamiento que trata de resistirse al "cultural materialism that insisted on subordinating the text to its function within a broader social context" (Michael Clark 3), ver en particular el capítulo 1 de esta investigación. En los estudios hispánicos concretamente, dicho interés romántico, y el consecuente giro estético que produce, atraviesa a varios estudiosos de la narrativa española de fin del siglo XX (Navajas, *Más allá*; Pereiro; Gómez López Quiñones, *La precariedad*).

5. Resulta prácticamente imposible seleccionar una bibliografía que aglutine, de manera convincente, todas las teorías críticas que, acerca de la afectividad, han aparecido durante esa fase tardía del capitalismo que tiene en mente Jameson cuando dictamina la merma posmoderna de los afectos. Para un estudio de las emociones en relación con los estudios sociales (Clough; Gregg y Seigworth; Massumi; Sedgwick). Para un estudio de la historia médica de la melancolía (Radden; Andrew Solomon; Stanley Jackson). Para un análisis filosófico de las emociones (Robert Solomon; Lyons; Goldie; De Sousa; Kramer; Terada; Castilla del Pino; Gurméndez, *Crítica de la pasión*; Katchadourian). Y, finalmente, para una introducción al estudio cultural de las emociones en contextos históricos o geográficos específicos, como el hispánico (Moraña y Sánchez Prado; Matamoro; Argüelles; Krauel; Delgado, Fernández y Labanyi), el contexto postsoviético (Boym) y el contexto europeo moderno (Sloterdijk, *Rage*).

6. La inquietante complicidad que sugiero aquí entre la historia de la melancolía y la herencia cultural del nacionalismo español es extendible a otros nacionalismos, como el mexicano (Bartra, *La jaula*), el vasco (Juaristi) y el gallego (Landeira).

7. La contigüidad entre los dos últimos fines de siglo ha sido ampliamente estudiada. "The term 'fin de siècle' —escribe por ejemplo Jürgen Kleist— is most often used to describe the characteristics of art, literature, and society at the turn of the nineteenth century [...] European culture, it seemed then, had come to an end.... A hundred years and two World Wars later, humankind is again approaching the end of a century. As before, mighty empires have collapsed, the Balkans are in turmoil, the world is still divided into the rich and the poor, and new technologies and inventions change our world faster than ever" (Kleist y Butterfield ix). Para la relación del fin de siglo decimonónico con el fin del siglo XX en el ámbito peninsular (Carr, *Visiones*; Pedrós-Gascón). Por otra parte, la bibliografía sobre la relación específica del fin del siglo XX con el desencanto es también sustanciosa (Muñiz-Hubermann; Rodríguez Magda; Álvarez-Blanco, 10).

8. "¿Estaban justificadas nuestras concesiones?" resume Santiago Carrillo la posición que adoptaron los líderes políticos que tramitaron la transición. "¿Valía la pena hacerlas para reunir la fuerza suficiente a la instauración de las libertades democráticas? Para mí no había duda entonces, ni la siento hoy y volvería a hacer lo que hice si me encontrara en situación semejante" (624). Para un estudio de esta defensa de la transición (De la Cuadra y Gallego Díaz).

9. Para un estudio de estos componentes *intransitorios* e intransigentes de la transición (Morán; Calvo Carilla et al.; Subirats; Resina, *Disremembering*; Gómez-Montero, *Memoria*; Velázquez y Memba).

10. La anomia social se hizo notar, entre otras cosas, con los escándalos financieros, políticos y judiciales de los casos Banesto, GAL y Sogecable (Carr y Fusi, *Spain*).

11. Numerosos estudiosos, siguiendo en parte la tesis aristotélica sobre la íntima relación que guarda la melancolía con la genialidad, han resaltado el rol tan importante que tiene la melancolía como una de las fuerzas motrices de la sociedad y de la política. Para un estudio de la productividad de la melancolía en el Barroco español (Soufas), en el pensamiento revolucionario de los siglos XVIII y XIX (Rodríguez García) y en la era más rotundamente contemporánea de la tecnología (Broncano).

12. Prácticamente todos los estudiosos de la historia de la melancolía que he consultado coinciden en esta idea de que el arquetipo antiguo de la melancolía ha ido confinándose, a lo largo del siglo XX, a una cuestión exclusivamente psiquiátrica (Arikha 271 y ss.; S. Jackson 188 y ss.; Radden, *Moody* 20).

13. Žižek apunta a un problema similar en su crítica al uso de la noción de melancolía cuando examina la tendencia de varios analistas culturales de la historia de las últimas décadas a confundir la *falta,* con la *pérdida.* Algo que no sabemos si ha existido, o si lo hemos conseguido o no, lo transformamos en algo que sí existió y tuvimos, y que luego lo perdimos y lamentamos (Žižek, "Melancholy" 662).

14. Las razones por las que en los años noventa vuelven a adquirir relevancia estos temas son múltiples y han sido señaladas, entre otros, por Joan Ramon Resina, quien dice que este interés en revisar críticamente la historia de la guerra y la dictadura obedece, entre otras cosas, a que los últimos testigos vivos de aquellas épocas están por desaparecer conforme termina el siglo (*Disremembering* 23), o por Antonio Gómez López-Quiñones, quien piensa que para los años noventa "la guerra ha dejado de ser una amenaza ya que su potencial revulsivo e inquietante ha sido desactivado" (*La guerra* 15).

15. La lista de títulos de cintas que podrían incluirse bajo esta noción de memoria histórica es verdaderamente apabullante: *La lengua de las mariposas* (José Luis Cuerda 2000), *Silencio roto* (Montxo Armendáriz 2001), *Extranjeros de sí mismos* (José Luis López-Linares y Javier Rioyo 2001), *La guerrilla de la memoria* (Javier Corcuera 2002), *Así en la tierra como en el cielo* (Isadora Guardia 2002), *Els nens perduts del franquisme* (Montserrat Armengou y Ricard Belis 2002), *No pasarán, album mémoire* (Henri François Imbert 2003), *Soldados de Salamina* (David Trueba 2003), *Les fosses del silenci* (Montserrat Armengou y Ricard Belis 2003), *Para que no me olvides* (Patricia

Ferreira 2005), *Salvador* (Manuel Huerga 2006), *Las 13 rosas* (Emilio Martínez Lázaro 2007), *Los caminos de la memoria* (José Luis Peñafuerte 2009) o *El baile de la Victoria* (Fernando Trueba 2010). El éxito de todas estas películas viene precedido, además, por el arraigo que tiene en España el cine de resistencia. Para un estudio de las ambigüedades y contradicciones del cine documental de "intención política progresista" (Gómez López-Quiñones, "La política").

16. Para un estudio exhaustivo de las nociones de "afectividad" y de "sentimiento noble" en Nietzsche (Deleuze, *Nietzsche* 163–71; Kaufmann 152; Schacht 316–19).

17. Para un estudio crítico de esta supuesta condición melancólica de las culturas y sociedades latinoamericanas (Richard, *Pensar en la postdictadura*; Avelar; Masiello; Gundermann; Fornet; Martín-Cabrera; Amar Sánchez y Basile).

18. Una conclusión similar a esta apuesta por la risa extrae Luis Beltrán Almería cuando, en el año 2000, responde a la cuestión "¿Con qué sueña la izquierda hoy?" También ahí su concepto de la risa trata de diferenciarse de la risa individualista y cínica en beneficio, más bien, de una risa popular y carnavalesca (Beltrán Almería, "Los sueños" 37).

19. El último periodo de la melancolía coincide así, no solo con la noción psiquiátrica de la melancolía y su tratamiento químico mediante antidepresivos, sino también con un retorno a la teoría humoral. Para este "retorno a la teoría humoral, con el descubrimiento de los efectos depresivos de algunas sustancias neurotransmisoras" (Bartra, *Cultura* 217). Y para un estudio específico en la transición de esta conexión entre alquimia y poesía bajo la noción de "literatura drogada" (Labrador 19).

20. Los dos libros de Félix de Azúa, *Autobiografía de papel* y *Autobiografía sin vida*, recuperan y amplían estas mismas tesis sobre el beneficio de las decepciones, algo, por otra parte, que ya había indagado Azúa en *El aprendizaje de la decepción*.

21. Para un estudio reciente sobre esta relación entre el humor, el cinismo y la melancolía (Onfray).

22. Esta relación entre el hermetismo y la melancolía también la han estudiado en la poesía española de la transición (Labrador 255; Aguirre 250), en la poesía de Cernuda (Enjuto 225), y en la obra de Lezama Lima (Lupi 226).

23. Jon Elster establece esta analogía entre el emperador Heliogábalo y los dictadores modernos y profundiza, además, en las consecuencias que tiene la conexión entre poder y suerte para el análisis político (80).

24. Así se titula el artículo publicado en *New York Times Book Review* (Lesser). Por otra parte, la anécdota relatada por Freud, acerca del paciente que vio realizada su maldición, la retoma también Paul Auster en *I Thought My Father Was God and Other True Tales from NPR's National Story Project*. En esta ocasión, la historia le sucedió a un niño que escuchó cómo su padre maldecía a un vecino y, a los pocos días y sin que el padre le hubiera hecho nada, se enteró de que este vecino había en efecto muerto.

Capítulo uno
Duelo, humor, psocianálisis y autobiografía:
El desmadre de Juan José Millás

1. El interés que la psicopatología suscita en Millás es patente en prácticamente toda su obra, hasta el extremo de afirmar este escritor, acerca de Freud, que "con independencia de pasar a la historia de la ciencia, sin duda merecerá pasar también a la historia de la literatura" (Millás, "Literatura y enfermedad" 157).

2. "A platonic argument that finds probably its most influential European embodiment in Don Quijote: the knight of the dolorous countenance" (Morris 90). Para las nociones de "ironía romántica" y "filo de la ironía," ver Schlegel, quien la define como "self-creation, self-limitation and self-destruction" (Schlegel 37; Hutcheon, *Irony's Edge* 94).

3. En lugar de comedia de la desesperanza, Patrick O'Neil acuña la noción de "comedy of entropy" para referirse a un sentido del humor negro que entiende en los siguientes términos: "Black humour accepts the absurd as its birthright, and we are invited to share its descent to a no longer believed-in hell as well as its resurrection towards a non-existent heaven. Laughing at oneself may not necesssarily be a sign of psychic good health—but we should not forget either that comedy, like tragedy began its career as part of a fertility rite" (85).

4. *La soledad era esto* refleja un parecido asombroso, además de a novelas de Paul Auster, como *The Invention of Solitude* o *Ghosts*, al cuento "Una flor amarilla," de Julio Cortázar, en el que un jubilado descubre en un autobús a un niño que se le parece a él, o por lo menos al recuerdo que guarda de sí mismo, y, cuando indaga en la vida del niño, se da cuenta de que no solo se le parece en el físico, sino también en todas las secuencias de acontecimientos que le suceden.

5. "These are ungrounded doublings," escribe J. Hillis Miller, "which arise from differential interrelations among elements which are all on the same plane. This lack of ground in some paradigm or archetype means that there is something ghostly about the effects of this kind of repetition. It seems that X repeats Y, but in fact it does not, or at least not in [a] firmly anchored way" (6).

6. Aunque son obvias aquí las reminiscencias de la noción freudiana de lo "siniestro" (*Das Unheimliche*), Sobejano utiliza más bien la cualidad de la extrañeza en el sentido que le atribuyó Tzvetan Todorov: "Se trata de acontecimientos que pueden explicarse perfectamente por las leyes de la razón, pero que son, de una u otra manera, increíbles" ("Juan José Millás" 195). Para un estudio de la noción de lo *siniestro* (Royle; Eugenio Trías).

7. "El significado que constituye el signo alegórico —explica de Man— no consiste sino en la repetición (en el sentido que tiene en Kierkegaard el término) del signo anterior con el que nunca puede coincidir, puesto que lo esencial de este signo es su pura anterioridad" (230). Para la noción de alegoría en el Barroco (Benjamin, *The Origin* 159), y en el Romanticismo (De Man).

8. También Mainer señala la culpabilidad inherente a la subjetividad de los personajes millasianos. "En las novelas de Millás algo se castiga —escribe Mainer—, aunque no se sepa muy bien el qué: la persecución, la miseria, el miedo son modos de vida que concluyen en la sumisión y que la alimentan (*Tramas* 33).

9. El psicoanálisis del personaje podría prolongarse aquí *indefinidamente*: "It is plausible to assume —escribe Freud— that this fear [of being killed (devoured) by the mother] corresponds to a hostility which develops in the child towards her mother in consequence of the manifold restrictions imposed by the latter in the course of training ("Female Sexuality," 227). La hostilidad de Elena hacia su madre aludiría así a un "deseo matricida" que, ahora que la madre ha muerto, quizás es tan creador de culpabilidad como su ejecución física. "[A] sense of guilt —precisaría aquí Freud— which is finding its satisfaction in the illness and refuses to give up the punishment of suffering" ("The Ego and the Id," 49–50).

10. "The turning-away from her mother is an extremely important step in the course of a little girl's development" (Freud, "Female Sexuality," 239).

11. En las culturas hispánicas, las madres han ostentado tradicionalmente un poder extraordinario. Aunque no haya espacio aquí para estudiar detalladamente el rol de la madre en la cultura española moderna, lo cierto es que en la novela de Millás la figura de la madre es responsable de muchas más cosas que la figura del padre, a quien Elena solo nombra para decir que está muerto. Benigno Trigo ha estudiado el duelo por la madre en el contexto latinoamericano. En el contexto español, María Asunción Gómez lo ha hecho también en obras como *La plaza del diamante*, de Mercé Rodoreda; *La familia de Pascual Duarte*, de Camilo José Cela; y *La madre muerta*, de Juanma Bajo Ulloa. En ambos contextos, la figura de la madre representa un poder supraindividual, hasta el extremo de rebasar el ámbito convencionalmente personal o familiar y de afectar al poder político de la nación o, incluso, del imperio. En Latinoamérica, esta íntima relación entre el imperio y la madre ha pervivido en la conocida alusión a España con el apelativo de la *madre patria*. En el caso de la Península Ibérica, por otra parte, Jon Juaristi ha estudiado este modo de alegorizar la nación mediante el duelo por la madre muerta en el caso específico del nacionalismo vasco.

12. Para el estudio de esta noción de *estar cargado de razón* (Kant, *Lo bello* 62–63; Feld 95; Sloterdijk, *Rage* 7).

13. A diferencia de Friedman, Dale Knickerbocker se enfoca concretamente en lo significativas que resultan en Millás estas repeticiones, hasta el extremo de que el tipo de estética de Millás respondería a un "desorden obsesivo compulsivo" próximo a la *manía* y, por consiguiente, contraparte de la melancolía: "An anxiety disorder, a group of mental defense mechanisms that reduce anxiety but do not provide pleasure" (10).

14. Además del precedente más obvio de Virginia Woolf, el giro que la trama adquiere en la segunda parte de *La soledad era esto*, cuando Elena transforma su melancolía en invención, encuentra otro precedente literario español en el cuento "Rosamunda," de Carmen Laforet, donde la protagonista pretende sobreponerse a su amargura de posguerra también a través de la invención.

15. Coincido con Yaw Agawu-Kakraba cuando escribe que "Elena's rediscovery of self in which apparently she escapes from the discourse practices that frame her husband and other, implies for the protagonist a forming of herself as an ethical subject" ("Juan José Millás" 89).

16. Para un resumen bibliográfico de esta tradición humorística (Pollock 20–29; C. Serra).

17. Irónicamente, el *articuento* de Millás confirma aquella intuición de Benjamin, según la cual "la teoría de la melancolía está relacionada con la doctrina de los influjos astrales. Y de éstos, sólo el más maléfico, el de Saturno, podía regir el temperamento melancólico [porque] como es el planeta más elevado y el más distante de la vida cotidiana llama al alma hacia el interior y le concede el saber supremo y dones proféticos" (Benjamin, "La estética" 18–19).

18. Millás concreta la fecha en la que escribió *La soledad* en el prólogo a la edición de *Tres novelas* cortas: "Me encontraba en pleno proceso de escritura de *La soledad era esto*, en 1989…." El autor nace en 1946, con lo que en esa fecha tendría 43 años, los mismos que Elena. Por otra parte, como nos recuerda Mainer, "importa subrayar aquí que los personajes de Millás tienen siempre los años de su autor" (*Tramas* 23).

19. La lectura que ofrece Alberca de obras equívocamente autobiográficas, como esta de Millás, al insistir sobremanera en la sombra del autor sobre lo ficticio, está produciendo sin embargo un efecto que contradice tal ambigüedad en la que se funda el simulacro autobiográfico. El público puede acabar leyendo las novelas *por el autor*, por descubrir qué del autor deja entrever la ficción novelesca, cuando, en principio, el componente crítico de ese tipo de obras es, precisamente, cuestionar la figura del autor, es decir, revelar la ambigüedad que caracteriza a toda autoría y autoridad. Para un estudio teórico y estilístico reciente del género autobiográfico (Pozuelo Yvancos, *De la autobiografía*).

20. Para un estudio muy bien documentado de la ironía que tiñe la obra autobiográfica tardía de Juan Goytisolo (Adriaensen).

21. "Any autobiographical statement —escribe Loureiro— is a response to an other that demands that one explain oneself. By displaying this responsibility, autobiography shows its ethical nature. But how does such an ethical dimension, such an inexcusable need to respond to the other, manifest itself in autobiography if not primarily as an explicit or implicit apostrophe?" (*The Ethics* xii). Género con carácter "bifronte," sostiene Pozuelo Yvancos, "la autobiografía por una parte es un acto de conciencia que 'construye' una identidad, un yo. Pero, por otra parte, es un acto de comunicación, de justificación del yo frente a los otros (los lectores), el público" (*Figuraciones* 52).

22. Entiendo aquí los conceptos de "búsqueda" y "descubrimiento" en el sentido que señala Juan Antonio Rivera en *El gobierno de la fortuna*: "Cuando se busca algo —escribe este pensador—, se parte de una ignorancia conocida (si vale el oxímoron), que se trata de disipar mediante algún procedimiento destinado a ese fin" (156). Ahora bien, sigue Rivera, "la situación de partida para el descubrimiento es la ignorancia desconocida. Una vez efectuado el descubrimiento (un billete en la calle o un descubrimiento intelectual), uno cae en la cuenta de que no sabía que no sabía" (157).

23. Para la lectura de esta novela de educación desde la perspectiva de género sexual (Ballesteros).

24. *Dismothernism* es un neologismo que inventa Roger Bartra, dentro del ámbito hispánico y latinoamericano, para referirse a esta complicidad entre las nociones de *desmadre* y *posmodernismo* (Bartra, *La jaula* 26).

25. "Frente a la extrañeza del poder —escribe Savater en implícito diálogo con la ética de Levinas—, el simpoder brota de nuestra intimidad misma: es aquello tan inevitablemente propio que no tendría sentido declararlo 'mío,' tan de acuerdo con lo que soy que rechaza toda 'conciliación' conmigo mismo" (*La piedad* 21–22). Remito, por otra parte, a Ana María Amar Sánchez, para un análisis de la derrota política desde la literatura española y latinoamericana, y en respuesta a la abrumadora bibliografía aparecida durante las dos últimas décadas sobre la pérdida y el trauma en España y en varios países de América Latina.

26. A fin de cuentas, nos enseña *La soledad era esto*, lo *peor* del desencanto es *no* haberlo padecido, que es lo que le sucede a la joven Mercedes, hija de Elena. Mercedes-nieta apenas sabe nada del franquismo y, hasta cierto punto cínico o ignorante, ni le interesa. Lo que le quedará a la jovencita Mercedes —parece denunciar también el humor negro de Millás— es esa especie de *melancolía posmoderna* del que no tiene de qué desencantarse.

27. Coincido aquí con la conclusión del iluminador ensayo de Juan F. Egea sobre *El desencanto*, la cinta de Jaime Chávarri en que parece inspirarse buena parte de esa crítica del desencanto: "Sí, la ausencia del padre es fundamental en *El desencanto* como lo es la muerte de Franco para que la transición misma se produzca. Sin embargo, a lo que esa ausencia da origen es a una narración en imágenes donde no todo lo explica la muerte del padre y donde se corre el peligro de perpetuar su mirada" (Egea, "*El desencanto*" 89).

28. Para la práctica y la teoría autobiográfica (James Fernández; Loureiro, *The Ethics*; Cristina Moreiras, "Ficción y autobiografía"; Pozuelo Yvancos, *De la autobiografía*).

Capítulo dos
Los fantasmas de la historia y el género del horror: ¿Quién teme a Cristina Fernández Cubas?

1. Labanyi defiende esa tesis desde bastante antes (Labanyi, "History"; Labanyi "Testimonies").

2. "Horror is, first and foremost, a modern genre" (Carroll 32); "the crux of our modernity," lo llama por otra parte Christine Berthin (1); "Haunting is the key to understanding our culture," escribe también Bayer-Berenbaum

(20); "Gothic was the inevitable product to the revolutionary shocks with which the whole of Europe resounded," escribe Sade (cit. en Jacqueline Howard 29). José B. Monleon relaciona el horror en general con el crecimiento del capitalismo global; Avery Gordon lo relaciona, a su vez, con "a constituent element of modern social life"; y Terry Castle, con "the rationality that triumphs across Western Europe" (15).

3. Coinciden en señalar este renacimiento del relato fantástico en España, aparte de Roas (*La realidad* 33), de quien está extraída la cita y de quien puede consultarse también otro estudio relevante ("Voces del otro lado") —donde escribe: "Hoy la literatura fantástica española goza de una envidiable salud" (15)—, los siguientes estudiosos (Hernández Viveros; Muñoz Rengel). Además, prueba también del renacimiento de lo fantástico en España a partir de los años ochenta es el hecho de que se hayan publicado diversas antologías de cuentos fantásticos, a más de traducciones y reediciones de cuentos de Kafka, Calvino, Maupassant, Lovecraft, etc., y del fuerte impacto que por esos mismos años tuvieron en la literatura peninsular Cortázar y otros cuentistas de América Latina. Y aun esto parece ser un femómeno que ha sucedido también en otras culturas, a juzgar por Linda Bayer-Berenbaum, quien identifica un resurgir gótico durante los años ochenta en todo Occidente "as the most exciting and most disturbing aspects of modern existence."

4. Es también un lugar común dentro del hispanismo, al otro lado del Atlántico, esta interpretación de la historia contemporánea latinoamericana (sobre todo la historia llamada posdictatorial) desde la noción de espectralidad (Avelar; Alberto Moreiras y Richard).

5. El acercamiento al horror desde la afectividad se sostiene en una sólida tradición de críticos. "[I]t is important to stress that the original conception of the word [horror] connected it with an abnormal (from the subject's point of view) physiological state of *felt agitation*" escribe Carroll (24; cursiva mía). "Like suspense novels or mystery novels —sigue Carroll—, novels are denominated horrific in respect of their intended capacity to raise a certain *affect*" (15; cursiva mía). Matt Hills insiste asimismo en que "audiences may take pleasure in *being affected* by horror films or novels via inmersion in their textual 'anticipations' and 'moods'" (22; cursiva mía).

6. Benjamin ilustra muy bien la diferencia entre ambas dimensiones (realista y mágica) del pasado cuando nos recuerda lo que decía Villemessant, el fundador de *Le Figaro*: "Para mis lectores, es más importante un incendio en el techo de una casa del Latin Quarter que toda una revolución en Madrid" (*El narrador* 88), advirtiendo con ello de que, con la modernidad, está sustituyéndose la narración proporcionada por los cuentistas (originalmente mágica y anacrónica) por la narración periodística, la crónica desde la más inmediata actualidad.

7. Uso la palabra *melodrama*, conscientemente, pensando en la disyuntiva entre víctimas o verdugos que señala Loureiro en su crítica a una memoria histórica única ("Los afectos"). A una noción melodramática parece apuntar también Carroll cuando escribe sobre los acercamientos patéticos al horror: "I think that these arguments are hightly suspect. They *hypostasize* (regard as real) fiction, art, and fantasy in such a way that they are seen as emancipatory as a function of their very essence. Fiction, art, and fantasy are treated as morally good in virtue of their ontological status. Not only does this seem overly sentimental, but I think it flies in the face of the facts" (177).

8. Frente a las lecturas del horror en clave "cognitiva" —que es lo que, al decir de Matt Hills, sucede con la interpretación que hace Rosemary Jackson del horror como "literatura subversiva," así como con la interpretación que hace Todorov de "lo fantástico," según la cual todo el efecto fantástico parte de la "duda cognitiva"—, Hills defiende, en *The Pleasures of Horror*, otra lectura del horror en relación con las emociones. Según este *acercamiento afectivo*, los lectores se adentrarían en las historias de horror, no tanto por "conocer" o "explicar" o "controlar" el misterio, cuanto por el deseo de *ser afectados* ("for the desire to be affected, that is, to have their mood temporarily altered by the action of an aesthetic artefact such as a horror narrative," 22). Esta misma oposición a la lectura del horror en clave cognitiva podemos encontrarla también en la oposición que hace Benjamin en *El narrador* entre el *periodista* y el *cuentista*. Para Benjamin, el cuentista logra sumergir a su oyente en la "experiencia de la muerte," algo que la comunicación moderna ha dejado atrás.

9. Varias teorías del género del horror señalan esta relación directamente proporcional entre la melancolía, el tedio o el aburrimiento, por un lado, y el horror, por el otro. Cuanto más nos aburrimos en nuestras vidas cotidianas, más necesidad sentimos de las emociones fuertes o de la agitación que suscitan las historias de horror. Como nota Claudia Schaefer en el contexto del cine mexicano y español de fin de siglo XX, siguiendo las tesis de Patricia Meyer Spacks, cuanto más se privatiza la clase media, y más se sumerge en el tedio y en la banalidad de la vida diaria, más necesita y solicita distraerse o llenar ese vacío existencial con algo distinto al trabajo.

10. Estas y otras explicaciones del horror suelen identificarse como interpretaciones o *teorías cognitivas* del horror, por oposición a "afectivas," y tienen entre sus principales referentes el trabajo de Rosemary Jackson (24–45).

11. Para un estudio de esta tradición macabra en la historia cultural española (Núñez Florencio, *¡Viva la muerte!*).

12. Citaré los relatos de Fernández Cubas por la edición en Tusquets de *Todos los cuentos* hasta 2008.

13. Sobre la "risa absoluta" (Siebers, *The Romantic* 78; Parvulescu 75).

14. La propia Fernández Cubas ha distanciado su cuentística del calificativo "fantástico" (Olga Beilin 128), a pesar de la insistencia de muchos críticos en leer sus cuentos como literatura fantástica.

15. Para una introducción al hermetismo literario (Beltrán Almería y Rodríguez García, *Simbolismo*; Santiáñez, *Investigaciones*).

16. Para la función que ha desempeñado el catolicismo en el imaginario español moderno, concretamente en la ficción del fin de siglo XIX, Noël Valis ha escrito un ensayo imprescindible donde sienta las bases de cómo acercanos al catolicismo desde los estudios literarios sin prejuicios foucaultianos; es decir, entendiendo la religión no sólo "as repressive, as an instrument of power," sino también como algo profundamente influyente "in the structures of our imagination" (5–6).

17. Cristina Fernández Cubas se ha distanciado repetidamente del acercamiento feminista a sus obras y me temo que puede ser por las razones que aquí aduzco en torno a la reducción de la dimensión mágica de sus cuentos a una agenda política feminista.

18. Para el estudio de estas nociones de ángel y angelología (Jiménez; Aranguren).

19. En "Health and Sickness," Jim Urpeth escribe: "They reject reductionist conceptions, in either socio political or psychoanalytical terms, or religion and contest the supposed radicality of the secular, anthropocentric orientation of modern thought" (226).

20. Junto a esa vertiente, habría que tomar en consideración "lo todavía *no* consciente," que Bloch identifica con "el preconsciente de lo venidero, el lugar psíquico de nacimiento de lo nuevo" y que, por ello, "no está subordinado en absoluto a una conciencia manifiesta, sino sólo a una consciencia futura, que todavía tiene que llegar" (103–05).

Capitulo tres
Vanitas vanitatis:
La vagancia de Gonzalo Torrente Ballester

1. Para el estudio del posmodernismo dentro del contexto hispánico (Spires, *Post-totalitarian*; Navajas, *Más allá*).

2. Para esta noción moderna de temperamento —sentimiento, tono, afecto, temple, mentalidad— (Heidegger 231 y ss.; Ngai 38 y ss.; Julián Marías, *Educación* 29; R. Williams 108).

3. Los cuatro humores, cabe recordar, fueron entendidos de modo cíclico; es decir, que la sucesión del temperamento colérico al melancólico es siempre cíclica. De hecho, actualmente filósofos como Sloterdijk y Žižek sostienen que están volviendo los viejos fantasmas de Europa, en relación con el retorno de la ira y el resentimiento durante la segunda década del siglo XXI. En el ámbito español contemporáneo, el movimiento indignado del 15-M sería otra figuración de dicha ciclicidad de los humores.

4. Esta es la lección que, a través de un estudio minucioso de la obra de Benjamin, recupera Max Pensky de siglos de pensamiento melancólico: "The bile is a corrosive substance that strips off the veil of human pretension and allows the sufferer to see the world as it truly is" (33). Por otra parte, la pereza, la vagancia, el abandono, han sido fuente de creatividad, conocimiento y estudio, desde la modernidad temprana hasta el capitalismo más contemporáneo (Erasmo; Pascal; Stevenson; Lafargue; Meyer Sparks). Ver sobre el capítulo de los tumbados (Landero; Caballero Bonald; Grandes) en la literatura española de estos mismos años (Gallego Andrada y de la Gándara Martín).

5. De manera reiterada se hace referencia a la "narrativa tardía" (Said) de Torrente Ballester, convencionalmente la narrativa escrita durante su última década de vida, como una literatura caracterizada por la "ligereza," la "volatilidad" y el "entretenimiento": "En la última etapa del autor —escribe por ejemplo Luna Sellés— nos encontramos con un grupo de textos narrativos que una primera lectura podría calificar de divertimentos" (34). Y algo similar con respecto a este último periodo encontramos en el estudio de Ponte Far: "Parece como si Torrente se instalase definitivamente en esa literatura volátil, concebida como un juego y como una travesura" (166–67).

6. Ver para la noción de ironía en Torrente Ballester (Torrente Ballester, *El Quijote* 13–204, 413–21; Torrente Ballester, *Obra completa* 9–99). Y para una introducción bien documentada al estudio del humor en Torrente Ballester (Loureiro, *Mentira* 17–24).

7. Como otro "divertimento distópico," con raíces policiales, analiza también Carmen Luna Sellés *Las islas extraordinarias* (1991), de Torrente (Luna Sellés 33).

8. Michael Holquist denomina "historias detectivescas metafísicas" a las novelas detectivescas que dejan en los lectores esta sensación de "extrañeza," más que de "familiaridad" y "estado de seguridad," que es lo que, convencionalmente, se esperaría del género detectivesco (170). Como se verá más adelante, sin embargo, *La muerte del decano* no es tanto un "uso modernista" de la novela detectivesca clásica, como diría Holquist, que usa el "método de las novelas detectivescas pero no su *telos*" (170), como una novela que explora una noción moderna de culpa que puede encontrarse ya en los orígenes mismos del género detectivesco.

9. Si al principio del *Edipo Rey*, nada más nacer Edipo, se anuncia que esta criatura ha de matar a su padre y acostarse con su madre, esto que tenía que suceder, al final de la tragedia, fue lo que irremediablemente y sin lugar a dudas sucedió.

10. Para el tratamiento de la pereza y la figura en particular del vago o perezoso en otras narrativas contemporáneas a *La muerte del decano*, como *Los tumbados*, de Luis Landero, o *Junior*, de Almudena Grandes (Gallego Andrade).

11. "El juego de Torrente —escribe Loureiro con relación a la "actitud lúdica" que el novelista gallego le propone al lector— no es ni tan inocente como su autor parece proclamar ni tan banal como muchos lo quisieran; no estamos tan lejos del comentario intempestivo y de la afirmación del azar propuesta por Nietzsche, ese otro afirmador del juego y la levedad" (*Mentira* 44).

12. "A diferencia de la historia de otros géneros literarios —dice Borges en su entrevista con María Vázquez—, la del género policial no ofrece ningún misterio. Un astrólogo podría establecer el horóscopo, ya que sabemos exactamente el día en que ese género fue inventado. Se trata de uno de los días del año 1841 y su inventor fue aquel prodigioso escritor que se llamó Edgar Allan Poe. Poe, en 1841, escribe 'The Murders in the Rue Morgue'" (Vázquez 133). Por otra parte, "According to general opinion —resume Richard Alewyn en su indagación acerca de los orígenes de la novela detectivesca—, Edgar Allan Poe is considered to be the discoverer of its formula, and his 'Murders in the Rue Morgue' is taken as the classic example of the genre" (63).

13. Para esta controvertida noción de la "judicialización de la historia" (Rousso 678–710; Ginzburg y Shugaar).

Capitulo cuatro
La piedad apasionada:
Javier Marías, lleno eres de gracia

1. Varios críticos han señalado esta particularidad de los arranques narrativos en las novelas de Marías (Herzberger, *A Companion* 159; Benet, "Ningún terreno"169–70; Grohmann 247).

2. Para una elaboración de esta noción de piedad apasionada (Savater, "Demasiado"; Landman; Brooks, *Troubling*). Savater, a su vez, tiene bien presente al escribir *La piedad apasionada* un fragmento de otro filósofo que también detectó esa obsolescencia de la compasión en la modernidad, "The Vanity of Compassion" (Cioran 61).

3. Entiendo los términos *trama* y *diseño argumental* en el sentido que elabora Brooks (*Reading* 35).

4. *Mañana en la batalla piensa en mí* relata, en últimas, un caso jurídico que remite, por muchas razones en las que no podemos entrar aquí, a la noción de "moral luck" (Nagel; B. Williams). Abajo retomo esta cuestión del azar en la narrativa de Marías.

5. No es este el único caso en que el título de una novela o un cuento de Javier Marías presenta alguna complicidad o relación explícita con Shakespeare. El título de la novela *Corazón tan blanco* o el del cuento *Cuando fui mortal* son traducciones de versos o fragmentos de versos que pertenecen a dos dramas de Shakespeare: "Corazón tan blanco" aparece en la escena ii del acto II de *Macbeth*, cuando Lady Macbeth trata de lavarse la sangre del crimen que ha perpetrado su marido y exclama: "My hands are of your colour, but I shame / To wear a *heart so white*." "Cuando fui mortal" pertenece a la escena iii del acto V de *Richard III*, y está puesto en boca del fantasma de Enrique VI, que perturba el sueño del rey Ricardo III recordándole, en la noche anterior a la batalla con el conde Enrique, el crimen que con él cometió: "*When I was mortal*, my anointed body / By thee was punched full of deadly holes." Por otra parte, en la novela *El hombre sentimental* (1986) Marías recupera el personaje y el nudo argumental que dramatiza Shakespeare en *Othello*, concretamente se inspira en el *Othello* de Verdi.

6. Sostengo mi noción de tragedia en los ensayos de Auden y de Steiner (Auden, "The Christian"; Steiner 8–18). Como Auden, Steiner insiste en diferenciar la tragedia pagana de la tragedia cristiana. Mientras que en la primera, sostienen las tesis de Steiner, no cabe explicación moral a la tragedia (lo que tenía que suceder, sucedió), en la tragedia cristiana siempre hay alguna explicación a la desgracia, alguna recompensación.

7. Para un estudio del "largo adiós" entre Welles y Falstaff (Crowl).

8. Concretamente, Welles toma argumentos, escenas o motivos de *The First Part of King Henry IV*, *The Second Part of King Henry IV*, y *The Life of King Henry V*.

9. Para un estudio sobre esta identificación del rey Juan Carlos I y el dictador Franco, respectivamente, con el rey Enrique V y el viejo Falstaff (Scarlett 402).

10. Esta tesis remite al *Gorgias*: "Jamás se es injusto voluntariamente, y quienes hacen el mal lo hacen siempre a pesar suyo" (Platón 192).

11. Para una reflexión muy iluminadora sobre las implicaciones estéticas de estas nociones de realismo y república dentro de la historia literaria de España y Latinoamérica (Iwasaki).

12. Para un estudio del estoicismo en relación con el pensamiento hermético (*Textos hermeticos* 12)

13. Esta frase constituye otro de los conocidos motivos musicales de la novela, en esta ocasión de la línea de Shakespeare "la negra espalda del tiempo" (Herzberger, "The Real").

Bibliografía

Abraham, Karl, y Ernest Jones. *Selected Papers of Karl Abraham, M.D.* New York: Brunner/Mazel, 1979. Impreso.

Abraham, Nicolas, y Maria Torok. *The Shell and the Kernel: Renewals of Psychoanalysis.* Trad. Nicholas Rand. Vol.1. Chicago: U of Chicago P, 1994. Impreso.

Abrams, Meyer H. *The Mirror and the Lamp: Romantic Theory and the Critical Tradition.* New York: Oxford UP, 1953. Impreso.

Acevedo-Muñoz, Ernest. "Horror of Allegory: The Other and Its Contexts." *Contemporary Spanish Cinema and Genre.* Ed. Ortega V. Rodríguez y Jay Beck. Manchester: Manchester UP, 2008. 202–18. Impreso.

Adams, Alice E. *Reproducing the Womb: Images of Childbirth in Science, Feminist Theory, and Literature.* Ithaca, NY: Cornell UP, 1994. Impreso.

Adriaensen, Brigitte. *La poética de la ironía en la obra tardía de Juan Goytisolo.* Madrid: Verbum, 2007. Impreso.

Agamben, Giorgio. *Stanzas: Word of Phantasm in Western Culture.* Minneapolis: Minnesota UP, 1993. Impreso.

Agawu-Kakraba, Yaw. "Juan José Millás' *La soledad era esto* and the Process of Subjectivity." *Forum for Modern Language Studies* 35.1 (1999): 81–93. Impreso.

———. *Postmodernity in Spanish Fiction and Culture.* Cardiff: U of Wales P, 2010. Impreso.

Aguado, Txetxu. *Tiempos de ausencias y vacíos: Escrituras de memoria e identidad.* Bilbao: Universidad de Deusto, 2010. Impreso.

Aguilar Fernández, Paloma. *Memoria y olvido de la Guerra Civil española.* Madrid: Alianza, 1996. Impreso.

Aguirre Oteiza, Daniel. *El canto de la desaparición: Memoria, historia y testimonio en la poesía de Antonio Gamoneda.* Madrid: Devenir, 2015. Impreso.

Ahmed, Sara. *The Cultural Politics of Emotion.* New York: Routledge, 2004. Impreso.

Alberca Serrano, Manuel. *El pacto ambiguo: De la novela autobiográfica a la autoficción.* Madrid: Biblioteca Nueva, 2007. Impreso.

Albiac, Gabriel. *Mayo del 68: Una educación sentimental.* Madrid: Temas de Hoy, 1993. Impreso.

Aldecoa, Josefina R., ed. *Con otra mirada: Una visión de la enfermedad desde la literatura y el humanismo.* Madrid: Fundación de Ciencias de la Salud, Taurus, 2001. Impreso.

179

Alewyn, Richard. "The Origin of the Detective Novel." *The Poetics of Murder: Detective Fiction and Literary Theory*. Ed. Glenn Most. San Diego: Harcourt Brace Jovanovich, 1983. 62–78. Impreso.

Alsen, Eberhard, ed. *The New Romanticism: A Collection of Critical Essays*. New York: Garland, 2000. Impreso.

Álvarez-Blanco, Palmar. "Instrucciones para sincronizar el reloj: Contra-nostalgia para un Peter Pan español desubicado." *Letras Hispanas: Revista de Literatura y Cultura*. 4.1 (2007): 5–25. Impreso.

Amar Sánchez, Ana María. *Instrucciones para la derrota: Narrativas éticas y políticas de perdedores*. Barcelona: Anthropos, 2010. Impreso.

Amar Sánchez, Ana María, y Teresa Basile, eds. "Derrota, melancolía y desarme en la literatura latinoamericana de las últimas décadas." *Revista Iberoamericana* 80 (Abril–junio 2014): 247. Impreso.

Amell, Samuel. *España frente al siglo XXI: Cultura y literatura*. Madrid: Cátedra y Ministerio de Cultura, 1992. Impreso.

———. "Literatura e ideología: El caso de la novela negra en la España actual." *Monographic Review/Revista Monográfica* 3.1-2 (1987): 192–201. Impreso.

Amell, Samuel, y Salvador García Castañeda, eds. *La cultura española en el posfranquismo: Diez años de cine, cultura y literatura en España (1975–1985)*. Madrid: Playor, 1988. Impreso.

Amenábar, Alejandro, dir. *Abre los ojos*. Canal+, Las producciones del escorpión, 1997. Film

———, dir. *Tesis*. Las producciones del escorpión, 1996. Film.

Amorós, Andrés. *Introducción a la novela contemporánea*. Madrid: Anaya, 1971. Impreso.

Anastasio, Pepa. Introducción. *Trastornos de carácter y otros cuentos*. Por Juan José Millás García. New York: Modern Language Association of America, 2007. Impreso.

Andrés, Ramón. *Diccionario de música, mitología, magia y religión*. Barcelona: Acantilado, 2012. Impreso.

Andrés-Suárez, Irene, Ana Casas e Inés d'Ors. *Grand Séminaire de Neuchâtel: Juan José Millás*. Vol. 5. Neuchâtel, Switz.: Universidad de Neuchâtel, 2000. Impreso.

Aranguren, José Luis L. *La filosofía de Eugenio d'Ors*. Milano: Bompiani, 1953. Impreso.

Argüelles, Juan Domingo. *Escritura y melancolía*. Madrid: Fórcola, 2011. Impreso.

Arikha, Noga. *Passions and Tempers: A History of Humors*. New York: Ecco, 2007. Impreso.

Aristóteles. *El hombre de genio y la melancolía (problema XXX)*. Trad. Jackie Pigeaud y Cristina Serna. Barcelona: Quaderns Crema, 1996. Impreso.

———. *Poética*. Madrid: Biblioteca Nueva, 2004. Impreso.

Armendáriz, Montxo, dir. *Silencio roto*. Oria Films, 2001. Film.

Attridge, Derek. *The Singularity of Literature*. London; New York: Routledge, 2004. Impreso.

Aub, Max. *La verdadera historia de la muerte de Francisco Franco*. México, DF: Universidad Nacional Autónomoma de México, 2003. Impreso.

Auden, W. H. "The Christian Tragic Hero." *Prose, 1939–1948*. Vol. 2. Princeton, NJ: Princeton UP, 2002. 258–61. Impreso.

———. "The Guilty Vicarage." *Prose, 1939–1948*. Vol. 2. Princeton, NJ: Princeton UP, 2002. 261–71. Impreso.

———. *Prose and Travel Books in Prose and Verse: Prose, 1939–1948*. Vol. 2 of *The Complete Works of W. H. Auden*. Ed. Edward Mendelson. Princeton, NJ: Princeton UP, 2002. Impreso.

Auster, Paul. *The Invention of Solitude*. 1982. New York: Penguin, 1988. Print.

———. *I Thought My Father Was God and Other True Tales from NPR's National Story Project*. New York: Holt, 2001. Impreso.

Aurelio, Marco. *Meditaciones*. Barcelona: RDA Libros, 2008. Impreso.

Avelar, Idelber. *The Untimely Present: Postdictatorial Latin American Fiction and the Task of Mourning*. Durham, NC: Duke UP, 1999. Impreso.

Ayuso de Vicente, María Victoria. *Diccionario de términos literarios*. Madrid: Akal, 1990. Impreso.

Azúa, Félix de. *Autobiografía de papel*. Barcelona: Mondador, 2013. Impreso.

———. *Autobiografía sin vida*. Barcelona: Mondadori, 2010. Impreso.

———. *Demasiadas preguntas*. Barcelona: Anagrama, 2000. Impreso.

———. *Historia de un idiota contada por él mismo, o, el contenido de la felicidad*. Barcelona: Anagrama, 1986. Impreso.

Bajtín, Mijail. *La cultura popular en la Edad Media y en el Renacimiento: El contexto de François Rabelais*. Madrid: Alianza, 1998. Impreso.

———. *Estética de la creación verbal*. México, DF: Siglo XXI, 1982. Impreso.

———. *Hacia una filosofía del acto ético: De los borradores y otros escritos*. Barcelona: Anthropos, 1997. Impreso.

———. *Teoría y estética de la novela: Trabajos de investigación*. Madrid: Taurus, 1989. Impreso.

Ballesteros, Isolina. *Escritura femenina y discurso autobiográfico en la nueva novela española*. New York: Peter Lang, 1994. Impreso.

Bartra, Roger. *Cultura y melancolía: Las enfermedades del alma en la España del Siglo de Oro*. Barcelona: Anagrama, 2001. Impreso.

———. *El duelo de los ángeles: Locura sublime, tedio y melancolía en el pensamiento moderno*. México, DF; Bogotá, Colombia: Fondo de Cultura Económica, 2005. Impreso.

———. *La jaula de la melancolía: Identidad y metamorfosis del mexicano*. México: Debolsillo, 2005. Impreso.

Bataille, Georges. *El Aleluya y otros textos*. Ed. y trad. Fernando Savater. Madrid: Alianza, 1981. Impreso.

———. *Guilty*. Ed. Denis Hollier. Trad. Bruce Boone. Venice: Lapis, 1988. Impreso.

Baudelaire, Charles. *De l'essence du rire: Et généralement du comique dans les arts plastiques*. Paris: Sillage, 2008. Impreso.

Baudrillard, Jean. *Simulacra and Simulation (The Body, in Theory: Histories of Cultural Materialsm)*. Trad. Sheila Faira Glasser. Ann Arbor, MI: U of Michigan P. 1995. Impreso.

Bayer-Berenbaum, Linda. *The Gothic Imagination: Expansion in Gothic Literature and Art*. Rutherford y London: Fairleigh Dickinson UP, Associated UP, 1982. Impreso.

Becerra, Carmen, Ángel Candelas y Ángel Abuín González, eds. *La creación literaria de Gonzalo Torrente Ballester*. A Coruña: Tambre, 1997. Impreso.

Beck, Jay y Vicente Rodríguez Ortega, eds. *Contemporary Spanish Cinema and Genre*. Manchester: Manchester UP, 2008. Impreso.

Beilin, Katarzyna Olga. *Conversaciones literarias con novelistas contemporáneos*. London: Tamesis, 2004. Impreso.

Bell, Millicent. *Shakespeare's Tragic Skepticism*. New Haven: Yale UP, 2002. Impreso.

Beltrán, Rosa. "*Pasiones pasadas* de Javier Marías." *Vuelta* 17.205 (1993): 45–46. Impreso.

Beltrán Almería, Luis. "El cuento como género literario." *Teoría e interpretación del cuento*. Ed. Peter Fröhlicher y Georges Güntert. New York: Peter Lang, 1995. 15–31. Impreso.

———. *Estética y literatura*. Madrid: Mare Nostrum, 2004. Impreso.

———. *La imaginación literaria: La seriedad y la risa en la literatura occidental*. Barcelona, España: Montesinos, 2002. Impreso.

———. *¿Qué es la historia literaria?* Madrid: Mare Nostrum, 2007. Impreso.

———. "Los sueños de la izquierda." *Viejo Topo*. (Enero 2000): 32–45. Impreso.

————. "Vida nueva (la novela biográfica hoy)." *Riff-Raff* (Invierno 2000): 35–41. Impreso.

Beltrán Almería, Luis, y José Luis Rodríguez García, coords. *Simbolismo y hermetismo: Aproximación a la modernidad estética*. Zaragoza: Prensas Universitarias de Zaragoza, 2007. Impreso.

Benet, Juan. *La inspiración y el estilo*. Madrid: Revista de Occidente, 1966. Impreso.

————. "Ningún terreno clausurado." Epílogo. *El hombre sentimental*. Por Javier Marías. México: Alfaguara, 2000. 169–70. Impreso.

————. *Una tumba y otros relatos*. Ed. Ricardo Gullón. Madrid: Taurus, 1983. Impreso.

Benjamin, Walter. *Discursos interrumpidos*. Madrid: Taurus, 1989. Impreso.

————. "La estética de la melancolía." *Revista de Occidente* 105 (1990): 5–30. Impreso.

————. "Left-Wing Melancholy (On Erich Kastner's New Book of Poems)." *Screen* 15.2 (1974): 28–32. Impreso.

————. *El narrador*. Santiago de Chile: Metales pesados, 2008. Impreso.

————. *The Origin of German Tragic Drama*. 1925th ed. London; New York: Verso, 2009. Impreso.

————. *Tesis de la filosofía de la historia*. Trad. Jesús Aguirre. http://biopoliticayestadosdeexcepcion.blogspot.com/2011/04/tesis-de-filosofia-de-la-historia.html Web. Abril 2011.

Bermúdez, Silvia. "Looking for Mom in All the Wrong Places: The Mother-Daughter Bond and the Evolution of Identity in *El Columpio*." *Mapping the Fiction of Cristina Fernández Cubas*. Newark: Delaware UP, 2005. 151–66. Impreso.

Bernhard, Thomas. *The Loser*. Chicago: U of Chicago P, 1996. Impreso.

Berthin, Christine. *Gothic Hauntings: Melancholy Crypts and Textual Ghosts*. Houndmills, Basingstoke, Hampshire; New York: Palgrave–Macmillan, 2010. Impreso.

Bérubé, Michael, ed. *The Aesthetics of Cultural Studies*. Malden, MA: Blackwell, 2005. Impreso.

Bessière, Bernard. "Du serpent du mer au tigre de papier: Le Postmodernisme a L'espagnole." *Historia crítica de la literatura española: Los nuevos nombres 1975–2000. (Primer suplemento)*. Vol. 9/1. Barcelona: Crítica, 2000. 61–66. Impreso.

Bilbeny, Norbert. *Aproximación a la ética*. Barcelona: Ariel, 1992. Impreso.

Bloch, Ernst. *El principio esperanza*. Madrid: Aguilar, 1979. Impreso.

Boccaccio, Giovanni. *Decameron*. Madrid: Cátedra, 2007. Impreso.

Bodei, Remo. *Geometría de las pasiones: Miedo, esperanza, felicidad: Filosofía y uso político*. México: Fondo de Cultura Económica, 1995. Impreso.

Bohigas, Oriol. *Combat d'incerteses. Dietari de records*. Barcelona: Edicions 62, 1989. Impreso.

Borges, Jorge Luis. "La novela policial. Nacimiento, temas, autores (1963)." *Borges, sus días y su tiempo*. Buenos Aires: Javier Vergara 1984. 133–40. Impreso.

Bosteels, Bruno. *Marx and Freud in Latin America: Politics, Psychoanalysis, and Religion in Times of Terror*. London; New York: Verso, 2012. Impreso.

———. "The Melancholy Left: Spectres of 1968 in Mexico and Beyond." *1968: Episodes of Culture in Context*. Ed. Crane y Muellner. Newcastle upon Tyne: Cambridge Scholars, 2008. 74–90. Impreso.

Boym, Svetlana. *The Future of Nostalgia*. New York: Basic Books, 2001. Impreso.

Brabazon, Tara. *From Revolution to Revelation: Generation X, Popular Memory, and Cultural Studies*. Aldershot, Hants, Engl.; Burlington, VT: Ashgate, 2005. Impreso.

Breton, André, comp. *Anthology of Black Humor*. Trad. Mark Polizzotti. San Francisco: City Lights, 1997. Impreso.

Broncano, Fernando. *La melancolía del ciborg*. Barcelona: Herder, 2009. Impreso.

Brooke, Nicholas. *Shakespeare's Early Tragedies*. London: Methuen, 1968. Impreso.

Brooks, Peter. *The Melodramatic Imagination: Balzac, Henry James, Melodrama, and the Mode of Excess*. New Haven: Yale UP, 1976. Impreso.

———. *Reading for the Plot: Design and Intention in Narrative*. New York: Knopf, 1984. Impreso.

———. *Troubling Confessions: Speaking Guilt in Law and Literature*. Chicago: U of Chicago P, 2000. Impreso.

Brown, Wendy. *Politics out of History*. Princeton, NJ: Princeton UP, 2001. Impreso.

Buckley, Ramón. *La doble transición: Política y literatura en la España de los años setenta*. Madrid: Siglo XXI de España, 1996. Impreso.

Buñuel, Luis, dir. *Viridiana*. Unión Industrial Cinematográfica, 1962. Film.

Burton, Robert, y Alberto Manguel. *Anatomía de la melancolía*. Madrid: Alianza, 2006. Impreso.

Butler, Judith. *Gender Trouble: Feminism and the Subversion of Identity*. New York: Routledge, 1990. Impreso.

————. *The Psychic Life of Power: Theories of Subjection.* Stanford, CA: Stanford UP, 1997. Impreso.

Caballero Bonald, J.M. "Los acostados y otras controversias." en *Tiempo de guerras perdidas (La novela de la memoria, I).* Barcelona: Anagrama, 1995. 92–122. Impreso.

Calvino, Italo. *Six Memos for the Next Millenium.* Cambridge: Harvard UP, 1988. Impreso.

Calvo Carilla, José Luis, et al. *El relato de la Transición. La Transición del relato.* Zaragoza: Prensas Universitarias, 2013. Impreso.

Camps, Victoria. *El gobierno de las emociones.* Barcelona: Herder, 2011. Impreso.

Camus, Albert. *El hombre rebelde.* Madrid: Alianza, 2001. Impreso.

————. *El mito de Sísifo.* Madrid: Alianza, 2004. Impreso.

Cañil, Ana. *Si a los tres años no he vuelto.* Madrid: Espasa, 2011. Impreso.

Carr, Raymond. *Modern Spain, 1875–1980.* Oxford; New York: Oxford UP, 1980. Impreso.

————. *Visiones de fin de siglo.* Madrid: Taurus, 1999. Impreso.

Carr, Raymond, y Juan Pablo Fusi Aizpurua. *Spain: Dictatorship to Democracy.* London: HarperCollinsAcademic, 1981. Impreso.

Carrillo, Santiago. *Memorias: Una vida política larga y azarosa marcada por responsabilidades importantes.* Barcelona: Planeta, 1994. Impreso.

Carroll, Noël. *The Philosophy of Horror, or, Paradoxes of the Heart.* New York: Routledge, 1990. Impreso.

Castellanos, Luis. "La magia de lo que pudo ser." *Quimera* 87 (1989): 24–31. Impreso.

Castellet, J. M. *Veinte años de poesía española, 1939–1959.* Barcelona: Seix Barral, 1960. Impreso.

Castilla del Pino, Carlos. *La culpa.* Madrid: Alianza, 1973. Impreso.

————. *Pretérito imperfecto.* Barcelona: Tusquets, 2003. Impreso.

————. *Teoría de los sentimientos.* Barcelona: Tusquets, 2009. Impreso.

Castle, Terry. *The Female Thermometer: Eighteenth-Century Culture and the Invention of the Uncanny.* New York: Oxford UP, 1995. Impreso.

Castoriadis, Cornelius. *The Imaginary Institution of Society.* Trad. Kathleen Blamey. Cambridge: MIT P, 1987. Impreso.

Cela, Camilo José. *La familia de Pascual Duarte.* Barcelona: Destino, 1995. Impreso.

Cercas, Javier. *Soldados de Salamina.* Barcelona: Tusquets, 2001. Impreso.

Cerdán, Josetxo. "El documental en el laberinto de la posmodernidad: Una película que explica." *Puntos de vista: Una mirada poliédrica a la historia del cine*. Ed. Daniel Aranda y Meistxell. Barcelona: UOC, 2009. 17–36. Impreso.

Cerezo, Pedro. *El mal del siglo: El conflicto entre Ilustración y Romanticismo en la crisis finisecular del siglo XIX*. Madrid: Biblioteca Nueva, 2003. Impreso.

Chacón, Dulce. *La voz dormida*. Madrid: Alfaguara, 2002. Impreso.

Chateaubriand, François René de. *El genio del cristianismo*. Trad. Manuel M. Flamant. Madrid: El Buey Mudo, 2010. Impreso.

Chávarri, Jaime. *El desencanto*. Manga Films, 2003. Film.

Cherry, Brigid. *Horror*. London; New York: Routledge, 2009. Impreso.

Cifuentes Aldunate, Claudio. *Síntomas en la prosa hispana contemporánea: 1990–2001*. Odense, Den.: UP of Southern Denmark, 2004. Impreso.

Cioran, E. M. *In the Heights of Despair*. 1934. Trad. Ilinca Zarifopol. Chicago: U of Chicago P, 1992. Impreso.

Cirlot, Juan Eduardo. *Diccionario de símbolos*. Barcelona: Siruela, 2010. Impreso.

Clarín (Leopoldo Alas). *Doña Berta*. Madrid: Anaya, 2005. Impreso.

Clark, Hilary Anne. *Depression and Narrative: Telling the Dark*. Albany: SUNY P, 2008. Impreso.

Clark, Michael, ed. *Revenge of the Aesthetic: The Place of Literary in Theory Today*. Berkeley: U of California P, 2000. Impreso.

Clough, Patricia Ticineto, y Jean O'Malley Halley. *The Affective Turn: Theorizing the Social*. Durham, NC: Duke UP, 2007. Impreso.

Cohen, Margaret. *Profane Illumination: Walter Benjamin and the Paris of Surrealist Revolution*. Berkeley: U of California P, 1993. Impreso.

Colmeiro, José. *Crónica del desencanto: La narrativa de Manuel Vázquez Montalbán*. Coral Gables, FL: North-South Center P, U of Miami, 1996. Impreso.

———. "Historia y metaficción en *La muerte del decano*: Crónica posmoderna de una muerte anunciada." *La Tabla Redonda. Anuario de Estudios Torrentinos* 2 (2004): 135–50. Impreso.

———, ed. *Manuel Vázquez Montalbán: El compromiso de la memoria*. Londres: Tamesis, 2007. Impreso.

———. *La novela policiaca española: Teoría e historia crítica*. Barcelona: Anthropos, 1994. Impreso.

———. "The Spanish Connection: Detective Fiction after Franco." *Journal of Popular Culture* 28.1 (1994): 151–61. *Wiley InterScience.* Web. 18 febrero 2010.

Connolly, Cyril. *The Unquiet Grave, a Word Cycle.* New York: Harper, 1942. Impreso.

Copeland, Rita, y Peter T. Struck. *The Cambridge Companion to Allegory.* Cambridge, Engl.; New York: Cambridge UP, 2010. Impreso.

Corcuera, Javier, dir. *La guerrilla de la memoria.* Oria Films, 2002. Film

Corominas, Joan. *Diccionario crítico etimológico castellano e hispánico.* Madrid: Gredos, 1991. Impreso.

Cortázar, Julio. "Una flor amarilla." *Cuentos completos.* Madrid: Alfaguara, 2010. Impreso.

———. *Obra crítica.* Madrid: Alfaguara, 1994. Impreso.

Craig-Odders, Renée W. *The Detective Novel in Post-Franco Spain: Democracy, Disillusionment, and Beyond.* New Orleans: UP of the South, 1999. Impreso.

Crane, Cathy, y Nicholas Muellner, ed. y intro. *1968: Episodes of Culture in Contest.* Newcastle: Cambridge Scholars, 2008. Impreso.

Critchley, Simon. *On Humour.* London; New York: Routledge, 2002. Impreso.

Crowl, Samuel. "The Long Goodbye: Welles and Falstaff." *Shakespeare Quarterly* 31.3 (1980): 369–80. Impreso.

Cuadrat, Esther. "Una aproximación al mundo novelístico de Juan José Millás." *Cuadernos Hispanoamericanos* 541 (1995): 207–16. Impreso.

Cuñado, Isabel. "*Tu rostro mañana* y la ética de la memoria." *Allí donde una diría que ya no puede haber nada.* Ed. Alexis Grohmann y Maarten Steenmeijer. Amsterdam: Rodopi, 2009. 235–50. Impreso.

Cvetkovitch, Ann. *Depression: A Public Feeling.* Durham, NC: Duke UP, 2012. Impreso.

Dahrendorf, Ralf. *After 1989: Morals, Revolution and Civil Society.* Basingstoke: Macmillan in association with St Antony's College Oxford, 1997. Impreso.

Dean, Tim. "Art as Symptom: Žižek and the Ethics of Psychoanalytic Criticism." *Diacritics* 32.2 (Verano 2002): 20–41. Impreso.

De la Cuadra, Bonifacio, y Soledad Gallego Díaz. *Del consenso al desencanto.* Madrid: Saltés, 1981. Impreso.

De la Cruz, San Juan. *Poesías.* Madrid: Castalia, 1990. Impreso.

De la Iglesia, Alex, dir. *La comunidad.* Lolafilms, 2000. Film.

Deleuze, Gilles. *The Logic of Sense.* New York: Columbia UP, 1990. Impreso.

Deleuze, Gilles. *Nietzsche y la filosofía*. Barcelona: Anagrama, 2000. Impreso.

———. *Spinoza: Practical Philosophy*. San Francisco: City Lights, 1988. Impreso.

Delgado, Luisa Elena, y Pura Fernández y Jo Labanyi, eds. *Engaging Emotions in Spanish Culture and History*. Nashville: Vanderbilt UP, 2016. Impreso.

Del Toro, Guillermo, dir. *El espinazo del diablo*. El Deseo, Tequila Gang, 2001. Film.

———, dir. *El laberinto del fauno*. Estudios Picaso, Tequila Gang, 2007. Film.

De Man, Paul. *Visión y ceguera: Ensayos sobre la retórica de la crítica contemporánea*. Río Piedras, PR: Editorial de la Universidad de Puerto Rico, 1991. Impreso.

De Rotterdam, Erasmo. *Elogio de la locura*. Barcelona: Espasa, 1999. Impreso.

Derrida, Jacques. *On Cosmopolitanism*. London: Routledge, 2001.

———. *Specters of Marx: The State of the Debt, the Work of Mourning, and the New International*. Trad. Peggy Kamuf. New York: Routledge, 1994. Impreso.

———. *The Work of Mourning*. Chicago: U of Chicago P, 2001. Impreso.

De Sousa, Ronald. *The Rationality of Emotion*. Cambridge, MA: MIT P, 1987. Impreso.

De Toro, Alfonso, y Dieter Ingenschay. *La novela española actual: Autores y tendencias*. Kassel, Ger.: Reichenberger, 1995. Impreso.

De Urioste, Carmen. "La narrativa española de los noventa: ¿Existe una 'Generación X'?" *Letras Peninsulares* 10.3 (1997): 455–76. Impreso.

Díaz-Fernández, José, y César de Vicente Hernando. *El nuevo romanticismo*. Doral, FL: Stockcero, 2013. Impreso.

Díaz-Plaja, Guillermo. *Modernismo frente a noventa y ocho: Una introducción a la literatura española del siglo XX*. Madrid: Espasa-Calpe, 1979. Impreso.

———. *Tratado de las melancolías españolas*. Madrid: Sala, 1975. Impreso.

D'Ors, Eugeni. *Introducción a la vida angélica: Cartas a una soledad*. Madrid: Tecnos, 1986. Impreso.

Dotras, Ana M. *La novela española de metaficción*. Barcelona: Jucar, 1994. Impreso.

Dupriez, Bernard. *A Dictionary of Literary Devices: Gradus, A–Z*. Toronto: U of Toronto P, 1991. Impreso.

Durán, Manuel. "Javier Marías: Un novelista para nuestro tiempo." *CiberLetras* 12 (2005): enero 2014. Web.

Egea, Juan F. *Dark Laughter: Spanish Film, Comedy, and the Nation*. Madison: U of Wisconsin P, 2014. Impreso.

———. "*El desencanto:* La mirada del padre y las lecturas de la Transición." *Symposium* 58.2 (2004): 79–92. Impreso.

Eliade, Mircea. *The Sacred and the Profane: The Nature of Religion*. 1957. Orlando: Harcourt, 1987. Impreso.

Eliot, T. S. "Shakespeare and the Stoicism of Seneca." *Shakespeare's Tragedies: A Selection of Modern Criticism*. London: Penguin, 1963. 301–13. Impreso.

Elordi, Carlos. *Los años difíciles*. Madrid: Punto de lectura, 2003. Impreso.

Elster, Jon. *Domar la suerte: La aleatoriedad en decisiones individuales y sociales*. Barcelona: Paidós, 1991. Impreso.

Encinar, Angeles, y Kathleen Glenn, eds. *La pluralidad narrativa: Escritores españoles contemporaneos (1984–2004)*. Madrid: Biblioteca Nueva, 2005. Impreso.

Enjuto Rangel, Cecilia. *Cities in Ruins: The Politics of Modern Poetics*. Purdue Studies in Romance Literatures 50. West Lafayette, IN: Purdue UP, 2010. Impreso.

Epps, Brad. "Battered Bodies and Inadequate Meanings: Violence and Disenchantment in Juan José Millás's *Visión del ahogado*." *Arizona Journal of Hispanic Cultural Studies* 5 (2001): 25–53. Impreso.

———. "Questioning the Text." *The Cambridge Companion to the Spanish Novel from 1600 to the Present*. Cambridge: Cambridge UP, 2003. 193–211. Impreso.

———. *Significant Violence: Oppression and Resistance in the Narratives of Juan Goytisolo, 1970–1990*. Oxford:, Clarendon, 1996. Impreso.

Epps, Brad, y Luis Fernández Cifuentes. "Spain beyond Spain: Modernity, Literary History, and National Identity." *Spain beyond Spain: Modernity, Literary History, and National Identity*. Ed. Epps y Fernández Cifuentes. Lewisburg, PA: Bucknell UP, 2005. 11–45. Impreso.

———, eds. *Spain beyond Spain: Modernity, Literary History, and National Identity*. Lewisburg, PA: Bucknell UP, 2005. Impreso.

Erice, Víctor, dir. *El espíritu de la colmena*. Elías Querejeta, 1979. Film.

Esquilo. *Tragedias completas*. Madrid: Cátedra, 1985. Impreso.

Faber, Sebastiaan. *Contra el olvido: El exilio español en Estados Unidos*. Ed. Sebastiaan Faber y Cristina Martínez-Carazo. Alcalá de Henares: Instituto Franklin de Estudios Norteamericanos, Universidad de Alcalá, 2009. Impreso.

———. "Entre el respeto y la crítica: Reflexiones sobre la memoria histórica en España." *Migraciones y Exilio* julio 2013. Web.

Feld, Alina. *Melancholy and the Otherness of God: A Study of the Hermeneutics of Depression*. Lanham, MD: Lexington, 2011. Impreso.

Felski, Rita. "The Role of Aesthetics." *The Aesthetics of Cultural Studies*. Ed. Michael Bérubé. Malden, MA: Blackwell, 2005. Impreso.

———. *Uses of Literature*. Malden, MA; Oxford: Blackwell, 2008. Impreso.

Ferguson, Harvie. *Melancholy and the Critique of Modernity: Søren Kierkegaard's Religious Psychology*. London; New York: Routledge, 1995. Impreso.

———. *La pasión agotada: Estilos de la vida contemporánea*. Madrid: Katz, 2010. Impreso.

Fernández, James D. *Apology to Apostrophe: Autobiography and the Rhetoric of Self-Representation in Spain*. Durham, NC: Duke UP, 1992. Impreso.

Fernández Cifuentes, Luis. "*Doña Berta*: Poética y política de la terminación." *Ideas en sus paisajes: Homenaje al Profesor Russell P. Sebold*. Alicante: Universidad de Alicante, 1999. 177–94. Impreso.

Fernández Cubas, Cristina. *El columpio*. Barcelona: Tusquets, 1995. Impreso.

———. *Cosas que ya no existen*. Barcelona: Tusquets, 2011. Impreso.

———. *Todos los cuentos*. Barcelona: Tusquets, 2008. Impreso.

Ferrán, Ofelia. *Working through Memory: Writing and Remembrance in Contemporary Spanish Narrative*. Lewisburg, PA: Bucknell UP, 2007. Impreso.

Ferrer, Christian. *El lenguaje libertario: Antología del pensamiento anarquista contemporáneo*. La Plata, Arg.: Terramar, 2006. Impreso.

Ferrero, Jesús. *Las trece rosas*. Madrid: Siruela, 2003. Impreso.

Fisher, Philip. *The Vehement Passions*. Princeton, NJ: Princeton UP, 2002. Impreso.

Flatley, Jonathan. *Affective Mapping: Melancholia and the Politics of Modernism*. Cambridge, MA: Harvard UP, 2008. Impreso.

Flórez Miguel, Cirilo, coord. *Tu mano es mi destino*. Congreso Internacional de Miguel de Unamuno, 1998, Salamanca. Salamanca: Ediciones Universidad de Salamanca, 2000. Impreso.

Földényi, László. *Melancolía*. Barcelona: Galaxia Gutenberg, 2008. Impreso.

Folkart, Jessica A. *Angles on Otherness in Post-Franco Spain: The Fiction of Cristina Fernández Cubas*. Lewisburg, PA: Bucknell UP, 2002. Impreso.

Fornet, Jorge. *Los nuevos paradigmas: Prólogo narrativo al siglo XXI*. La Habana: Letras cubanas, 2007. Impreso.

Foster, Hal. *The Return of the Real: The Avant-Garde at the End of the Century*. Cambridge, MA: MIT P, 1996. Impreso.

Foucault, Michel. *Language, Counter-Memory, Practice: Selected Essays and Interviews*. Ithaca, NY: Cornell UP, 1977. Impreso.

———. *Las palabras y las cosas: Una arqueología de las ciencias humanas.* Madrid: Siglo veintiuno, 1997. Impreso.

Freud, Sigmund. "Mourning and Melancholy" *The Standard Edition of the Complete Psychological Works of Sigmund Freud.* Trad. James Strachey. Vol. 14. London: Hogarth, 1917. 243–251. Impreso.

———. "Lo siniestro." *Obras completas.* Vol. 7. Madrid: Biblioteca Nueva, 2001. 2483–2505. Impreso.

———. "The Ego and the Id." *Standard Edition of the Complete Psychological Works of Sigmund Freud.* Trad. James Strachey. Vol. 19. London: Hogarth, 1961. 49–50. Impreso.

———. "Female Sexuality." *Standard Edition of the Complete Psychological Works of Sigmund Freud.* Trad. James Strachey. Vol. 21. London: Hogarth, 1961. 223–47. Impreso.

Friedman, Edward H. "Defining Solitude: Juan José Millás's *La soledad era esto.*" *Romance Languages Annual 1997* Vol. 9 (1998): 492–95. Impreso.

Fröhlicher, Peter, y Georges Güntert. *Teoría e interpretación del cuento.* New York: Peter Lang, 1997. Impreso.

Gallego Andrada, Elena, y Jesús Gándara Martín. "Hikikomori y tumbados: Un análisis literario y social sobre la conducta patológica del aislamiento social." *Psiquiatría.com* 12.4 (2008). April 2009. Web.

García, Carlos Javier. *Contrasentidos: Acercamiento a la novela española contemporánea.* Zaragoza: Anexos de Tropelías, 2002. Impreso.

García Gómez, Emilio. "Anatomía del desencanto: El intelectual y el despotismo de Estado." *Revista de Occidente* 245 (2001): 123–35. Impreso.

———. "Disonancias coherentes en la novela de Javier Marías *Mañana en la batalla piensa en mí* (1994)." *La Chispa* 20 (1999): 133–42. Impreso.

———. "Rastros de la memoria en *Mañana en la batalla piensa en mí*, de Javier Marías." *Confluencia: Revista Hispánica de Literatura* 15.2 (2000): 72–84. Impreso.

Garrido Gallardo, Miguel Ángel, y Tzvetan Todorov. *Teoría de los géneros literarios.* Madrid: Arco/Libros, 1988. Impreso.

Gelder, Ken. *The Horror Reader.* London; New York: Routledge, 2000. Impreso.

Genette, Gérard. "Introduction to the Paratext." *New Literary History* 22.2 (1991): 261–72. Impreso.

Gimferrer, Pere. *Dietaris (1979–1980)*. Barcelona: Edicions 62, 1994. Impreso.

Ginzburg, Carlo, y Antony Shugaar. *The Judge and the Historian: Marginal Notes on a Late-Twentieth-Century Miscarriage of Justice*. London; New York: Verso, 1999. Impreso.

Girard, René. *Violence and the Sacred*. Baltimore: Johns Hopkins UP, 1977. Impreso.

Glenn, Kathleen, y Janet Pérez, eds. *Mapping the Fiction of Cristina Fernández Cubas*. Newark: U of Delaware P, 2005. Impreso.

Glover, Edward. *Selected Papers on Psycho-analysis*. New York: International Universities P, 1956. Impreso.

Goldie, Peter. *The Emotions: A Philosophical Exploration*. Oxford; New York: Clarendon, 2000. Impreso.

Gómez, María Asunción. "Reminiscencias del matricidio mítico en *La familia de Pascual Duarte*, de Camilo José Cela." *RCEH: Revista Canadiense de Estudios Hispánicos* 35.3 (2011): 513–31. Impreso.

Gómez Carrillo, Enrique. *La Rusia actual*. París: Garnier Hermanos, 1906. Impreso.

Gómez López-Quiñones, Antonio. *Armed Resistance: Cultural Representations of the Anti-Francoist Guerrilla*. Minneapolis: U of Minesota P, HIOL, 2013. Web. Mayo 2014.

———. *La guerra persistente: Memoria, violencia y utopía: Representaciones contemporáneas de la Guerra Civil española*. Madrid y Frankfurt am Main: Iberoamericana, Vervuert, 2006. Impreso.

———. *The Holocaust in Spanish Memory: Historical Perceptions and Cultural Discourse*. Simon-Dubnow-Institut für Jüdische Geschichte und Kultur. Leipzig: Leipziger Universitätsverlag, 2010. Impreso.

———. "La política del documental: Observadores, observados, unidad y dispersión en *La espalda del mundo*." *Arizona Journal of Hispanic Cultural Studies* 10.1 (2007): 95–113. Impreso.

———. *La precariedad de la forma: Lo sublime en la narrativa española contemporánea: Javier Tomeo, Enrique Vila-Matas, Albert Sánchez Piñol y Arturo Pérez Reverte*. Madrid: Biblioteca Nueva, 2011. Impreso.

Gómez-Montero, Javier. "Lo fantástico y sus límites en los géneros literarios durante el siglo XVI." *Anthropos* 152–57 (1994): 51–60. Impreso.

———. *Memoria literaria de la transición española*. Madrid y Frankfurt: Iberoamericana, Vervuert, 2007. Impreso.

———. "Phantasos in Litteris: La magia ante el estatuto ficcional de 'lo maravilloso' y 'lo fantástico' de la ficción." *Brujas, demonios y fantasmas en la narrativa fantástica hispánica*. Ed. Jaume Pont. Lérida: Ediciones Universitat de Lleida, 1999. 55 y ss. Impreso.

Goñi, Javier. "El horizonte de los recuerdos." *Babelia (El País)* 11 (1997): 10. Impreso.

González, Patricia Elena, y Eliana Ortega. *La sartén por el mango: Encuentro de escritoras latinoamericanas*. Río Piedras, PR.: Huracán, 1985. Impreso.

González Férriz, Ramón. *La revolución divertida: Cincuenta años de política pop*. Madrid: Debate, 2012. Impreso.

Gordon, Avery. *Ghostly Matters: Haunting and the Sociological Imagination*. Minneapolis: U of Minnesota P, 1997. Impreso.

Gordon, Barbara. "Doubles and Identity in Juan José Millás's *Cerbero son las sombras*." *Romance Languages Annual 1994*, Vol. 6 (1994): 486–91. Impreso.

Gordon, Mordechai. *Humor, Laughter, and Human Flourishing: A Philosophical Exploration of the Laughing Animal*. Berlin: Springer, 2013. Impreso.

Gowland, Angus. *The Worlds of Renaissance Melancholy: Robert Burton in Context*. Cambridge; New York: Cambridge UP, 2006. Impreso.

Goytisolo, Juan. *Coto vedado*. Madrid: Alianza, 2008. Impreso.

———. *El furgón de cola*. París: Ruedo Ibérico, 1967. Impreso.

Gracia, Jordi. "Crónica de la narrativa española: Entre Martín Gaite y Marías." *Cuadernos Hispanoamericanos* 581 (1998): 126–29. Impreso.

———. *El intelectual melancólico: Un panfleto*. Barcelona: Anagrama, 2011. Impreso.

———. "Prosa narrativa." *Historia crítica de la literatura española: Los nuevos nombres 1975–2000. (Primer suplemento)*. Vol. 9/1. Barcelona: Crítica, 2000. 208–58. Impreso.

Graham, Helen, y Jo Labanyi, eds. *Spanish Cultural Studies: An Introduction: The Struggle for Modernity*. Oxford: Oxford UP, 1995. Impreso.

Grandes, Almudena. "La amiga de Junior." *El País Semanal*, núm. 1482, 20 de febrero de 2005. Web.

———. *Inés y la alegría*. Barcelona: Tusquets, 2010. Impreso.

———. *El lector de Julio Verne*. Barcelona: Tusquets, 2012. Impreso.

Gregg, Melissa, y Gregory J. Seigworth. *The Affect Theory Reader*. Durham, NC; London: Duke UP, 2010. Impreso.

Grohmann, Alexis. *Coming into One's Own: The Novelistic Development of Javier Marías*. Amsterdam: Rodopi, 2002. Impreso.

Grohmann, Alexis, y Maarten Steenmeijer. *Allí donde uno diría que ya no puede haber nada*. Amsterdam: Rodopi, 2009. Impreso.

Gundermann, Christian A. *Actos melancólicos: Formas de resistencia en la posdictadura argentina.* Rosario: Beatriz Viterbo, 2007. Impreso.

Gurméndez, Carlos. *Crítica de la pasión pura (I y II).* México, DF: Fondo de Cultura Económica, 1993. Impreso.

———. *La melancolía.* Madrid: Espasa-Calpe, 1990. Impreso.

Gutiérrez Aragón, Manuel, dir. *Demonios en el jardín.* 1982. Luis Megino P.C. Film.

———, dir. *La mitad del cielo.* 1986. Luis Megino P.C. Film.

Gutiérrez Girardot, Rafael. *Modernismo/Modernism: Supuestos historicos y culturales.* México: Fondo de Cultura Economica, 1988. Impreso.

Gutiérrez-Mouat, Ricardo. "Postdictadura y crítica cultural trasatlántica." *Revista Iberoamericana* 21 (2006): 133–50. Impreso.

Haas, Alois M. *Viento de lo absoluto: ¿Existe una sabiduría mística de la posmodernidad?* Madrid: Siruela, 2009. Impreso.

Hadot, Pierre. *The Inner Citadel: The "Meditations" of Marcus Aurelius.* Trad. del francés por Michael Chase. Cambridge: Harvard UP, 1998. Impreso.

Hanssen, Beatrice. "Portrait of Melancholy (Benjamin, Warburg, Panofsky)." *Modern Language Notes* 114.5 (1999): 991–1013. Impreso.

Hart, Patricia. "*Crónica sentimental de España* y otras verdades posibles, subnoramles y postautistas." *Manuel Vázquez Montalbán: El compromiso de la memoria.* Ed. José Colmeiro. Londres: Tamesis, 2007. 261–72. Impreso.

Harvey, David. *The Condition of Postmodernity: An Enquiry into the Origins of Cultural Change.* Oxford, Engl.; Cambridge, MA: Blackwell, 1990. Impreso.

Heidegger, Martin. *Being and Time.* New York: Harper & Row, 1962. Impreso.

Henseler, Christine, y Randolph D. Pope, eds. *Generation X Rocks: Contemporary Peninsular Fiction, Film, and Rock Culture.* Nashville: Vanderbilt UP, 2007. Impreso.

Hernández Viveros, Raúl. *Relato español actual.* México, DF: Fondo de Cultura Económica, 2002. Impreso.

Herzberger, David K. *A Companion to Javier Marías.* Woodbridge, Engl. y Rochester, NY: Tamesis, Boydell & Brewer, 2011. Impreso.

———. "Ficción, referencialidad y estilo en la teoría de la novela de Javier Marías." *Foro Hispánico: El pensamiento literario de Javier Marías.* Ed. Maarten Steenmeijer. Amsterdam: Rodopi, 2001. 23–34. Impreso.

———. "Narrating the Self and the Contingencies of Memory in *Cosas que ya no existen.*" *Mapping the Fiction of Cristina Fernández Cubas.* Ed.

Kathleen Glenn y Janet Pérez. Newark: U of Delaware P, 2005. 200–10. Impreso.

———. "The Real and the Make-Believe Hermeneutic Consciousness in Javier Marías' *Negra espalda del tiempo.*" *Romance Studies* 19 (2001): 87–94. Impreso.

Hills, Matt. *The Pleasures of Horror.* New York: Continuum, 2005. Impreso.

Hoffmann, Gerhard. "The Aesthetics of the Mysterious and the Grotesque in the American Novel of the Nineties." *Postmodernism and the Fin de Siècle.* Ed. Hoffmann y Alfred Hornung. Heidelberg: Universitätsverlag C. Winter, 2002. 203–40. Impreso.

Hoffmann, Gerhard, y Alfred Hornung, eds. *Postmodernism and the Fin de Siècle.* Heidelberg: Universitätsverlag C. Winter, 2002. Impreso.

Hollier, Denis. Introduction. *Guilty.* Por Georges Bataille. Venice: Lapis, 1988. Impreso.

Holloway, Vance R. "The Pleasures of Œdipal Discontent and *El desorden de tu nombre*, by Juan José Millás García." *Revista Canadiense de Estudios Hispánicos* 18.1 (1993): 31–47. Impreso.

———. "El posmodernismo y otras tendencias de la novela española (1967–1995)." *Historia crítica de la literatura española: Los nuevos nombres 1975–2000. (Primer suplemento).* Vol. 9/1. Barcelona: Crítica, 2000. 272–75. Impreso.

Holquist, Michael. "Whodunit and Other Questions: Metaphysical Detective Stories in Postwar Fiction." *The Poetics of Murder.* Ed. Glenn Most. San Diego: Harcourt Brace Jovanovich, 1983. 149–74. Impreso.

Honig, Bonnie. *Democracy and the Foreigner.* Princeton, NJ; Oxford: Princeton UP, 2001. Impreso.

Howard, Jacqueline. *Reading Gothic Fiction: A Bakhtinian Approach.* Oxford y New York: Clarendon, Oxford UP, 1994. Impreso.

Hutcheon, Linda. *Irony's Edge: The Theory and Politics of Irony.* London; New York: Routledge, 1994. Impreso.

———. *Narcissistic Narrative: The Metafictional Paradox.* London: Routledge, 1991. Impreso.

Indick, William. *Psycho Thrillers: Cinematic Explorations of the Mysteries of the Mind.* Jefferson, NC: McFarland, 2006. Impreso.

Ingendaay, Paul. "Javier Marías." *Bomb* (Otoño 2000): 81–85. Impreso.

Ingenschay, Dieter, y Hans-Jörg Neuschäfer. *Abriendo caminos: La literatura española desde 1975.* Barcelona: Lumen, 1994. Impreso.

Iwasaki, Fernando. *Republicanos: Cuando dejamos de ser realistas.* Madrid: Algaba, 2008. Impreso.

Jackson, Rosemary. *Fantasy, the Literature of Subversion*. London; New York: Methuen, 1981. Impreso.

Jackson, Stanley. *Melancholia and Depression: From Hippocratic Times to Modern Times*. New Haven: Yale UP, 1990. Impreso.

Jameson, Fredric. *Postmodernism, or, The Cultural Logic of Late Capitalism (Post-Contemporary Interventions)*. Durham, NC: Duke UP, 1990. Impreso.

Jáuregui, Carlos. *Heterotropías: Narrativas de identidad y alteridad latino-americana*. Pittsburgh, PA: Instituto Internacional de Literatura Iberoamericana, Universidad de Pittsburgh, 2003. Impreso.

Jerez-Farrán, Carlos, y Samuel Amago. *Unearthing Franco's Legacy: Mass Graves and the Recovery of Historical Memory in Spain*. Notre Dame, IN: U of Notre Dame P, 2010. Impreso.

Jiménez, José. Introducción. *Introducción a la vida angélica: Cartas a una soledad*. Por Eugenio D'Ors. Madrid: Tecnos, 1986. 2–36. Impreso.

Jiménez Burillo, Florencio. "El tema de la culpa en la obra de Albert Camus." Tesis doctoral, Universidad Complutense de Madrid, 1972. Abstract en *Revista de la Universidad Complutense* 21.84 (1972): 26. Impreso.

Juaristi, Jon. *El bucle melancólico: Historias de nacionalistas vascos*. Madrid: Espasa-Calpe, 1999. Impreso.

Juliá, Santos, y Paloma Aguilar Fernández, eds. *Memoria de la guerra y del franquismo*. Madrid: Taurus, 2006. Impreso.

Kafka, Franz. *La Metamorfosis y otros relatos*. Barcelona: RBA, 1995. Impreso.

———. *El proceso*. Barcelona: Bruguera, 1983. Impreso.

Kant, Immanuel. *Lo bello y lo sublime: La paz perpetua*. Madrid: Espasa-Calpe, 1972. Impreso.

———. *Critique of Judgement*. Trad. J. H. Bernard. New York: Simon and Schuster, 2008. Impreso.

Katchadourian, Herant. *Guilt: The Bite of Conscience*. Stanford: Stanford UP, 2010. Impreso.

Kaufmann, Walter. *Nietzsche: Philosopher, Psychologist, Antichrist*. Princeton, NJ: Princeton UP, 1975. Impreso.

Kermode, Frank. *The Sense of an Ending: Studies in the Theory of Fiction*. London: Oxford UP, 1967. Impreso.

King, Edmund L. "What Is Spanish Romanticism?" *Studies in Romanticism* 2 (1962): 1–11. Impreso.

Kleist, Jürgen, y Bruce A. Butterfield, eds. *Fin de Siècle: 19th and 20th Century Comparisons and Perspectives*. New York: Peter Lang, 1996. Impreso.

Klibansky, Raymond, et al. *Saturn and Melancholy: Studies in the History of Natural Philosophy, Religion and Art*. London: Nelson, 1964. Impreso.

Knickerbocker, Dale. *Juan José Millás: The Obsessive-Compulsive Aesthetic*. New York: Peter Lang, 2003. Impreso.

Kramer, Peter. *Listening to Prozac*. London: Penguin, 1997. Impreso.

Krauel, Javier. *Imperial Emotions: Cultural Responses to Myths of Empire in Fin-de-siècle Spain*. Liverpool: Liverpool UP, 2013. Impreso.

Kristeva, Julia. *Black Sun: Depression and Melancholia*. New York: Columbia UP, 1989. Impreso.

———. *Powers of Horror: An Essay on Abjection*. New York: Columbia UP, 1982. Impreso.

———. *Revolution in Poetic Language*. New York: Columbia UP, 1984. Impreso.

Kubbs, Fernanda. *La puerta entreabierta*. Barcelona: Tusquets, 2013. Impreso.

Kybalion, The: A Study of the Hermetic Philosophy of Ancient Egypt and Greece. New York: Penguin, 2008. Impreso.

Labanyi, Jo, ed. *Constructing Identity in Contemporary Spain: Theoretical Debates and Cultural Practice*. Oxford: Oxford UP, 2002. Impreso.

———. "History and Hauntology; or, What Does One Do with the Ghosts of the Past? Reflections on Spanish Film and Fiction of the Post-Franco Period." *Disremembering the Dictatorship: The Politics of Memory in the Spanish Transition to Democracy*. Ed. Joan Ramon Resina. Amsterdam: Rodopi. 2000. 65–81. Impreso.

———. "Introduction: Engaging with Ghosts, or, Theorizing Culture in Modern Spain." *Constructing Identity in Contemporary Spain: Theoretical Debates and Cultural Practice*. Ed. Labanyi. Oxford: Oxford UP, 2002. 1–14. Impreso

———. *Myth and History in the Contemporary Spanish Novel*. Cambridge, Engl.: Cambridge UP, 1989. Impreso.

———. "Testimonies of Repression: Methodological and Political Issues." *Unearthing Franco's Legacy: Mass Graves and the Recovery of Historical Memory in Spain*. Ed. Carlos Jerez Farrán y Samuel Amago. Notre Dame, IN: U of Notre Dame P, 2010. 192–207. Impreso.

Labrador Méndez, Germán. *Letras arrebatadas: Poesía y química en la transición española*. Madrid: Devenir, 2009. Impreso.

Lacan, Jacques. *Écrits: The First Complete Edition in English*. Trad. Bruce Fink. New York: Norton, 2006. Impreso.

Lacoue-Labarthe, Philippe, y Jean-Luc Nancy. *The Literary Absolute: The Theory of Literature in German Romanticism*. Albany: State U of New York P, 1988. Impreso.

Lafargue, Paul. *El derecho a la pereza*. Ed. Manuel Pérez Ledesma. Madrid: Fundamentos, 2009. Impreso.

Laforet, Carmen. "Rosamunda." *Carta a Don Juan. Cuentos completos*. Palencia, España: Menoscuarto, 1999. 131–50. Impreso.

Landeira, Ricardo. *La saudade en el renacimiento de la literatura gallega*. Vigo: Galaxia, 1970. Impreso.

Landero Duran, Luis. "Tumbados y resucitados." *Con otra mirada*. Ed. Josefina Aldecoa y Luis Mateo Díez. Madrid: Taurus, 2001. 85–103. Impreso.

Landman, Janet. *Regret: The Persistence of the Possible*. New York: Oxford UP, 1993. Impreso.

Lara, Alberto, y Norberto Mínguez Arranz. *Literatura española y cine*. Madrid: Editorial Complutense, 2002. Impreso.

Larrissy, Edward. *Romanticism and Postmodernism*. Cambridge: Cambridge UP, 1999. Impreso.

Lejeune, Philippe. *El pacto autobiográfico y otros estudios*. Madrid: Megazul-Endymion, 1994. Impreso.

Lepenies, Wolf, Jeremy Gaines y Doris Jones. *Melancholy and Society*. Cambridge: Harvard UP, 1992. Impreso.

Lerner, Laurence. *Shakespeare's Tragedies: A Selection of Modern Criticism*. London: Penguin, 1963. Impreso.

Lesser, Wendy. "Stranger than Fiction: Two Novels by an Enigmatic Spanish Author Explore Past and Present." *New York Times Book Review* 6 mayo 2001. 26. Impreso.

Levinas, Emmanuel. *De otro modo que ser, o más allá de la esencia*. Salamanca: Sígueme, 1999. Impreso.

Levinson, Jerrold, ed. *Aesthetics and Ethics: Essays at the Intersection*. Cambridge: Cambridge UP, 1998. Impreso.

Lippitt, John, ed. *Nietzsche and the Divine*. Manchester: Clinamen, 2000. Impreso.

Llamazares, Julio. *Escenas de cine mudo*. Madrid: Alfaguara, 2006. Impreso.

———. *Luna de lobos*. Barcelona: Seix Barral, 2001. Impreso.

Lledó, Emilio. *Ser quien eres. Ensayos para una educación democrática*. Zaragoza: Prensas Universitarias de Zaragoza, 2009. Impreso.

Loesberg, Jonathan. *A Return to Aesthetics: Autonomy, Indifference, and Postmodernism*. Stanford, CA: Stanford UP, 2005. Impreso.

Loureiro, Ángel. "Los afectos de la historia." *Política y (po)ética de las imágenes de la guerra*. Ed. Antonio Monegal y Rafael Argullol. Barcelona: Paidós, 2007. 133–60. Print.

————. "Argumentos patéticos: Historia y memoria de la Guerra Civil." *Claves de Razón Práctica* 186 (2008): 18–25. Impreso.

————. *La autobiografía y sus problemas teóricos: Estudios e investigación documental.* Barcelona: Anthropos, 1991. Impreso.

————. "España maníaca." *Quimera* 167 (1997): 15–20. Impreso.

————. *The Ethics of Autobiography: Replacing the Subject in Modern Spain.* Nashville: Vanderbilt UP, 2000. Impreso.

————. "Inconsolable Memory." *Cultural Representations of the Anti-Francoist Guerrilla.* Ed. Gómez López Quiñones y Carmen Moreno-Nuño. Minneapolis: U of Minesota P, HIOL, 2013. Web. Mayo 2014.

————. *Mentira y seducción: La trilogía fantástica de Torrente Ballester.* Madrid: Castalia, 1990. Impreso.

————. "Pathetic Arguments." *Journal of Spanish Cultural Studies* 9.2 (2008): 225–37. Impreso.

————. "Torrente Ballester, novelista posmoderno." *La creación literaria de Gonzalo Torrente Ballester.* Ed. Carmen Becerra, Ángel Candelas y Ángel Abuín González. Vigo Pontevedra, España: Tambre, 1997. 61–76. Impreso.

Löwy, Michael. *Fire Alarm: Reading Walter Benjamin's "On the Concept of History."* Trad. Chris Turner. London; New York: Verso, 2005. Impreso.

Löwy, Michael, y Robert Sayre. *Romanticism against the Tide of Modernity.* Trad. Catherine Porter. Durham, NC: Duke UP, 2001. Impreso.

Ludmer, Josefina. *El cuerpo del delito: Un manual.* Buenos Aires: Perfil, 1999. Impreso.

Luna Sellés, Carmen. "*Las islas extraordinarias*: Un divertimento distópico." *La Tabla Redonda: Anuario de Estudios Torrentinos* 5 (2007): 33–52. Impreso.

Lupi, Juan Pablo. *Reading Anew: José Lezama Lima's Rhetorical Investigations.* Madrid: Iberoamericana, 2012. Impreso.

Lynd, Helen Merrell. *On Shame and the Search for Identity.* New York: Harcourt–Harvest, 1958. Impreso.

Lyons, William E. *Emotion.* Cambridge; New York: Cambridge UP, 1980. Impreso.

Lyotard, Jean-François. *The Postmodern Condition: A Report of Knowledge.* Vol. 10. Minneapolis: Minnesota UP, 1984. Impreso.

Magris, Claudio, y J. A. González Sainz. *Utopía y desencanto: Historias, esperanzas e ilusiones de la modernidad.* Barcelona: Anagrama, 2001. Impreso.

Mainer, José Carlos. "Para un mapa de lecturas de la guerra civil (1960–2000)." *Memoria de la guerra y del franquismo.* Ed. Santos Juliá y Paloma Aguilar Fernández. Madrid: Taurus, 2006. 135–61. Impreso.

———. *De postguerra: 1951–1990.* Barcelona: Crítica, 1994. Impreso.

———. "El problema de las generaciones en la literatura española contemporánea." *Actas de la Asociación Internacional de Hispanistas* (1971): 211–19. Impreso.

———. *Tramas, libros, nombres: Para entender la literatura española, 1944–2000.* Barcelona: Anagrama, 2005. Impreso.

Marías, Javier. *Corazón tan blanco.* Barcelona: Santillana, 2000. Impreso

———. *Cuando fui mortal.* Barcelona: Santillana, 1996. Impreso.

———. *El hombre sentimental.* Barcelona: Anagrama, 1986. Impreso.

———. "La huella del animal." *Vuelta* 19.220 (1995): 43–45. Impreso.

———. *Literatura y fantasma.* Madrid: Siruela, 1993. Impreso.

———. "La magia de lo que pudo ser: Entrevista por Luis H. Castellanos." *Quimera* 87 (1989): 24–31. Impreso.

———. *Mañana en la batalla piensa en mí.* Madrid: Alfaguara, 1996. Impreso.

———. *El monarca del tiempo.* Madrid: Alfaguara, 1978. Impreso.

———. *Negra espalda del tiempo.* Barcelona: Santillana, 2000. Impreso.

———. *Pasiones pasadas.* Madrid: Alfaguara, 1999. Impreso.

———. "'Lo raro es que no estemos más locos de lo que estamos': Entrevista por Antonio Fontana." *Revista de Occidente* 286 (2005): 154–60. Impreso.

———. *Todas las almas.* Madrid: Alfaguara, 2000. Impreso.

Marías, Julián. *Antropología metafísica.* Madrid: Alianza, 1983. Impreso.

———. *La educación sentimental.* Madrid: Alianza, 1992. Impreso.

Marina, José Antonio. *Ética para náufragos.* Barcelona: Anagrama, 1998. Impreso.

Marsé, Juan. *Un día volveré.* Barcelona: Plaza y Janés, 1982. Impreso.

———. *Si te dicen que caí.* Alcalá de Henares: Fondo de Cultura Económica, 2009. Impreso.

———. *Ronda del Guinardó.* Barcelona: Crítica, 2005. Impreso.

Martín-Cabrera, Luis. *Radical Justice: Spain and the Southern Cone beyond Market and State.* Lewisburg, PA: Bucknell UP, 2011. Impreso.

Martín Casamitjana, Rosa Ma. *El humor en la poesía española de vanguardia.* Madrid: Gredos, 1996. Impreso.

Martín Gaite, Carmen. *El cuarto de atrás.* Barcelona: Destino, 1997. Impreso.

Masiello, Francine. *The Art of Transition: Latin American Culture and Neoliberal Crisis*. Durham, NC: Duke UP, 2001. Impreso.

Masoliver Ródenas, Juan Antonio. "Javier Marías: El pensamiento incesante." *Vuelta* 18.216 (1994): 60–63. Impreso.

———. "*Mañana en la batalla piensa en mí*, de Javier Marías: Polifonía y polisemia." *Insula* 578 (1995): 19–21. Impreso.

Massumi, Brian. *Parables for the Virtual: Movement, Affect, Sensation*. Durham, NC: Duke UP, 2002. Impreso.

Matamoro, Blas. *Lógica de la dispersión, o, De un saber melancólico*. Pozuelo de Alarcón, Madrid: Mirada Malva, 2006. Impreso.

Medina Domínguez, Alberto. *Exorcismos de la memoria: Políticas y poéticas de la melancolía en la España de la Transición*. Madrid: Libertarias, 2001. Impreso.

———. "De la emancipación al simulacro: La ejemplaridad de la transición." *Intrasiciones: Crítica de la cultura española*. Ed. Eduardo Subirats. Madrid: Biblioteca Nueva, 2002. 23–36. Impreso.

Merino, Eugenio. *Always Franco*. 2012. Web. Febrero de 2013.

Millás García, Juan José. *Articuentos*. Barcelona: Alba, 2001. Impreso.

———. *Cerbero son las sombras*. En *Tres novelas cortas*. Madrid: Alfaguara, 1998. 27–144. Impreso.

———. *Cuerpo y prótesis*. Madrid: País, 2000. Impreso.

———. *El desorden de tu nombre*. Barcelona: Santillana, 2001. Impreso.

———. *Dos mujeres en Praga*. Madrid: Espasa, 2002. Impreso.

———. "En fin: Entrevista por Ricardo Sánchez." *Quimera* 81 (1988): 20–26. Impreso.

———. "Entre el oficio y la obsesión: Entrevista por John R. Rosenberg." *Anales de la Literatura Española Contemporánea* 21 (1996): 143–60. Impreso.

———. "Horóscopo." *El País* 2 junio 2006. Web. enero 2012.

———. *El jardín vacío*. Barcelona: Destino, 1992. Impreso.

———. "Literatura y enfermedad." *Con otra mirada: Una visión de la enfermedad desde la literatura y el humanismo*. Ed. Josefina R. Aldecoa. Madrid: Fundación de Ciencias de la Salud, Taurus, 2001. 94–112. Impreso.

———. "Materiales gaseosos: Entrevista por Pilar Cabañas." *Cuadernos Hispanoamericanos* 580 (1998): 103–20. Impreso.

Millás García, Juan José. *Personality Disorders and Other Stories / Trastornos de carácter y otros cuentos*. Intro. Pepa Anastasio. Trad. Gregory Kaplan. New York: Modern Language Association of America, 2007. Impreso.

Millás García, Juan José. "Se lee como una novela." *El País*, 23 octubre 2011. Web. 19 febrero 2014.

———. "El síndrome de Antón." *Trilogía de la soledad*. Madrid: Santillana, 1996. 9–21. Impreso.

———. *La soledad era esto*. Barcelona: Destino, 1994. Impreso.

———. *Trastornos de carácter y otros cuentos*. Ed. Pepa Anastasio. New York: Modern Language Association of America, 2007. Impreso.

———. *Tres novelas cortas*. Madrid: Alfaguara, 1998. Impreso.

———. *Trilogía de la soledad*. Madrid: Santillana, 1996. Impreso.

———. *Visión del ahogado*. Barcelona: Destino, 1989. Impreso.

———. *Volver a casa*. Barcelona: Destino, 1990. Impreso.

Miller, Francisca. "Interview with Gonzalo Torrente Ballester on the Subject of His Literary Debts to G. K. Chesterton." *Chesterton Review* 12.4 (1986): 473–91. Impreso.

Miller, J. Hillis. *Fiction and Repetition: Seven English Novels*. Cambridge: Harvard UP, 1982. Impreso.

Miller, Stephen. "G. K. Chesterton and Gonzalo Torrente Ballester: The Structure of Possibility and Probability in the Novel." Entrevista. *Chesterton Review* 12.4 (1986): 473–91. Impreso.

———. "El último estilo creativo de Torrente Ballester: La narración esquemática (1989–1999)." *La Tabla Redonda: Anuario de Estudios Torrentinos [La última década (1989–1999)]* 5 (2007): i–x. Impreso.

Miller, William Ian. *The Anatomy of Disgust*. Cambridge, MA: Harvard UP, 1997. Impreso.

mil y una noches, Las. Madrid: Cátedra, 2007. Impreso.

Mínguez-Arranz, Norberto. *Literatura española y cine*. Madrid: Editorial Complutense, 2002. Impreso.

Monegal, Antonio, y Rafael Argullol, eds. *Política y (po)ética de las imágenes de la guerra*. Barcelona: Paidós, 2007. Print

Monleón, José B. *A Specter Is Haunting Europe: A Sociohistorical Approach to the Fantastic*. Princeton, NJ: Princeton UP, 1990. Impreso.

Monod, Jacques. *El azar y la necesidad: Ensayo sobre la filosofía natural de la biología moderna*. Barcelona: Monte Ávila, 1971. Impreso.

Montero, Rosa, y Javier Marías. "En estado de gracia." *El País semanal*, agosto 1992. Web. 12 diciembre 2012.

Monterroso, Augusto. *La oveja negra y demás fábulas*. México, DF: Era, 1990. Impreso.

Montiel, Alejandro. "La risa melancólica." *Quimera* 169 (1998): 8–15. Impreso.

Morán, Gregorio. *El precio de la Transición*. Barcelona: Planeta, 1992. Impreso.

Moraña, Mabel, y Ignacio M. Sánchez Prado. *El lenguaje de las emociones: Afecto y cultura en América Latina*. Madrid/Frankfurt: Iberoamericana/Vervuert, 2012. Impreso.

Moreiras, Alberto, y Nelly Richard. *Pensar en la postdictadura*. Santiago de Chile: Cuarto Propio, 2001. Impreso.

Moreiras Menor, Cristina. *Cultura herida: Literatura y cine en la España democrática*. Madrid: Libertarias, 2002. Impreso.

———. "Ficción y autobiografía en Juan Goytisolo: Algunos apuntes." *Anthropos: Revista de Documentacion Científica de la Cultura* 125 (1991): 71–76. Impreso.

Moreno-Nuño, Carmen. *Las huellas de la guerra civil: Mito y trauma en la narrativa de la España democrática*. Madrid: Libertarias, 2006. Impreso.

Moretti, Franco. *Distant Reading*. London: Verso, 2013. Impreso.

Morris, David B. *La cultura del dolor*. Trad. Oscar Luis Molina. Santiago, Chile: Andrés Bello, 1993. Impreso.

Morson, Gary Saul, y Caryl Emerson. *Mikhail Bakhtin: Creation of a Prosaics*. Stanford, CA: Stanford UP, 1990. Impreso.

Moscoso, Javier. *Historia cultural del dolor*. Madrid: Taurus, 2011. Impreso.

Most, Glenn. *The Poetics of Murder: Detective Fiction and Literary Theory*. San Diego: Harcourt Brace Jovanovich, 1983. Impreso.

Muguerza, Javier. *Desde la perplejidad: Ensayos sobre la ética, la razón y el diálogo*. Madrid; México: Fondo de Cultura Economica, 2006. Impreso.

Muñiz-Huberman, Angelina. *El siglo del desencanto*. México: Fondo de Cultura Economica. 2002. Impreso.

Muñoz Molina, Antonio. *Beatus Ille*. Barcelona: Seix Barral, 2001. Impreso.

———. *El jinete polaco*. 1991. Barcelona: Seix Barral, 2002. Impreso.

Muñoz Rengel, Juan Jacinto. "La narrativa fantástica en el siglo XXI." *Insula* Nº. 765 (2010): 6–10. Impreso.

Nagel, Thomas. *Mortal Questions*. New York: Cambridge UP, 1991. Impreso.

Navajas, Gonzalo. "La memoria nostálgica en la narrativa contemporánea: La temporalidad del siglo XXI." *Romance Quarterly* 51.2 (2004): 111–23. Impreso.

Navajas, Gonzalo. *Más allá de la posmodernidad: Estética de la nueva novela y cine españoles*. Barcelona: EUB, 1996. Impreso.

Navarro Gil, Sandra. "La voz del narrador en las novelas de Javier Marías." *Revista de Literatura* 65.129 (2003): 199–210. Impreso.

Neale, Stephen. *Genre and Contemporary Hollywood*. London: British Film Institute, 2002. Impreso.

Nerval, Gérard de. *Les Chimères: The Chimeras*. London: Anvil, 1984. Impreso.

Ngai, Sianne. *Ugly Feelings*. Cambridge, MA: Harvard UP, 2005. Impreso.

Nichols, William. "Enigmas y aporías: Leyendo las pistas en *La muerte del decano* (1992)." *La Tabla Redonda. Anuario de Estudios Torrentinos* 5 (2007): 53–66. Impreso.

Nietzsche, Friedrich. *La genealogía de la moral*. Trad. Andrés Sánchez Pascual. Madrid: Alianza, 1994. Impreso.

Nordau, Max. *Degeneration*. New York: Appelton, 1895. Impreso.

Núñez Florencio, Rafael. *El peso del pesimismo: Del 98 al desencanto*. Madrid: Marcial Pons Historia, 2013. Impreso.

———. *¡Viva la muerte! Política y cultura de lo macabro*. Madrid: Marcial Pons Historia, 2014. Impreso.

Odartey-Wellington, Dorothy. *Contemporary Spanish Fiction: Generation X*. Newark: U of Delware P, 2008. Impreso.

O'Neill, Patrick. *The Comedy of Entropy: Humour, Narrative, Reading*. Toronto: U of Toronto P, 1990. Impreso.

Onfray, Michell. *Filosofar como un perro*. Madrid: Capital Intelectual, 2013. Impreso.

Oleza, Joan. "Al filo del milenio: Las posibilidades de un nuevo realismo." *Historia crítica de la literatura española: Los nuevos nombres 1975–2000. (Primer suplemento)*. Vol. 9/1. Barcelona: Crítica, 2000. 265–67. Impreso.

———. "Un realismo posmoderno." *Historia crítica de la literatura española: Los nuevos nombres 1975–2000. (Primer suplemento)*. Vol. 9/1. Barcelona: Crítica, 2000. 263–65. Impreso.

Ortega y Gasset, José. *Ideas y creencias*. Madrid: Revista de Occidente, 1997. Impreso.

———. "La melancolía." *Obras completas*. Vol. 2: *El espectador*. Madrid: Revista de Occidente, 1963. 559–60. Print

———. "Psicoanálisis, ciencia problemática." *Ideas y creencias*. Madrid: Revista de Occidente, 1997. 89–121. Impreso.

———. *El tema de nuestro tiempo*. Madrid: Revista de Occidente, 1981. Impreso.

Otto, Rudolf. *The Idea of the Holy, an Inquiry into the Non-rational Factor in the Idea of the Divine and Its Relation to the Rational*. London; New York: Oxford UP, 1957. Impreso.

Ovidio. *Metamorfosis*. Madrid: Espasa-Calpe, 1994. Impreso.

Padura, Leonardo. *Modernidad, posmodernidad y novela policial.* La Habana: Unión, 2000. Impreso.

Paniker, Salvador. *Primer testamento.* Barcelona: Seix Barral, 1990. Impreso.

———. *Segunda memoria.* Madrid: Debolsillo, 2000. Impreso.

Pardo, José Luis. *La banalidad.* Barcelona: Anagrama, 1989. Impreso.

Parvulescu, Anca. *Laughter: Notes on a Passion.* Cambridge: MIT P, 2010. Impreso.

Pawlett, William. *Jean Baudrillard: Against Banality.* London; New York: Routledge, 2007. Impreso.

Payne, Stanley. *The Franco Regime, 1936–1975.* Madison: U of Wisconsin P, 1987. Impreso.

Pedrós-Gascón, Antonio Francisco. "Héroes para un nuevo 98 (acerca de una invisibilidad ideológica en la novela española reciente." *España Contemporánea* 22.1 (2009): 7–34. Impreso.

Pensky, Max. *Melancholy Dialectics: Walter Benjamin and the Play of Mourning.* Amherst: U of Massachusetts P, 1993. Impreso.

Pereiro, Peregrina. *Novela española de los noventa: Alternativas éticas a la post-modernidad.* Madrid: Pliegos, 2002. Impreso.

Pérez, Genaro. "*La muerte del decano*: ¿Suicidio, asesinato, accidente?" *Hispanófila* 135 (2002): 61–71. Impreso.

———. *Ortodoxia y heterodoxia de la novela policíaca hispana: Variaciones sobre el género negro.* Newark: Juan de la Cuesta, 2002. Impreso.

Pérez, Janet. "The Seen, the Unseen, and the Obscene in Fernández Cubas's Fiction." *Mapping the Fiction of Cristina Fernández Cubas.* Ed. Kathleen Glenn y Janet Pérez. Newark: U of Delaware P, 2005. 130–50. Impreso.

Pfau, Thomas. *Romantic Moods: Paranoia, Trauma, and Melancholy, 1790–1840.* Baltimore: Johns Hopkins UP, 2005. Impreso.

Pirandello, Luigi. *El humorismo.* Buenos Aires: El Libro, 1946. Impreso.

Pla, Albert. *Veintegenarios en Alburquerque.* Barcelona: Ariola, 1997. DVD.

Platón. *Diálogos.* México: Porrúa, 2000. Impreso.

Poe, Edgar Allan. *The Raven, with The Philosophy of Composition.* Boston: Northeastern UP, 1986. Impreso.

———. *The Works of Edgar Allan Poe.* New York: Putnam, 1884. Impreso.

Pollock, Jonathan. *Qu'est-ce que l'humour?* Paris: Klincksieck, 2001. Impreso.

Pont, Jaume, ed. *Brujas, demonios y fantasmas en la literatura fantástica hispánica.* Lérida: Edicions Universitat de Lleida, 1999. Impreso.

Ponte Far, José A. *Galicia en la obra narrativa de Gonzalo Torrente Ballester*. A Coruña: Tambre, 1994. Impreso.

Pozuelo Yvancos, José. *De la autobiografía: Teoría y estilos*. Barcelona: Crítica, 2006. Impreso.

———. *Figuraciones del yo en la narrativa: Javier Marías y E. Vila-Matas*. Valladolid: Universidad de Valladolid, 2010. Impreso

Pratt, Alan R. *Black Humor: Critical Essays*. New York: Garland, 1993. Impreso.

Premat, Julio. *La dicha de Saturno: Escritura y melancolía en la obra de Juan José Saer*. Rosario, Arg.: Beatriz Viterbo, 2002. Impreso.

Preston, Paul. *The Spanish Holocaust: Inquisition and Extermination in Twentieth-Century Spain*. London: Harper, 2012. Impreso.

Pujante, José. *Manual de retórica*. Madrid: Castalia, 2003. Impreso.

Radden, Jennifer. *Moody Minds Distempered: Essays on Melancholy and Depression*. Oxford; New York: Oxford UP, 2009. Impreso.

———. *The Nature of Melancholy. From Aristoteles to Kristeva*. Oxford: Oxford UP, 2002. Impreso.

Rancière, Jacques. *The Politics of Aesthetics: The Distribution of the Sensible*. London: Continuum, 2004. Impreso.

Resina, Joan Ramon. *El cadáver en la cocina: La novela criminal en la cultura del desencanto*. Barcelona: Anthropos, 1997. Impreso.

———. "Desencanto y fórmula literaria en las novelas policíacas de Manuel Vázquez Montalbán." *Modern Language Notes* 108.2 (1993): 254–82. Impreso.

———. ed. *Disremembering the Dictatorship: The Politics of Memory in the Spanish Transition to Democracy*. Atlanta, GA: Rodopi, 2000. Impreso.

———. Prólogo. *The Detective Novel in Post-Franco Spain: Democracy, Disillusionment, and Beyond*. Por Renée W. Craig-Odders. New Orleans: UP of the South, 1999. vii–xvi. Impreso.

———. "Short of Memory: The Reclamation of the Past since the Spanish Transition to Democracy." *Disremembering the Dictatorship: The Politics of Memory in the Spanish Transition to Democracy*. Ed. Resina. Atlanta, GA: Rodopi, 2000: 126. Impreso.

Reverte, Jorge M., y Socorro Thomás. *Hijos de guerra: Testimonios y recuerdos*. Madrid: Temas de Hoy, 2004. Impreso.

Reyes Mate, Manuel. *La razón de los vencidos*. Barcelona: Anthropos, 1991. Impreso.

Richard, Nelly. "Las reconfiguraciones del pensamiento crítico en la posdictadura." *Heterotropías: Narrativas de identidad y alteridad latinoamericana*. Pittsburgh, PA: Biblioteca de América, 2003. 287–302. Impreso.

————. *Pensar en la postdictadura.* Santiago de Chile: Cuarto Propio, 2001. Impreso.

Richardson, Nathan E. *Postmodern Paletos: Inmigration, Democracy, and Globalization in Spanish Narrative and Film, 1950–2000.* Lewisburg, PA: Bucknell UP, 2002. Impreso.

Ricoeur, Paul. *The Conflict of Interpretations: Essays in Hermeneutics.* Evanston, IL: Northwestern UP, 1974. Impreso.

————. *Finitud y culpabilidad.* Madrid: Trotta, 2004. Impreso.

Rivas, Manuel. *El lápiz del carpintero.* Madrid: Alfaguara, 2002. Impreso.

Rivera, Juan Antonio. *El gobierno de la fortuna.* Barcelona: Crítica, 2000. Impreso.

Roas, David. *La realidad oculta: Los cuentos fantásticos españoles del siglo XX.* Palencia, España: Menoscuarto, 2008. Impreso.

————. "Voces del otro lado." *Brujas, demonios y fantasmas en la literatura fantástica hispánica.* Ed. Jaume Pont. Lérida: Edicions Universitat de Lleida, 1999. 93–107. Impreso.

Rodríguez Fisher, Ana. "Siempre habrá nunca: El enigma del tiempo en la narrativa de Javier Marías." *Cuadernos Hispanoamericanos* 644 (2004): 61–76. Impreso.

Rodríguez García, José Luis. *La mirada de Saturno: Pensar la revolución (1789–1850).* Madrid: Talasa, 1990. Impreso.

Rodríguez Magda, Rosa María. *La sonrisa de Saturno: Hacia una teoría transmoderna.* Barcelona: Anthropos. 1989. Impreso.

Rodríguez Ortega, Vicente. *Contemporary Spanish Cinema and Genre.* Manchester y New York: Manchester UP, Palgrave–Macmillan, 2008. Impreso.

Romero Tobar, Leonardo. "Sobre la acogida del relato fantástico en la España romántica." *Teoría e interpretación del cuento.* Ed. Peter Fröhlicher y Georges Güntert. Perspectivas Hispánicas. Bern: Peter Lang, 1995, 223–37. Impreso.

Rosenthal, Alan. *New Challenges for Documentary.* Berkeley: U of California P, 1988. Impreso.

Rossiter, A. P. *Angel with Horns: Fifteen Lectures on Shakespeare.* London: Longman, 1989. Impreso.

Rousso, Henry. *Vichy: L'Événement, la mémoire, l'histoire.* Paris: Gallimard, 2001. Impreso.

Rowe, William, y Vivian Schelling. *Memory and Modernity: Popular Culture in Latin America.* London: Verso, 1991. Impreso.

Royle, Nicholas. *The Uncanny.* Manchester: Manchester UP, 2011. Impreso.

Ruy Sánchez, Alberto. *Con la literatura en el cuerpo: Historias de literatura y melancolía.* México, DF: Taurus, 1995. Impreso.

Sagrada Biblia. Madrid: Biblioteca de Autores Cristianos, 1969. Impreso.

Said, Edward. *On Late Style: Music and Literature against the Grain.* New York: Random House, 2007. Impreso.

Sánchez-Biosca, Vicente. *Cine y guerra civil española: Del mito a la memoria.* Madrid: Alianza, 2006. Impreso.

Sánchez Ferlosio, Rafael. *La hija de la guerra y la madre de la patria.* Barcelona: Destino, 2002. Impreso.

Santana, Mario. *Foreigners in the Homeland: The Spanish American New Novel in Spain, 1962–1974.* Lewisburg, PA: Bucknell UP, 2000. Impreso.

Santiáñez, Nil. "Cartografía crítica del fascismo español." *Res Publica* 13–14 (2004): 181–98. Impreso.

———. *Investigaciones literarias: Modernidad, historia de la literatura y modernismos.* Barcelona: Crítica, 2002. Print

Sanz Villanueva, Santos. "El archipiélago de la ficción." *Historia crítica de la literatura española: Los nuevos nombres: 1975–2000. (Primer Suplemento).* Vol. 9/1. Barcelona: Crítica, 2000. 259–63. Impreso.

———. "Generación del 68." *El Urogallo* (1988): 27–57. Impreso.

———. "La novela." *Historia crítica de la literatura española: Los nuevos nombres: 1975–1990.* Vol. 9. Barcelona: Crítica, 1992. 249–84. Impreso.

Saura, Carlos, dir. *Ana y los lobos.* Manga Films, 2009. Film.

Savater, Fernando. "Demasiado para el cuerpo." Introducción. *El Aleluya.* Por Georges Bataille. Madrid: Alianza, 1981. 6–39. Impreso.

———. *Ética para Amador.* Barcelona: Ariel, 2000. Impreso.

———. "Novela detectivesca y conciencia moral (ensayo de poe-ética)." *Los Cuadernos del Norte* 4.19 (1983): 8–12. Impreso.

———. *La piedad apasionada.* Salamanca: Sígueme, 1977. Impreso.

———. "Teoría del simpoder." *El lenguaje libertario.* Ed. Cristian Ferrer. Montevideo: Nordan Comunidad, 1990. 49–57. Impreso.

———. *La voluntad disculpada: Nihilismo y acción, La filosofía tachada, De los dioses y del mundo, La tarea del héroe.* Madrid: Taurus, 1996. Impreso.

Scarlett, Elizabeth. "Victors, Villains, and Ghosts: Filmic Intertextuality in Javier Marías's *Mañana en la batalla piensa en mí.*" *Revista Canadiense de Estudios Hispánicos* 28.2 (2004): 391–410. Impreso.

Schacht, Richard. *Nietzsche.* London: Routledge, 1983. Impreso.

Schaefer, Claudia. *Bored to Distraction: Cinema of Excess in End-of-the-Century Mexico and Spain.* Albany: State U of New York P, 2003. Impreso.

Schiesari, Juliana. *The Gendering of Melancholia: Feminism, Psychoanalysis, and the Symbolics of Loss in Renaissance Literature.* Ithaca, NY: Cornell UP, 1992. Impreso.

Schiller, Friedrich. *On the Aesthetic Education of Man.* New Haven: Yale UP, 1954. Impreso.

Schlegel, F. *Stanford Encyclopedia of Philosophy.* Web. Marzo 2012.

Sedgwick, Eve Kosofsky. *Shame and Its Sisters: Silvan Tomkins Reader.* Durham, NC: Duke UP, 1996. Impreso.

Segal, Charles. *Œdipus Tyrannus: Tragic Heroism and the Limits of Knowledge.* New York: Twayne, 1993. Impreso.

Senabre, Ricardo. "La novela española, hacia el año 2000." *Letras de Deusto* 25.66 (1995): 23–38. Impreso.

Serra, Cristóbal. *Antología del humor negro español: Del Lazarillo a Bergamín.* Barcelona: Tusquets, 1976. Impreso.

Serra, Fátima. *La nueva narrativa española: Tiempo de tregua entre ficción e historia.* Madrid: Pliegos, 2000. Impreso.

Shakespeare, William. *The Complete Plays of William Shakespeare.* New York: Chatham River, 1984. Impreso.

———. *King Richard III.* London; New York: Methuen, 1981. Impreso.

Shelley, Mary. *Frankenstein.* New York: Dover, 2010. Impreso.

Siebers, Tobin. *The Mirror of Medusa.* Berkeley: U of California P, 1983. Impreso.

———. *The Romantic Fantastic.* Ithaca, NY: Cornell UP, 1984. Impreso.

Silver, Philip W. *Ruin and Restitution: Reinterpreting Romanticism in Spain.* Nashville: Vanderbilt UP, 1997. Impreso.

Sloterdijk, Peter. *Critique of Cynical Reason.* Minneapolis: U of Minnesota P, 1987. Impreso.

———. *Rage and Time.* New York: Columbia UP, 2010. Impreso.

Smith, Carter E. "Between Two Chronotopes: Space and Time in Juan José Millás's *Visión del ahogado.*" *Romance Languages Annual 1997* Vol. 9 (1998): 697–703. Impreso.

Sobejano, Gonzalo. "Juan José Millás, fabulador de la extrañeza." *Nuevos y novísimos: Algunas perspectivas críticas sobre la narrativa española desde la década de los 60.* Boulder, CO: Society of Spanish and Spanish-American Studies, 1987. 195–215. Impreso.

Sobejano, Gonzalo. "La novela ensimismada: (1980–1985)." *España Contemporánea, Revista de Literatura y Cultura* 1.1 (1988): 9–26. Impreso.

———. *Novela española de nuestro tiempo: En busca del pueblo perdido.* Madrid: Prensa española, 1970. Impreso.

Sófocles. *Tragedias*. Barcelona: Planeta, 1985. Impreso.

Solomon, Andrew. *The Noonday Demon: An Atlas of Depression*. New York: Touchstone, 2001. Impreso.

Solomon, Barbara Probst. "No necesitamos ver huesos para hacer memoria." *El País*, 3 diciembre 2008. Web. 11 febrero 2014.

Solomon, Robert C. *The Passions*. Notre Dame, IN: U of Notre Dame P, 1983. Impreso.

Sontag, Susan. *Under the Sign of Saturn*. New York: Farrar, Straus & Giroux, 1980. Impreso.

Soufas, Teresa Scott. *Melancholy and the Secular Mind in Golden Age Literature*. Columbia: U of Missouri P, 1990. Impreso.

Spacks, Patricia Meyer. *Boredom: The Literary History of a State of Mind*. Chicago: U of Chicago P, 1995. Impreso.

Spinoza, Baruch. *The Ethics and On the Improvement of the Understanding*. Stilwell, KS: Digireads.com. Web. Enero 2008.

Spires, Robert C. *Beyond the Metafictional Mode: Directions in the Modern Spanish Novel*. Lexington, KY: UP of Kentucky, 1984. Impreso.

———. "Information, Communication, and Spanish Fiction of the 1990s." *Romance Quarterly* 51.2 (2004): 141–59. Impreso.

———. *Post-totalitarian Spanish Fiction*. Columbia: U of Missouri P, 1996. Impreso.

Steenmeijer, Maarten. *El pensamiento literario*. Amsterdam: Rodopi, 2001. Impreso.

Steiner, George. *The Death of Tragedy*. New York: Oxford UP, 1980. Impreso.

Stevenson, Robert Louis. *An Apology for Idles*. London: Penguin, 2009. Impreso.

Stilman, Eduardo. *El humor negro*. Buenos Aires: Siglo Veinte, 1977. Impreso.

Subirats, Eduardo. *Después de la lluvia: Sobre la ambigua modernidad española*. Madrid: Temas de Hoy, 1993. Impreso.

———. *Intransiciones: Crítica de la cultura española*. Madrid: Biblioteca Nueva, 2002. Impreso.

Sueiro, Daniel. *Rescoldos de la España negra*. México: Universidad Nacional Autónoma de México, Coordinación de Humanidades, 1983. Impreso.

Svendsen, Lars Fr. H. *A Philosophy of Boredom*. London: Reaktion, 2005. Impreso.

Terada, Rei. *Feeling in Theory: Emotion after the "Death of the Subject."* Cambridge: Harvard UP, 2001. Impreso.

Textos herméticos. Madrid: Gredos, 2006. Impreso.

Tibbetts, John C. *The Gothic Imagination: Conversations on Fantasy, Horror, and Science Fiction in the Media*. New York: Palgrave–Macmillan, 2011. Impreso.

Torrente Ballester, Gonzalo. *Los años indecisos*. Barcelona: Planeta, 1997. Impreso.

———. *Crónica del rey pasmado*. Madrid: Austral, 2012. Impreso.

———. *Los cuadernos de un vate vago*. Esplugues de Llobregat: Plaza y Janés, 1982. Impreso.

———. *Doménica*. Madrid: Espasa, 1999. Impreso.

———. *La muerte del decano*. Barcelona: Planeta, 1997. Impreso.

———. *Obra completa*. Barcelona: Destino, 1977. Impreso.

———. *El Quijote como juego y otros trabajos críticos*. Barcelona: Destino, 1984. Impreso.

Treglown, Jeremy. *Franco's Crypt: Spanish Culture and Memory since 1936*. New York: Farrar, Straus & Giroux, 2013. Impreso.

Trías, Cargenio [Pseud. de Eugenio y Carlos Trías]. *Santa Ava de Adís Abeba*. Barcelona: Tusquets, 2002. Impreso.

Trías, Eugenio. *Lo bello y lo siniestro*. Barcelona: Seix Barral, 1982. Impreso.

Trigo, Benigno. *Remembering Maternal Bodies: Melancholy in Latina and Latin American Women's Writing*. New York: Palgrave–Macmillan, 2006. Impreso.

Turner, Harriet S., y Adelaida López de Martínez, eds. *The Cambridge Companion to the Spanish Novel: From 1600 to the Present*. Cambridge: Cambridge UP, 2003. Impreso.

Urpeth, Jim. "Health and Sickness in Religious Affectivity." *Nietzsche and the Divine*. Ed. John Lippitt. Manchester: Clinamen, 2000. Impreso.

Valis, Noël. *Sacred Realism: Religion and Imagination in Modern Spanish Narrative*. New Haven: Yale UP, 2010. Impreso.

Valls, Fernando. "Prólogo". *Todos los cuentos* de Cristina Fernández Cubas. Barcelona: Tusquets, 2008, pp 6–18.

Vattimo, Gianni. *The End of Modernity: Nihilism and Hermeneutics in Post-modern Culture*. Baltimore: Johns Hopkins UP, 1991. Impreso.

Vázquez, María. *Borges, sus días y su tiempo*. Barcelona: Vergara, 1985. Impreso.

Vázquez Montalbán, Manuel. *La autobiografía del general Franco*. Barcelona: Debolsillo, 2011. Impreso.

———. *Crónica sentimental de España*. Madrid: Debolsillo, 2003. Impreso.

———. *Galíndez*. New York y Toronto: Atheneum y Maxwell Macmillan Canada, 1992. Impreso.

———. *El pianista*. Barcelona: Random House, 2005. Impreso.

211

Velázquez, José Luis, y Javier Memba. *La Generación de la democracia*: *Historia de un desencanto*. Madrid: Temas de Hoy, 1995. Impreso.

Vila-Matas, Enrique. *Dietario voluble*. Barcelona: Anagrama, 2008. Impreso.

———. *Hijos sin hijos*. Barcelona: Anagrama, 1993. Impreso.

———. *Historia abreviada de la literatura portátil*. Barcelona: Anagrama, 2000. Impreso.

Vilarós, Teresa. "Banalidad y biopolítica: La transición española y el nuevo orden del mundo." *Desacuerdos* 2 (2005): 29–56. Web. 7 noviembre 2013.

———. "Cine y literatura en la España de los sesenta: Testimonio de un primer proceso de desideologización." *Literatura española y cine*. Ed. Alberto Lara. Madrid: Editorial Complutense, 2002. 193–206. Impreso.

———. "El mono del desencanto: Una crítica cultural de la transición española (1973–1993)." *Journal of Iberian and Latin American Studies* 6.1 (2000): 108–09. Impreso.

———. *El mono del desencanto: Una crítica cultural de la transición española (1973–1993)*. Madrid: Siglo XXI, 1998. Impreso.

———. "Los monos del desencanto español." *Modern Language Notes* (Hispanic Issue) 109.2 (1994): 217–35. Impreso.

Villamandos, Alberto. *El discreto encanto de la subversión: Una crítica cultural de la "Gauche Divine."* Pamplona: Laetoli, 2011. Impreso.

———. "La memoria recuperada de la Gauche Divine." *Fronterad*. 2012. Web. 7 noviembre 2013.

Villena, Luis Antonio de. *Diccionario esencial del fin de siglo*. Madrid: Valdemar, 2001. Impreso.

Vološinov, V. N., y Neal H. Bruss. *Freudianism: A Critical Sketch*. Bloomington: Indiana UP, 1987. Impreso.

Waisman, Carlos, Raanan Rein y Ander Gurrutxaga Abad, eds. *Transiciones de la dictadura a la democracia: Los casos de España y América Latina*. Bilbao: Servicio de la U País Vasco, 2005. Impreso.

Weber, Max. *From Max Weber: Essays on Sociology*. New York: Oxford UP, 1946. Impreso.

Wellek, René. "The Aims, Methods, and Materials of Research in the Modern Languages and Literatures." *PMLA* 67.6 (1952): 3–37. Impreso.

Welles, Orson, dir. *Camapanadas a medianoche*. Alpine Film, International Films, 1967. Film.

Williams, Bernard. *Moral Luck: Philosophical Papers 1973–1980*. Cambridge: Cambridge UP, 1981. Impreso.

Williams, Linda. *Reinventing Film Studies*. London y New York: Arnold y Oxford UP, 2000. Impreso.

Williams, Raymond. *Marxism and Literature*. Oxford: Oxford UP, 1977. Impreso.

Winks, Robin. *Detective Fiction: A Collection of Critical Essays*. Englewood: Prentice-Hall, 1980. Impreso.

Woolf, Virginia. *A Room of One's Own*. San Diego: Harcourt–Harvest, 1989. Impreso.

Zambrano, María. *La confesión: Género literario*. Madrid: Mondadori, 1988. Impreso.

Zavala, José. *Los horrores de la Guerra Civil*. Barcelona: Plaza y Janés, 2003. Impreso.

Žižek, Slavoj. *The Sublime Object of Ideology*. London; New York: Verso, 2008. Impreso.

———. "Melancholy and the Act." *Critical Inquiry* 26.4 (2000): 657–81. Impreso.

———. *Mis chistes, mi filosofía*. Barcelona: Anagrama, 2015. Impreso.

Zubiaurre, Maite. *Cultures of the Erotic in Spain (1898–1936)*. Nashville: Vanderbilt UP, 2012. Impreso.

Zúñiga, Juan Eduardo. *Los misterios de las noches y los días*. Madrid: Alfaguara, 1992. Impreso.

Índice alfabético

Nota: Números de página en **letra negrita** indican figuras.

"voluntad de suerte" (*volonté de chance*), 153–54

Wellek, René, 72
Welles, Orson, 145, 148
Williams, Bernard, 152
Williams, Linda, 84
Williams, Raymond, 3, 165n3
Woolf, Virginia, 58, 170–71n14

Zambrano, María, *La confesión*, 36
Zavala, José María, *Los horrores de la guerra civil*, 79–80
Žižek, Slavoj, 22, 70, 71, 167n13, 175n3
zocos de Bagdad y Basora, 96

About the Book

Anatomía del desencanto: Humor, ficción y melancolía en España, 1976–1998

After the failure of the *soixante-huitards*, the collapse of European communism, and the fall around 1989 of various dictatorships and revolutions in Latin America, the sentimental approach to history is again reaping successes among the humanities and the social and political sciences. In the Hispanic world, this "affective turn" is on its way to repeating another *fin de siècle* like the one led by the intellectuals of 1898. A century later, in both Spanish and Anglo-Saxon universities, notions such as *disenchantment, trauma, memory,* and *empathy* inform virtually all the analyses of modern Spanish culture, from the bloody Civil War and the nearly 40 years of fascism that followed it to the disappointing transition to democracy.

Santiago Morales intervenes in this sentimental approach to history and to the novelistic production of the transition by recovering the links and tensions that the notion of melancholy maintains with the esthetics of black humor in a corpus of fictional works written between 1976 and 1998. Through a methodology that alternates between the careful analysis of novels by Javier Marías, Gonzalo Torrente Ballester, Cristina Fernández Cubas, and Juan José Millás, and the *distant reading* or framing that places these texts in a broader history, *Anatomía del desencanto* constructs a critique of the equivocal place held in our modern age by feelings that were, in another time, so noble and persistent, such as *grief, fear, guilt,* and *compassion.*

While other specialists who study the transition today agree in denouncing the ominous persistence of Francoism and the post-war ethos, Santiago Morales sees a deeply ironic formula in the black humor of melancholy: a catalyst in the creative and moral growth of Spanish narrative and a fundamental critical tool to change contemporary sentimental education.

Written entirely in Spanish.

About the Author

Santiago Morales Rivera received his PhD from Harvard University and is currently Assistant Professor in the Department of Spanish and Portuguese at the University of California-Irvine.

Sobre el libro

Tras la derrota de los *soixante-huitards*, el colapso del comunismo europeo y la caída también en torno a 1989 de varias dictaduras y revoluciones en América Latina, el acercamiento sentimental a la historia vuelve a cosechar éxitos entre las humanidades y las ciencias sociales y políticas. En el ámbito hispánico, este "giro afectivo" lleva camino de reproducir otro *fin de siècle* como el que ya protagonizaron los intelectuales de 1898. Un siglo después, tanto en las universidades españolas como en las anglosajonas nociones como *desencanto, trauma, memoria* y *empatía* informan prácticamente todos los análisis de la cultura española moderna, desde la sanguinaria guerra civil y los casi cuarenta años de fascismo hasta la decepcionante transición a la democracia.

Santiago Morales interviene en este acercamiento sentimental a la historia y a la novelística de la transición, recuperando los vínculos y tensiones que mantiene la noción de melancolía con la estética del humor negro en un corpus de obras de ficción escritas entre 1976 y 1998. Mediante una metodología que alterna entre el análisis cuidadoso de novelas de Javier Marías, Gonzalo Torrente Ballester, Cristina Fernández Cubas y Juan José Millás, y el *distant reading* o el encuadre que coloca estos textos en una historia más amplia, *Anatomía del desencanto* hace una crítica del lugar equívoco que ocupan en nuestra modernidad sentimientos en otro tiempo tan nobles y obstinados como el *duelo*, el *miedo*, la *culpa* y la *compasión*.

Mientras que otros estudiosos de la transición abundan en denunciar la persistencia ominosa del franquismo y la posguerra, Santiago Morales ve en el humor negro de la melancolía una fórmula profundamente irónica: un catalizador en el crecimiento creativo y moral de la narrativa española y una herramienta crítica fundamental para cambiar la educación sentimental contemporánea.

Escrito en español.

Sobre el autor

Santiago Morales Rivera obtuvo su doctorado en la Universidad de Harvard y actualmente enseña en el Departamento de Español y Portugués de la Universidad de California en Irvine.